PERDAS E RESSIGNIFICAÇÕES DOS USOS DO TERRITÓRIO NA HISTÓRIA DO NEGRO

(SOROCABA - SP)

PERDAS E RESSIGNIFICAÇÕES DOS USOS DO TERRITÓRIO NA HISTÓRIA DO NEGRO

(SOROCABA - SP)

Lourdes de Fátima B. Carril (Org.)
Maria Patrícia Cândido Hetti
Helbert Medeiros Prado
Rafael Sanzio Araújo dos Anjos

Alameda

CNPq
Conselho Nacional de Desenvolvimento Científico e Tecnológico

Edição: Haroldo Ceravolo Sereza e Joana Monteleone
Projeto gráfico, diagramação e capa: Betânia Santos
Assistente acadêmica: Tamara Santos
Revisão: Alexandra Colontini
Imagem da capa: Dra. Sinira de Proença (1939-2017) - Quilombo Fazenda Pilar (Pilar do Sul/SP) - foto tirada por Lourdes Carril.

A pesquisa se desenvolveu dentro da Chamada MCTIC/CNPq Nº 28/2018 – Universal. Processo: 433023/2018-0. Título do projeto: Perdas e ressignificações dos usos do território na História do Negro em Sorocaba-SP.

CIP-BRASIL. CATALOGAÇÃO NA PUBLICAÇÃO
SINDICATO NACIONAL DOS EDITORES DE LIVROS, RJ

P485

Perdas e ressignificações dos usos do território na história do negro (Sorocaba - SP) / organização Lourdes de Fátima B. Carril ... [et al.]. - 1. ed. - São Paulo : Alameda, 2025.
350 p. ; 21 cm.

Inclui bibliografia
ISBN 978-65-5966-203-6

1. Quilombos - Brasil - História. 2. Quilombos - Fazendinha Pilar (Sorocaba, SP) - Usos e costumes. 3. Quilombos - Cafundó (Sorocaba, SP) - Usos e costumes. I. Carril, Lourdes de Fátima B.

25-97144.0 CDD: 305.89608161
CDU: 316.347(=1-86)

Meri Gleice Rodrigues de Souza - Bibliotecária - CRB-7/6439

ALAMEDA CASA EDITORIAL
Rua 13 de Maio, 353 – Bela Vista
CEP 01327-000 – São Paulo, SP
Tel. (11) 3012-2403
www.alamedaeditorial.com.br

Mas não mataram
Meu poema.
Mais forte que todas as forças é a liberdade...
O opressor não pôde calar minha boca,
nem maltratar meu corpo,
meu poema é cantado através dos séculos,
minha musa esclarece as consciências,
Zumbi foi redimido[1]*...*

1 TRINDADE, Solano. *Cantares ao meu povo*. São Paulo: Brasiliense, 1981. p. 27-28.

SUMÁRIO

AGRADECIMENTOS

Aos homens e mulheres das comunidades quilombolas da região de Sorocaba que promoveram e possibilitaram esta pesquisa ao compartilharem histórias, documentos, fontes, análises das lutas e processos vividos.

Aos que nos conduziram com suas memórias, especialmente, ao Sr. Deodato de Almeida Caetano, Marcos Aurélio Caetano Fernandes, Alcione Caetano Fernandes e Regina Aparecida Pereira.

Ao Sr. Orlando da Silva Santos, ex-presidente da Associação Afro de Salto de Pirapora e Região, *in memorian.*

Aos alunos e bolsistas que participaram do projeto e ajudaram na construção deste trabalho: Sérgio Henrique Lemos dos Santos e Joanny Victória Alves Rodrigues.

Ao Prof. Rafael Sanzio Araújo dos Anjos, pela Parceria Técnico Científica realizada entre o Observatório Quilombola Evamario/ UFSCar – SP e o CIGA – Projeto Geoafro-UnB – DF.

Ao Mateus Jesus Nunes, pela elaboração de mapas da pesquisa no âmbito da parceria entre o Observatório Quilombola Evamario/ UFSCar – SP e o CIGA – Projeto Geoafro-UnB – DF.

À Marilda Aparecida Correia, conselheira da UNISO – Universidade de Sorocaba, da Comissão Mista de Trabalho em Educação étnico Racial, da Secretaria da Educação de Sorocaba, e do FOPEDE – Fórum Permanente de Educação Étnico Racial da Região ABCDMRR, e também idealizadora da "Nossa Voz Afro".

À Uma Reis Sorrequia, pela assessoria técnica, na transcrição de parte das entrevistas gravadas.

Ao Gabinete de Leitura Sorocabano, Instituto Histórico, Geográfico e Geológico de Sorocaba e ao Museu da Estrada de Ferro Sorocabana, pela abertura e liberdade proporcionada aos pesquisadores. Aos servidores dessas instituições, pela atenção, dedicação e colaboração dada aos pesquisadores.

Aos pesquisadores que ministraram palestras nos Cursos de Extensão promovidos pelo grupo de pesquisa Evamariô, da UFSCar, de 2016 a 2020, e aos professores das redes de escolas públicas da região de Sorocaba, participantes dos cursos. Os encontros com amplos debates e discussões nos forneceram base e fundamentos para pensar as questões propostas nesta obra.

Ao Conselho Nacional Científico e Tecnológico (CNPQ) que por meio da Chamada Universal MCTIC/CNPq Nº 28/2018, processo número 433023/2018-0, proporcionou o fomento à nossa pesquisa.

APRESENTAÇÃO

A pesquisa em Sorocaba: um olhar interdisciplinar

Este livro apresenta o resultado das pesquisas realizadas, entre os anos de 2019 a 2021,[1] nos quilombos Fazendinha Pilar e Cafundó. O primeiro encontro com a comunidade Fazendinha Pilar se deu em 2016, quando foram apresentadas algumas questões relacionadas à titulação do território e a projetos de educação quilombola. Importante mencionar que ao iniciarmos um calendário de atividades e a própria pesquisa, a história de outros quilombos da região abriu-se para nós: Quilombo de Piedade ou Pé Vermelho, Caxambu, Fazendinha dos Pretos, Camargos, Carmo, além do Aldeia do Jaó, encontram-se ou existiram próximos à universidade. Contudo, para efeito das pesquisas, iniciada, no âmbito do Edital CNPq, priorizamos o quilombo de Pilar do Sul e Cafundó, indicando que futuras pesquisas referentes aos outros quilombos e outras histórias serão necessárias.

Iniciamos, assim, um projeto de memória com as famílias do quilombo Fazenda Pilar, com o título "Memória, direito e educação". Imediatamente, refletiu-se sobre a possibilidade de criação de um núcleo de pesquisa, no intuito de preservar, registrar e produzir mais materiais, visando assim a constituição de um acervo, tanto para o quilombo quanto para a universidade. Assim, foi cria-

1 A pesquisa se desenvolveu dentro da Chamada MCTIC/CNPq Nº 28/2018 – Universal. Processo: 433023/2018-0. Título do projeto: Perdas e ressignificações dos usos do território na História do Negro em Sorocaba-SP.

do o Projeto de Extensão permanente – Observatório Quilombola Evamario/UFSCar –, que permeia o trabalho com a memória das comunidades, tendo o objetivo de monitoramento sobre os diferentes contextos locais e regionais (conflitos, processos jurídicos e administrativos, projetos de intervenção, políticas públicas), bem como a oferta de projetos de extensão de educação quilombola.

Para além da demanda de reconhecimento do quilombo com vistas à regularização territorial, como citado, representantes da comunidade quilombola Fazenda Pilar procuraram a UFSCar, em 2016, argumentando sobre a importância de trabalho formativo junto às escolas municipais, que pouco se remetiam à sua presença territorial, história e ao patrimônio cultural que representa na cidade, denotando a invisibilidade do quilombo na cidade. O projeto se constituiu na oferta de cursos para a formação docente tendo como centralidade a cultura como resistência e a construção histórica de formação dos quilombos na região de Sorocaba, em que Pilar se constituiu. Nesse sentido, a pesquisa desenvolvida junto às comunidades quilombolas se pautou na análise do direito à terra e ao território e na relevância de discutir projetos pedagógicos críticos envolvendo a territorialidade quilombola, memória e formação docente a partir de projetos pedagógicos críticos.

As práticas educativas em interface com a realidade sociocultural de um quilombo se tornaram fundamentais nessa proposta formativa constituindo o elemento comum às diversas etapas escolares. Considerando-se os contextos históricos culturais, os vínculos e relações mais amplas e os interesses em vigência, buscou-se avançar na educação crítica com interesses na mudança social, à valorização histórica e cultural quilombola.

O objetivo da pesquisa delineou-se ao longo dos anos e restringiu o arco das investigações. Em 2018, a finalidade era identificar e analisar as perdas territoriais dos negros da região de Sorocaba a partir dos impactos da urbanização. O autor propõe examinar as ressignificações dos usos territoriais das comunidades do Cafundó (Salto de Pirapora, SP), Pilar do Sul (Pilar do Sul) SP e o Campolim (bairro em Sorocaba) com base em memórias das famílias negras quilombolas e em suas relações ambientais tradicionais.

Assolados pela pandemia de Sars-CoV-2, em 2020 e 2021, a pesquisa foi severamente afetada. Colocou-se assim o desafio ao grupo de pesquisadores/as de suspender as atividades presenciais e utilizar a pesquisa de campo realizada durante um ano, no momento anterior à pandemia, e nos debruçar sobre outros trabalhos realizados. Nesse sentido, a ausência de trabalho de campo, no período da pandemia, não modificou os objetivos iniciais, mas os usos metodológicos de fontes de pesquisa.

Em primeiro lugar, pesquisar o território quilombola da região envolvia discutir a problemática dos usos territoriais e os desafios da preservação territorial frente à urbanização e à lógica de mercado que envolve as comunidades tradicionais. Em segundo lugar, compreender a história da população negra de Sorocaba em suas especificidades, entendendo a diversidade da experiência do cativeiro e do processo de libertação vivenciados tanto no meio rural quanto no meio urbano.

Diante dos objetivos iniciais e das condições para a realização do trabalho, devemos destacar algumas características peculiares da pesquisa. O grupo é formado por pesquisadores do campo da Geografia, Etnobiologia e História, portanto, caracteriza-se por uma composição interdisciplinar. Tal singularidade configurou uma teoria e metodologia que atravessam vários campos de conhecimento sem que percamos a unidade, assim, priorizou-se pensar a totalidade a partir das experiências do cotidiano. Nesse sentido, buscamos captar os fenômenos sociais em suas experiências singulares para pensar em qual rede se colocam e, portanto, tentar compreender a sociedade e sua complexidade.

A questão se pautou nos fatos culturais, históricos e geográficos como instituintes e não como determinados e subordinados por uma instância de base, ou para os marxistas mais simplistas, a economia. Essa proposição metodológica de tentar colocar o agir individual não desvinculado do coletivo foi o ponto de partida. Estávamos dispostos a compreender a especificidade das histórias e as construções das populações quilombolas na região de Sorocaba, mas ao mesmo tempo pensá-las articuladas com as transformações históricas e sociais da sociedade brasileira.

Ao estudar as comunidades quilombolas de Pilar e Cafundó percebemos que o território está diretamente relacionado à garantia da existência dos indivíduos, dessa forma, a dimensão do trabalho, da produção da subsistência, das relações sociais e da construção de significados, são facetas importantes para olharmos os indivíduos e a vida humana em sociedade.

Assim, ao pesquisar as comunidades negras da região de Sorocaba, buscamos refletir sobre as dimensões materiais e culturais. Realizar esforços para compreender as comunidades a partir das experiências vividas e os conflitos que se colocam para as comunidades frente às estruturas do sistema capitalista que buscam homogeneizar as ações dos indivíduos. Para isso, conceber a economia e a cultura não como entidades separadas, em que uma está determinada a outra, mas enfatizando tais categorias como realidades simultâneas da experiência humana, exigindo dos pesquisadores a análise teórica que apontasse para essa lógica.

No campo da história, buscou-se realizar esse intercâmbio a partir da categoria de experiência utilizadas pelo historiador Edward Palmer Thompson.[2] O autor analisa a base material das sociedades como um campo em que as relações entre os sujeitos são construídas. Em sua obra, *Formação da classe operária inglesa*, o autor redesenhou o campo conceitual sobre a ideia de classe, considerando as condições materiais e objetivas e ao mesmo tempo demonstrando que a classe se constituiu a partir das relações criadas pelas experiências e vivências cotidianas. Nesse sentido, o modelo de análise da história desenvolvida por Thompson se torna a base para problematizar e compreender as comunidades negras de Sorocaba. Compreender a formação social da região a partir da experiência e ação dos sujeitos é compreender a história para além de análises e perspectivas estruturais, procurando estabelecer um diálogo entre o indivíduo e o social, de forma a compreendê-los como entidades inseparáveis, ou seja, pensar o eu é, ao mesmo tempo, pensar o nós e vice-versa.

O legado metodológico de Thompson nos proporcionou organizar o cotidiano e experiências da escravidão e de trabalho da população negra liberta na região de Sorocaba articuladas com as abordagens mais amplas sobre tais relações no território brasileiro.

Já a dimensão desta pesquisa envolvendo transformações ambientais se orientou pelos conceitos de conhecimento ambiental, memória e o que estamos aqui chamando de memória ambiental, os quais serão brevemente apresentados a seguir. No âmbito do conhecimento ambiental, tomamos como referência o pensamento do antropólogo britânico

2 THOMPSON, Edward P. *A formação da classe operária inglesa*. 4ª. ed. Rio de Janeiro: Paz e Terra, 1997.

Tim Ingold,[3] em particular, as concepções presentes naquela que talvez seja sua principal obra, *The perception of the environment*. No interior da antropologia, Ingold estabelece um contraponto em relação aos modelos clássicos acerca da relação entre percepção e conhecimento. Partindo da fenomenologia, em especial, do pensamento de Martin Heidegger (1889-1976) e Maurice Merleau-Ponty (1908-1961), o autor concebe percepção como um processo mais complexo, dando-lhe primazia enquanto principal instância constitutiva do conhecimento.

No pensamento de Ingold, conhecimento ambiental é primordialmente um processo de incorporação de saberes e fazeres por parte de sujeitos envolvidos em práticas de seu cotidiano. Para ele, conhecer diz respeito mais à aquisição de habilidades pelo sujeito do que à transmissão de repertórios por meio da tradição. Neste aspecto, tomar o seu pensamento como referencial significa conceber os saberes ambientais enquanto produto de experiências forjadas no cotidiano. Vale mencionar que, ainda que a partir de tradições intelectuais distintas, as aproximações entre Ingold e as teorias da práxis presentes nos pensamentos de Pierre Bourdieu (1930-2002) e Michel de Certeau (1925-1986) são evidentes.

Dentro do que se esperava do projeto ressignificação e perdas do território negro sorocabano, verificamos uma história que talvez ainda não tenha sido apreciada ou contada dentro da ocupação do espaço. Segundo Bosi: "A lembrança é a história da pessoa e seu

---

3 INGOLD, Tim. *The perception of the environment. Essays on Livelihood, dwelling and Skill.* London and New York: Routledge, 2000.

mundo enquanto vivenciada".[4] Pensar nas lembranças das famílias negras que residiam nos territórios aqui considerados, assim, seria procurar contar como era o espaço e a convivência entre elas, pois "A função da lembrança é conservar o passado do indivíduo na forma que é mais apropriada a ele".[5] Para compreender melhor como se deu a formação dos territórios quilombolas algumas questões precisavam ser respondidas: sobre o histórico das doações de terras, no século XIX; a construção de territórios distintos e as perdas territoriais frente ao avanço da urbanização na região sorocabana; bem como o papel das pessoas negras no chamado "mundo do trabalho" na antiga Sorocaba.

Nesse sentido, seria necessário compreender melhor a constituição socioterritorial e econômica sorocabana no período colonial. Se analisarmos o território da Água Vermelha, o qual configura o Bairro do Campolim, veremos uma região de comércio e pavimentos de alto padrão. A história das famílias negras permeia esse território sorocabano. Nesse processo, emergem dois personagens importantes vinculados aos quilombos: João de Camargo (Nhô João de Camargo) -, que fez sua história através do sincretismo religioso , fundando a Igreja Bom Jesus do Bonfim, e o Sr. Achilles Campolim,[3] o Sr. Quiló que, com seu trabalho, tornou-se um dos idealizadores da COLASO (Cooperativa de Laticínios de Sorocaba). Após seu falecimento, o "Seo Quiló" foi homenageado com o nome do bairro Campolim, o qual foi loteado onde eram suas antigas terras. Algumas fontes de informações contribuíram para melhor compreender sobre a memória desses homens que ainda é bastante desconhecida na cidade de Sorocaba.

---

4 STERN, 1957, *apud* BOSI, Ecléa. *Memória e sociedade: lembranças de velhos*. 3a. ed. São Paulo: Companhia das Letras, 1994, p. 68.

5 BOSI, Ecléa. *Op. cit.*, p. 28.

Dito isto, o que propomos é a possibilidade de acessar a dimensão vivencial desses processos enquanto inscrições presentes na própria história de vida dos indivíduos, imersos em relações sociais. Nessa perspectiva, narrativas locais (ou êmicas) acerca das transformações históricas na paisagem foram privilegiadas, assim como representações simbólicas e sentimentos suscitados por perdas de feições diversas, territoriais, culturais e ambientais, hoje ressignificadas pela memória e a vida cotidiana quilombola. Perdas essas, por que não dizer, também em parte ressignificadas pela presente obra, a partir das análises e interpretações aqui propostas, se considerarmos que a mesma ora passará a compor mais um elemento dessa complexa rede de referenciais simbólicos sobre a história de vidas e territórios negros no contexto regional de Sorocaba.

INTRODUÇÃO

> Mukambo, palavra do quimbundo que significa "cumeeira" e, mais precisamente, "a forquilha de encaixe do teto da casa" - caracterizando a moradia fixa da família ou da comunidade - passa a designar o refúgio dos rebeldes de São Tomé. No Brasil, o termo vira sinônimo de "povoado de negros insurretos". Mais tarde, será substituído por Kilombo - nome original do campo dos guerreiros jagas dos reinos de Matamba e Caçanje. Abolida a escravidão brasileira, mucambo ou mocambo passa a indicar lugares onde vivem negros, palhoças, habitações populares e se generaliza como sinônimo de "favela nordestina".[1]

No processo de formação territorial brasileiro, indígenas, africanos, escravos negros, forros e as novas gerações foram desalojados de seus territórios, sofrendo sistemáticas desterritorializações ao longo dos séculos XIX e XX. A escravidão exercerá influência mesmo após a abolição, quando inexistiu qualquer política de base social aos libertos resultando em marginalização. Quilombos formados durante o período escravista se tornarão invisíveis por um século até que fossem reconhecidos pelo Estado, em 1988, quando se promulgou a nova Constituição Federal. Este fato demonstra o projeto geopolítico que foi a base de nossa formação socioterritorial que, ao fundamentar-se sobre relações de exploração colonial dos recursos territoriais, cons-

1 ALENCASTRO, Luiz Felipe. *O trato dos viventes: formação do Brasil no Atlântico Sul.* São Paulo: Companhia das Letras, 2000. p. 66

tituiu-se sob a negação de outras culturas, povos e etnias, que formaram territorialidades distintas há muitas gerações.

Este trabalho busca analisar perdas e ressignificações territoriais quilombolas em Sorocaba à luz da problemática do reconhecimento territorial no período atual. Para isso, pretende-se pesquisá-la a partir do contexto recente que tornou juridicamente possível a titulação desses territórios no Art. 68 da Constituição Federal (ADCT),[2] mas tendo como hipótese que a luta pela terra se inicia na formação econômica e territorial paulista quando se produz a riqueza nos séculos de ocupação e seus desdobramentos com a urbanização que se processou.

A escravização/dizimação indígena e a importação do escravo africano, bem como a aquisição de sesmarias, tornaram possível o desenvolvimento de atividades econômicas lucrativas na região. À medida que o sistema econômico baseado na exploração escravista termina, concomitantemente à promulgação da Lei de Terras, de 1850, que atribuiu caráter unicamente mercantil às propriedades, se dá a passagem da renda escravista à renda em terras urbanas, impactando os territórios negros. Com a urbanização, sucedem-se, assim, perdas territoriais num cenário em que o território sempre esteve em disputa.

A pesquisa contou com pesquisa de campo e entrevistas com moradores e lideranças, dos quilombos Fazendinha Pilar e Cafundó,

---

2 BRASIL. Constituição (1988). Constituição da República Federativa do Brasil: promulgada em 5 de outubro de 1988. "Artigo 68 do Ato das Disposições Constitucionais Transitórias que estabelece: Aos remanescentes das comunidades dos quilombos que estejam ocupando suas terras é reconhecida a propriedade definitiva, devendo o Estado emitir-lhes os títulos respectivos". Diário Oficial da União, Brasília, DF: Presidência da República, 5 out. 1988.

além da análise de inventários, testamentos, certidões de propriedade da terra e fontes bibliográficas e documentais. A análise histórica é indispensável à compreensão do problema, pois é no passado da formação territorial da capitania paulista que encontramos sua gênese. Nesse sentido, o geógrafo Manuel Correa de Andrade assevera a importância da análise histórico territorial pois "a formação de um território dá às pessoas que nele habitam a consciência de sua participação, provocando o sentimento de territorialidade que, de forma subjetiva, cria uma consciência de confraternização entre elas".[3]

As lideranças comunitárias têm realizado levantamento dos documentos em cartórios, registros de terras, inventários, desde o século passado, mesmo antes do Art. 68 ter sido aprovado. Essa documentação nos trouxe elementos para refletir sobre o processo histórico das perdas territoriais quilombolas na Região metropolitana de Sorocaba.[4]

A partir da Constituição de 1988 e a promulgação de legislações que instituíram a defesa do patrimônio histórico e cultural, bem como a garantia da regularização "aos remanescentes de quilombos", além do Decreto 4887/03,[5] que garantiu a auto identificação, baseado na Convenção n° 169 da OIT sobre Povos Indígenas

3 ANDRADE, Manuel Correia de. *A questão do território no Brasil.* São Paulo: Ipespe/Hucitec, 1995, p. 20.

4 Criada em 2014, a região metropolitana de Sorocaba conta com 27 municípios. Disponível em: <https://www.sdr.sp.gov.br/regiao-metropolitana-de-sorocaba-realiza-tres-audiencias-publicas-do-pdui/> Acesso em: 26 jan. 2022.

5 BRASIL. Decreto nº. 4. 887, de 20 de novembro de 2003. Regulamenta o procedimento para identificação, reconhecimento, delimitação, demarcação e titulação das terras ocupadas por remanescentes das comunidades dos quilombos de que trata o art. 68 do Ato das Disposições Constitucionais Transitórias. *Diário Oficial da União*, Brasília, DF: Presidência da República, 21 nov. 2003.

e Tribais[6], essas comunidades puderam obter o amparo jurídico para reivindicarem o direito ao território. Veremos que os conflitos estão relacionados às forças que perpassam as pressões fundiárias e à urbanização na região de Sorocaba, bem como ao processo de invisibilidade que se constituiu sobre os territórios negros. As memórias de seus pais e avós promoveram nas lideranças e membros comunitários a necessidade de buscar conhecimentos a respeito de sua história. Dessa forma, os quilombos são detentores, atualmente, de documentos importantes sobre a história da formação dos seus territórios. Poder-se-ia, assim, dizer que o processo de construção de sua identidade vem de longa data, tendo em vista o emaranhado de situações conflituosas vivenciadas na região.

Os processos de apreensão dessa realidade social envolvem o direito à propriedade da terra no Brasil. Embora a historiografia da economia paulista contribua de diversas formas para o entendimento da dinâmica escravista e da modernização econômica paulista, analisamos que nossa modernização foi sempre incompleta, as formas tradicionais acabam por se reatualizar nesse processo.

> Segundo Martins, na sociedade brasileira, a tradição tende a agregar fragmentos do moderno sem que o modo moderno surja como consciência do todo. Essa perspectiva dialoga com Schwarz sobre como as ideias num país periférico se constituem em meio a posições e deslocamentos. [7]

6 ORGANIZAÇÃO INTERNACIONAL DO TRABALHO (OIT). Convenção nº. 169 sobre Povos Indígenas e Tribais, de 1989. Disponível em: < http://portal.iphan.gov.br/uploads/ckfinder/arquivos/Convencao_169_OIT.pdf>. Acesso em: 27 abr. 2025.

7 MARTINS, José de Souza. A sociabilidade do homem simples. São Paulo: Hucitec, 2000.

A escravidão no Brasil caminhou articulada à difusão do capitalismo no seu desenvolvimento mundial. Este fato acontece em consonância com as mudanças causadas pela introdução, não somente de ideias modernas e liberais, mas factíveis com a abolição e a mudança dos rumos da acumulação capitalista, no século XIX. Assim, parecia improvável que tanto a escravidão quanto os seus *resquícios* lograssem fazer parte do modo de produção capitalista e permanecer, pois não se coadunavam com o que ocorria nas nações modernas. Contudo, a modernização não trouxe o desaparecimento dessas *formas arcaicas*, derivadas de nossa formação social e econômica, ao contrário, elas estão presentes nas múltiplas organizações e territórios subjacentes ao mundo colonial, construindo singulares maneiras de vida social. Roberto Schwarz[8], em Ao Vencedor as Batatas analisa essa realidade singular através da literatura. Em Machado de Assis, é onde mais se evidenciam as ambivalências:

> Ambivalência ideológico moral entre ideário burguês e paternalismo inscrito na conduta dos grupos sociais engendrados na experiência brasileira daquele processo, e cujos efeitos atingem inclusive o desenho das instituições. A cópia de modelos exteriores passa a ser questão inevitável, sendo ela mesmo o que de mais interessante existe. Por outro lado, a existência da escravidão significaria um elemento fundamental a complicar a tradução das ideias liberais no país. Além disso, mais do que entender "traduções" era preciso pensar em "deslocamentos" e na viagem das ideias – no qui-

8 SCHWARZ, Roberto. Ao vencedor as batatas. São Paulo: Duas Cidades, Editora 34, 2012.

> proquó das ideias como diz Schwarz – que a aplicação desses conceitos, em regiões periféricas, acabava por provocar.[9]

Essas contradições permaneceram com o desenvolvimento da economia cafeeira, na segunda metade do século XIX, quando a solução para a falta de braços passou pelo fomento oficial à entrada de imigrantes. A urbanização já se fazia organizada pela lógica da indústria e da modernização por meio do urbanismo higienizante, energia, capital financeiro, bancos e indústrias. Nesse contexto, se procuram as formas mais modernas do sistema capitalista, o camponês, o trabalhador assalariado, as regras do trabalho e da família, atributos que não corresponderiam *ipsis litteris* ao universo social e territorial em que negros se organizavam.

As demandas por regularização quilombolas têm nos mostrado que a longa duração do fenômeno e as memórias evocadas pelos grupos são, antes de tudo, manifestações de processos tornados invisíveis ou relativizados nos estudos da construção da geografia territorial agrária e da história econômica paulista e brasileira, os quais, por muito tempo, entenderam que o quilombo é parte do passado, tendo desaparecido com a abolição e a implantação de vetores modernos.

Torna-se, assim, importante atentar à semântica das palavras para pensar os seus usos e significados adotados num determinado contexto, bem como as mudanças na dinâmica de fenômenos de caráter sócio-histórico e político que provocam a sua ressemantização. Reelaborados por fatores socioculturais e étnicos, os quilombos contemporâneos revelam emergências, continuidades

9 SCHWARCZ, Lília; BOTELHO, André. Ao vencedor as batatas 30 anos: crítica da cultura e processo social: entrevista com Roberto Schwarz. Rev. bras. Ci. Soc. 23 (67), Jun.

e descontinuidades, numa perspectiva dialética. Uma vez que o conceito de quilombo é localizado em contextos históricos e geográficos distintos, ele é, também, marcado pelas teorias que ensejam bases explicativas para a formação do Brasil desde os mais de três séculos de escravidão, a maior no continente americano. Tais aportes teóricos originados em diversas áreas do conhecimento, envolvem, sobretudo, a história da escravidão no Brasil e sua relação com o domínio da propriedade da terra e a construção do território sob bases escravistas, no contexto da economia colonial.

A estrutura fundiária brasileira constitui-se a partir dos latifúndios escravistas resultando nas desigualdades territoriais que presenciamos atualmente. O camponês brasileiro, nesse sentido, integra as contradições geradas na estrutura da propriedade, constituindo formas de apropriação territorial no seu interior. A história dos movimentos sociais no campo brasileiro é frequente em face dos violentos conflitos, expulsões e migrações, sobretudo, com o avanço da fronteira econômica, um processo de longa duração no Brasil.[10] Se por um lado, entende-se que o modo de vida camponês se restitui enquanto categoria social e política numa lógica distinta do mercado, sendo subsumido cada vez mais às relações capitalistas que avançam e modernizam o campo brasileiro e paulista, por outro lado, esse referencial explicativo obscurece a multiplicidade de sujeitos e relações constituídas no seu seio. Essa realidade social e econômica, assim, não expressa a totalidade social das relações de dominação e violência presentes em nosso território.

Os impactos sobre territorialidades quilombolas, assim como indígenas, caboclos, pescadores artesanais, seringueiros etc, têm sido estudados, também, sob as categorias de "comu-

10 MARTINS, José de Souza. *Fronteira: A Degradação do Outro nos Confins do Humano*. 2a. ed. São Paulo: Contexto, 2021.

nidades", "povos" ou "culturas", ou ainda de "povos tradicionais", no âmbito dos tratados e convenções ambientais internacionais. O território é, no entanto, elemento comum, que abarca a relação com a terra, os recursos, a tradição e a reprodução da vida. As relações com o meio e a ancestralidade fortalecem as identidades que compõem as lutas pelo território.

A historiografia recente constituiu enfoques distintos sobre quilombos, seja contextualizando a história, o campo jurídico, território, ancestralidade ou identidade étnica. Alfredo Wagner Berno de Almeida,[11] analisou que o dado étnico tem se vinculado ou se sobreposto à condição camponesa nas reivindicações:

> Constituindo-se, a nosso ver, juntamente com os critérios relativos à consciência ecológica e aos vínculos locais profundos, numa das características elementares do que tem sido designado, por Hobsbawm e Blackburn (1995), como novos movimentos sociais.[12]

Para o autor, tais critérios se vinculam, na maioria das vezes, à reprodução de diferentes frações camponesas, trazendo temas como: a garantia de livre acesso aos recursos naturais básicos e, fundamentalmente, o reconhecimento formal de suas identidades coletivas, de seus territórios efetivamente ocupados, bem como das normas comunitárias e da vivência que embasam o uso comum da terra e o manejo dos recursos hídricos e florestais.

11 ALMEIDA, Alfredo Wagner Berno de. Quilombos: Repertório Bibliográfico de uma Questão Redefinida (1995-1997). *BIB*, Rio de Janeiro, nº. 45, 1° semestre de 1998, p. 51-70.

12 ALMEIDA, Alfredo Wagner Berno de. *op cit.*, p. 01.

Após a promulgação do Art. 68, inúmeros debates e esforços conceituais foram realizados para que se desse plausibilidade àquilo que se analisava não existir mais e, no entanto, parecia existir novamente. Segundo Marques, os antropólogos, nesse contexto, retiram do domínio quase exclusivo dos historiadores o conceito de quilombo, rediscutindo-o a partir da identidade do grupo:

> Momento em que outro conceito estruturante, o de identidade, foi agregado àquele para a análise e entendimento das comunidades remanescentes de quilombos no Brasil atual, partindo para a defesa imediata de seus direitos territoriais, o que evidenciou um outro Brasil agrário à medida em que laudos antropológicos eram produzidos.[13]

A autora demarca o contexto histórico em que, no Brasil, tornou-se juridicamente possível a demanda de reconhecimento pelos quilombos atuais. O preceito legal que veio a legitimar a regularização desses territórios, se pautando pela nomenclatura "remanescentes de quilombos", provocou o debate acerca da constituição de grupos étnicos na pesquisa etnográfica e nas reflexões antropológicas, mas a partir do próprio ponto de vista do grupo, mais precisamente sobre a construção das diferenças culturais. O eixo das investigações torna-se o limite étnico que define o grupo e o contraste cultural entre os de dentro e os de fora que o passado a que se referem os membros desses grupos

13 MARQUES, Sílvia Corrêa. *Paisagens reveladas: o Jaó caboclo, quilombola, brasileiro*. Tese (Doutorado em Arqueologia). Museu de Arqueologia e Etnologia da Universidade de São Paulo, 2001, p. 13.

"não é o da ciência histórica, mas aquele em que se representa a memória coletiva", os chamados Laudos Antropológicos.[14]

Tratava-se de refletir sobre as questões de continuidade e descontinuidade do processo histórico entre o período escravista, em que quilombo, em grande parte, se referia às fugas e resistências e, os territórios, hoje, amparados por normas legais. A existência do quilombo, em grande parte, ficou restrita ao período escravista, centrada na fuga como estratégia principal de resistência, localizado em locais de difícil acesso e conformando relativo isolamento da sociedade envolvente. O quilombo de Palmares, assim, é visto como referência de resistência, da reafirmação dos valores e tradições africanas, transformando-se num símbolo da liberdade, sendo a Serra da Barriga, local de sua concentração, inclusive, tombada como sítio arqueológico.[15]

A organização quilombola foi estudada tanto por Clóvis Moura[16] quanto Décio Freitas,[17] de formas distintas às da historiografia anterior, acentuando sua presença nos vários lugares do território brasileiro em que a escravidão existiu. Segundo Moura, o quilombo foi umas das maiores estratégias de resistência negra

14 ODWYER, Eliane Cantarino. Terras de Quilombo: identidade étnica e os caminhos do reconhecimento. *TOMO*. São Cristóvão-SE nº 11 jul./dez. 2007, p. 46. Disponível em: <https://seer.ufs.br/index.php/tomo/article/view/446> Acesso em: 20 jun 2022.

15 "A Serra da Barriga - Patrimônio Cultural Brasileiro inscrito no Livro do Tombo Histórico e no Livro do Tombo Arqueológico, Etnográfico e Paisagístico, desde 1986 - recebeu o título de Patrimônio Cultural do Mercosul, em maio de 2017". Disponível em: <http://portal.iphan.gov.br/pagina/detalhes/1607> Acesso em: 10 abr 2022.

16 MOURA, Clóvis. *Rebeliões da Senzala: quilombos, insurreições, guerrilhas*. 5ª ed. São Paulo: Anita Garibaldi / Fundação Maurício Grabois, 2014.

17 FREITAS, Décio. *Palmares: A Guerra dos Escravos*. 5a. ed. Rio de Janeiro: Edições Graal, 1990, p. 16.

no Brasil, incorporando também outros personagens: "para seu núcleo convergiam elementos igualmente oprimidos na sociedade escravista: fugitivos do serviço militar, criminosos, índios, mulatos e negros marginalizados".[18] Freitas sublinhou, também, as fugas de escravos em sua intensidade, colocando Palmares no centro dessa luta, entre "a floresta ou a reescravização". Nesse sentido, deu relevo à árdua batalha não só contra o sistema, mas contra a natureza que os fugidos das senzalas enfrentavam ao adentrar na mata até encontrarem uma clareira em que edificaram sua moradia, denominando-as de *mocambo.* Distinguiu, também, o lugar dos escravos na base da pirâmide social, ao mesmo tempo, diferenciando os ladinos dos africanos, bem como destacando as diferenças entre o quilombo rural e o urbano, neste apontando algumas nuances em relação aos anteriores. Sua tipologia abrangeu ainda alguns tipos de quilombos formados conforme atividades econômicas desenvolvidas regionalmente, tais como agrícolas, extrativistas, mercantis, mineradores, pastoris e de serviço.

Por sua vez, em estudos sobre comunidades negras de Itapetininga, Nogueira descortinou as relações raciais brasileiras, na década de 1950, redigindo um relatório no âmbito do Programa da UNESCO, que patrocinou estudos acerca das relações raciais brasileiras.[19] O resultado de sua pesquisa revelou fortes desigualdades quanto à mobilidade social entre as comunidades de brancos e não brancos, a partir do que o autor refletiu sobre a presença de um sistema classificatório/discriminatório baseado no fenótipo dos indivíduos. Assim, por debaixo de uma

18 MOURA, Clóvis, *Op. cit.*, p. 18.

19 NOGUEIRA, Oracy. *Família e comunidade, um estudo sociológico de Itapetininga.* Rio de Janeiro: INEP/Brasil/MEC/Centro Brasileiro de Pesquisas Educacionais, 1962.

ideologia igualitária baseada na miscigenação, encontrava-se na verdade, um sistema de valorização do branqueamento social. O autor, também, analisou movimentos quilombolas e lutas intensas no período escravista no sertão de Itapetininga. Importante destacar que Oracy Nogueira, a partir da década 1950, juntamente aos sociólogos do Projeto UNESCO, tais como Florestan Fernandes, Otávio Ianni, ao discutirem as barreiras de classe e de cor à mobilidade social e à integração dos negros na sociedade de classes, constituíram uma historiografia crítica às interpretações da democracia racial, presentes no trabalho de Gilberto Freyre: "Enquanto Florestan dizia que a Abolição não havia integrado os negros à sociedade de classes e logo, não os havia elevado à condição de cidadão, Freyre dizia que o caldeamento cultural, a mestiçagem e a ausência de distâncias sociais eram evidências da ausência de preconceito racial entre nós".[20]

A história do quilombo na sociedade brasileira, nesse sentido, é parte de interpretações que mobilizam fontes de um passado histórico colonial e imperial, mas, também, acompanha a sua permanência ao longo do século XX, como é o caso do estudo de Nogueira, em Itapetininga. Atualmente, a demanda de autoidentificação por diversos quilombos contemporâneos demonstra igualmente a necessidade de compreender a diversidade de processos formativos, culturais e suas particularidades regionais, na complexidade das lutas pela titulação das terras após o ano de 1988, quando vários estudos vieram a debater sobre as identidades étnicas relacionadas ao território quilombola face ao propósito por sua regularização.

20 MEUCCI, Simone. *Gilberto Freyre e a Sociologia no Brasil: Da sistematização à constituição do campo científico.* Tese (Doutorado em Sociologia). Instituto de Filosofia e Ciências Humanas da Universidade Estadual de Campinas, 2006, p. 297.

Gomes,[21] ao analisar os quilombos contemporâneos, os remete a historicidades pertinentes ao período colonial e ao Império, e não necessariamente apenas formados por fugas ou caracterizados pelo isolamento. O autor destaca sua capacidade de articulação com a economia local, incluindo taberneiros, lavradores, garimpeiros, pescadores, e uma diversidade de outros grupos, incluindo negociação com escravos nas senzalas e até o comércio com senhores. Na sua maioria, para o autor, esses quilombos desenvolveram atividades camponesas em todas as regiões brasileiras: "Quase invisível, a conexão da economia quilombola se espalhava entre vários setores, inclusive se misturando com práticas semelhantes dos escravos nas senzalas com suas roças de subsistência, direito costumeiro conquistado junto aos fazendeiros". O termo quilombo foi conceituado na legislação colonial frente aos movimentos de resistência à escravidão empreendidas pelos escravos. Segundo Gomes, anteriormente, o termo mocambo era usado de forma mais geral:

> O historiador Stuart chamou a atenção para o fato de que ao longo do século XVIII – na documentação colonial – as comunidades de fugitivos foram denominadas ao mesmo tempo de *mocambos*, principalmente, na Bahia, e de *quilombos* em Minas Gerais; e o termo quilombo apareceu em Pernambuco somente a partir de 1681. Assim, *mocambos* (estruturas para erguer casas) teriam se transformado em *quilombos* (acampamentos), e, tais expressões africanas ganharam traduções atlânticas entre o Brasil e a África desde o século XVI.[22]

21 GOMES, Flávio dos Santos. *Mocambos e Quilombos. Uma História do campesinato negro no Brasil.* São Paulo: Claro Enigma, 2015.

22 *Ibidem*, p. 11.

Em *mocambos e quilombos. Uma história do campesinato negro no Brasil,* o autor busca demonstrar a existência de uma agricultura camponesa em vários quilombos constituída por roças de alimentos: a mandioca, feijão, milho, arroz, aguardente etc. Ao analisar o estabelecimento, também, de comércio do produto de suas roças, com os mercados próximos, além de taberneiros, regatões e feiras e até mesmo vilas afastadas (2015, p. 28), Gomes definiu essa organização de campesinato negro. A base agrícola teria sido a base da economia quilombola, ao lado de outras, tais como, extrativismo, mineração e atividades pastoris. O campesinato, em certas regiões do café, no Rio de Janeiro, trabalhava por conta própria, em determinados dias da semana, constituindo roças para a sua subsistência e até para o consumo nas fazendas a partir de excedentes oferecidos pelos escravos, com a permissão dos senhores.[23]

Quanto à formação do campesinato negro, Moura analisa que o acesso do escravo à terra na forma de roças nos domínios das fazendas e engenhos não se apresentava como presença ou gênese de um campesinato negro, discordando, assim da tese de Ciro Flamarion Cardoso sobre a existência da "brecha camponesa".[24] Para Moura, "o escravo ao plantar uma parcela de terra pertencente

---

23 *Ibidem*, p. 30, 31

24 O termo "brecha camponesa" foi cunhado por Tadeusz Lepkowski e difundido no Brasil por Ciro Flamarion Cardoso. A expressão exprime a ocorrência de atividades que nas colônias escravistas escapam ao sistema de plantation. "Este autor [Lepkowski] percebia duas modalidades dessa brecha camponesa: 1) a economia independente de subsistência que os negros fugidos organizavam nos quilombos; 2) os pequenos lotes de terra concedidos em usufruto, nas fazendas, aos escravos não domésticos, criando uma espécie de mosaico camponês-escravo, o qual coexistia, porém, com a massa compacta, indubitavelmente dominante, das terras do senhor, nas quais o escravo era trabalhador agrícola ou industrial, fazendo parte de um grande organismo de produção." Ciro Flamarion Cardoso, Agricultura, escravidão e capitalismo, Petrópolis, Vozes, 1982, p. 133.

ao seu senhor não estabelece outro tipo de relação (feudal ou capitalista) mas esta relação continua escravista, aumentando o sobre trabalho do escravo e dando lucro suplementar ao senhor. [...]". Assim, o escravo que obtém o consentimento do seu senhor em um pequeno lote de terra, "jamais perde a sua condição (essência) de ser alienado da sua condição humana":[25]

> Para nós, essa produção quilombola, pelo menos no caso particular do Brasil e com base nos poucos informes de que dispomos (uma conclusão provisória, portanto), não se configurou em um protocampesinato, mas foi uma economia de resistência destinada à sobrevivência dos quilombos e não teve continuidade na economia de trabalho livre em face da forte repressão contra eles. Tanto isso tem apoio histórico que na República de Palmares, como nos quilombos mineiros, fluminenses, gaúchos, pernambucanos e de outras regiões onde os quilombos se instalaram, não encontramos uma continuidade na economia após a Abolição porque foi destruída antes.[26]

Segundo Moura, os quilombos que permaneceram após a abolição não poderiam ser representativos de uma categoria social que dinamizará o conjunto das atividades econômicas com base numa unidade camponesa. Embora a base agrícola fosse fundamental para a subsistência das comunidades, seria preciso levar em consideração a presença de diversos fatores: "o seu ritmo de produção, condições de trabalho, níveis de acumulação, meios e formas de comunicação com a sociedade abrangente, distribuição

25 MOURA, Clóvis. *Dialética Radical do Brasil Negro*. São Paulo: Editora Anita, 1994, p. 28-29.

26 MOURA, Clóvis. *Op. cit.*, p. 33.

interna de excedentes, divisão interna do trabalho por idades e sexos e inúmeros outros detalhes estruturais".[27]

Partindo de análise marxista, o autor buscou pensar a formação da nação brasileira segundo a contradição fundamental forjada na escravidão, que se assentava entre as classes de senhores e escravos. A formação do país é constituída pela permanência das desigualdades fundamentalmente baseadas na cor da pele, pois as necessidades do conjunto da sociedade não foram atendidas e, majoritariamente, a população não branca que se encontra nas camadas sociais mais baixas se acha excluída dos benefícios do progresso econômico.

Nesse sentido, as visões sobre o quilombo vêm a ser tema de vários campos do conhecimento, se inscrevendo na historiografia recente. Em trabalho anterior,[28] procuramos discutir que a categoria conceitual camponesa não abrange as diferentes realidades que compõem a relação de diversos grupos com a terra, tampouco a marginalização rural e urbana se apresentam somente como recorte de classe social, mas ambas realidades são constituídas pela definição do acesso à propriedade/território e pelos processos de modernização que guardaram a marca da cor da pele no Brasil. Analisar a representação quilombola expressa por grupos presentes nos territórios urbanos e rurais apresenta-se como elemento importante para o entendimento do movimento de luta contra a segregação espacial e racial e a resistência territorial engendrada pelos quilombos. Lutas estas empreendidas em Sorocaba desde os tempos coloniais de ocupação do território.

---

27 *Ibidem*, p. 32.

28 CARRIL, Lourdes de Fátima B. Quilombo, território e geografia. *Agrária (São Paulo. Online)*, (3), 2005, p. 156-171. Disponível em: <https://doi.org/10. 11606/issn. 1808-1150.v0i3p156-171> Acesso em: 02 dez. 2022.

Assim, este livro abre-se com *Memórias Preta em Sorocaba*, seguindo-se cinco capítulos, assim apresentados:

Capítulo 1 – *A Espacialidade Quilombola & a Ação do Estado Excludente no Brasil Africano Real* parte da problemática dos territórios quilombos brasileiros para analisar a geopolítica do processo de formação territorial brasileiro nos últimos cinco séculos, tendo em vista a sua configuração como espaços de desigualdades sociais, étnicas e raciais, no Brasil e em São Paulo. O capítulo propõe um olhar macro, em âmbito nacional, e global, considerando as triangulações entre África, Europa e Américas nos últimos cinco séculos. Convida, portanto, o leitor a inserir o contexto regional de interesse da obra nessas diferentes camadas temporais e espaciais que também caracterizam o fenômeno secular da escravidão no Brasil e seus reflexos na contemporaneidade.

Capítulo 2 - *A Organização da Luta pelos Territórios: Memórias e Resistências Quilombolas.* O capítulo apresenta a construção das lutas pelo reconhecimento dos territórios negros de Fazenda Pilar e Cafundó; apresenta a Capela João de Camargo como lugar de resistência e o Campolim como memória do bairro atualmente consolidado em área nobre e branca. São explicadas as ligações desses territórios por um passado comum, no qual as elites sorocabanas que possuíam terras e escravizados deixaram herdeiros e tornaram homens e mulheres livres nessas comunidades. Outras comunidades surgem envolvidas na organização do movimento, como os Camargos e há ainda os quilombos que desapareceram: Caxambu, Cocais e Fazendinha dos Pretos.

Capítulo 3 – *Perdas e Ressignificações Territoriais Quilombolas.* Traz questões relativas às formações quilombolas na região de Sorocaba, tensões, lutas e ressignificações, desde o século XIX. Um panorama histórico que insere o contexto sorocabano nas transformações sociais, econômicas e territoriais em São Paulo, pavimentando o caminho para um tratamento mais aprofundado sobre a gênese dos territórios negros na região de interesse. À doação de terras aos ascendentes dos grupos familiares daquela região sucederam-se perdas territoriais mediante compras e apropriações indevidas de terras por segmentos externos às comunidades, ao longo do século XX, e avançam, hoje, com a urbanização na Região Metropolitana.

Capítulo 4 – *Negros na região de Sorocaba: análise sobre estatuto jurídico, trabalho e historiografia local do século XIX.* A pesquisa sobre a escravidão negra sobre os quilombos e quilombolas de Pilar e do Cafundó nos permitiu reconstruir uma história apagada e pouco discutida pela população da região.

A partir das comunidades de remanescentes de quilombolas surgem discussões acerca das relações familiares, do cotidiano, das trocas econômicas que tais grupos tinham com o meio urbano e as relações entre as comunidades negras rurais e os trabalhadores negros livres e escravizados. Nesse sentido, para além dos territórios quilombolas rurais e urbanos na região, o capítulo avança no sentido de penetrar espaços de sociabilidade negra no "mundo do trabalho", sobretudo, a partir da presença de negros escravizados e livres nos ofícios, no comércio e nas fábricas de uma Sorocaba vocacionada ao tropeirismo, mas que já despontava também como industrial ainda no século XIX. A existência desses quilombos e da população negra escravizada e liberta no século XIX trouxe dimensões e expressões das relações sociais específicas da história dos negros em Sorocaba e cidades dos arredores.

Capítulo 5 – *Memória ambiental e transformações da paisagem em Cafundó.* Analisa a comunidade do Cafundó, na qual a luta pela titulação do seu território sustenta e organiza as interações ambientais do grupo, bem como forja a construção da identidade. Neste capítulo, a partir de entrevistas e fontes secundárias, o autor propõe trazer fragmentos de memória sobre transformações territoriais dos moradores de Cafundó à superfície. Invasões e usurpação de território, seguidas de desmatamento, degradação do solo, morte de nascentes de água e perda de biodiversidade, se presentificam nas narrativas locais, amalgamando-se, de modo inseparável, ao embates políticos e jurídicos que tanto têm atravessado o passado e presente da comunidade. A concessão de terras, em 2012, não termina tais processos, mas suscita novos rearranjos na identidade do grupo de dos indivíduos. Assim, a história da comunidade e suas lutas apresentam diferentes configurações ao longo do tempo, aspectos e peculiaridades tematizados e apresentados ao longo do nosso estudo.

REFERÊNCIAS

ALENCASTRO, Luiz Felipe. *O trato dos viventes:formação do Brasil no Atlântico Sul.* São Paulo: Companhia das Letras, 2000.

ALMEIDA, Alfredo Wagner Berno de. Quilombos: Repertório Bibliográfico de uma Questão Redefinida (1995-1997). *BIB*, Rio de Janeiro, nº. 45, 1° semestre de 1998.

BRASIL. Decreto nº. 4. 887, de 20 de novembro de 2003. Regulamenta o procedimento para identificação, reconhecimento, delimitação, demarcação e titulação das terras ocupadas por remanescentes das comunidades dos quilombos de que trata o art. 68 do Ato das Disposições Constitucionais Transitórias. Diário Oficial da União, Brasília, DF: Presidência da República, 21 nov. 2003.

CARRIL, Lourdes de Fátima B. Quilombo, território e geografia. *Agrária (São Paulo. Online),* (3), 2005, p. 156-171. Disponível em: <https://doi.org/10. 11606/issn. 1808-1150.v0i3p156-171> Acesso em: 02 dez. 2022.

FREITAS, Décio. Palmares: *A Guerra dos Escravos.* 5a. ed. Rio de Janeiro: Edições Graal, 1990.

GOMES, Flávio dos Santos. *Mocambos e Quilombos. Uma História do campesinato negro no Brasil.* São Paulo: Claro Enigma, 2015.

MARQUES, Sílvia Corrêa. *Paisagens reveladas: o Jaó caboclo, quilombola, brasileiro.* Tese (Doutorado em Arqueologia). Museu de Arqueologia e Etnologia da Universidade de São Paulo, 2001.

MARTINS, José de Souza. Fronteira: *A Degradação do Outro nos Confins do Humano.* 2a. ed. São Paulo: Contexto, 2021.

MARTINS, José de Souza. A sociabilidade do homem simples. São Paulo: Hucitec, 2000, p. 53.

MEUCCI, Simone. *Gilberto Freyre e a Sociologia no Brasil: Da sistematização à constituição do campo científico.* Tese (Doutorado em Sociologia). Instituto de Filosofia e Ciências Humanas da Universidade Estadual de Campinas, 2006.

MOURA, Clóvis. *Rebeliões da Senzala: quilombos, insurreições, guerrilhas.* 5ª ed. São Paulo: Anita Garibaldi / Fundação Maurício Grabois, 2014.

_____________. *Dialética Radical do Brasil Negro.* São Paulo: Editora Anita, 1994.

NOGUEIRA, Oracy. *Família e comunidade, um estudo sociológico de Itapetininga.* Rio de Janeiro: INEP/Brasil/MEC/Centro Brasileiro de Pesquisas Educacionais, 1962.

ODWYER, Eliane Cantarino. Terras de Quilombo: identidade étnica e os caminhos do reconhecimento. *TOMO.* São Cristóvão-SE nº 11. jul./dez. 2007, p. 46. Disponível em: <https://seer.ufs.br/index.php/tomo/article/view/446> Acesso em: 20 jun 2022.

ORGANIZAÇÃO INTERNACIONAL DO TRABALHO (OIT). Convenção nº. 169 sobre Povos Indígenas e Tribais, de 1989. Disponível em: < http://portal.iphan.gov.br/uploads/ckfinder/arquivos/Convencao_169_OIT.pdf>. Acesso em: 27 abr. 2025.

SCHWARCZ, Lília; BOTELHO, André. Ao vencedor as batatas 30 anos: crítica da cultura e processo social: entrevista com Roberto Schwarz. *Rev. bras. Ci. Soc.* 23 (67), Jun 2008. Disponível em: <https://drive.google.com/file/d/1Lxn-TLh8Yf8YkLgf3x1WYm-LNIeaTCou/view> Acesso em: 02 abr. 2022.

CAPÍTULO 1

A espacialidade quilombola & ação do Estado excludente no Brasil africano real

Rafael Sanzio Araújo dos Anjos

Introdução

A geopolítica do processo de formação territorial brasileiro nos últimos cinco séculos tem sido configurada por desigualdades na sua estrutura social e pelos lugares segregados no espaço geográfico.

> Dentre os seguimentos mais comprometidos neste processo espacial permeado por paradoxos, estão os povos africanos e seus descendentes, que no 1º. Censo Demográfico do Brasil (1872), computou 10 milhões de habitantes, dos quais 70% eram constituídos por povos de distintos grupos étnicos da África e aqui nascidos e 3,8% da população era de europeus. A população atual do país está em torno de 210 milhões de pessoas (IBGE, 2018), dos quais mais de 50 % são de afro-brasileiros (as). Para ampliar o entendimento deste mito é pertinente lembrar que os quatro séculos do sistema escravista (XVI-XIX) foram sustentados por um preconceito estrutural como uma política de Estado, que vai manter as populações e os territórios de matriz africana à margem do processo civilizatório e de desenvolvimento da nação.[1]

1 ANJOS, Rafael Sanzio Araújo dos. "Territórios invisíveis do Brasil Africano: cartografias & tensões sócio – espaciais nos terreiros religiosos". In: REGO, Nelson;

Importante lembrar que o território continua sendo o principal revelador dos espaços visíveis oficialmente, ou seja, os aceitos e formalizados pelo sistema dominante e, os invisíveis, que correspondem aos territórios usados que não devem ser mostrados na cartografia e na paisagem geográfica oficial.

> No território brasileiro, este conceito é emblemático, sobretudo na encruzilhada destes "Brasis" formal-informal e\ ou incluído-excluído, onde estão os povos e os espaços de matriz africana secularmente à margem dos projetos do país com tratamento periférico e políticas de invisibilidade, onde a inexistência é uma das estratégias mais fundamentadas, ou seja, o Estado tem agido secularmente contra qualquer tipo de inserção das matrizes afrobrasileiras para terem um "lugar" definido no sistema dominante.[2]

Entendemos que essas são instâncias concretas no conjunto amplo das contradições dos cinco séculos de sistema escravista criminoso (aqui incluímos os quatro séculos do Brasil Colonial e os 100 anos do século XX do Brasil República de mentalidade escravocrata), ainda pendentes de reconhecimento e reparação oficial não resolvidos no país. Temos como referência que tratar do Brasil Africano nos contextos espaciais, buscando reconhecer, valorizar e superar os racismos estrutural e institucional existentes, é ter uma ação sobre um dos mecanismos estruturantes na manutenção da exclusão territorial e social secular do Brasil Colonial ainda domi-

---

AZEVEDO, Salete; KOZEL, Ana Francisca. (org.). *Narrativas, Geografias, Cartografias - para viver, é preciso espaço e tempo.* E-book. Porto Alegre: Editora Compasso Lugar – Cultura e Editora IGEO – UFRGS, vol. I, 2020, p. 39 - 64

2 ANJOS, Rafael Sanzio Araújo dos. A Geografia afrobrasileira, o estado de mentalidade colonial e a governança racista. *Boletim Paulista de Geografia*, São Paulo, nº. 104, jul./dez. 2020, p. 23–60.

nante. Neste *trabalho* buscamos auxiliar na ampliação dos conhecimentos e das informações sobre as referências espaciais da primeira instância territorial de resistência, sobrevivência, resgate ancestral e conflitante na historiografia brasileira real: os quilombos! Este capítulo busca, dessa forma, trazer alguns elementos fundamentais para o entendimento das configurações multi escalares existentes e do modelo perverso da governança excludente junto aos territórios quilombolas no país. Algumas referências sobre a geopolítica institucional da diáspora africana e da Geografia Quilombola do Brasil Colônia são tratadas a seguir.

A Geopolítica Perversa da Diáspora Africana, o Brasil Colonial e os Territórios dos Quilombos

Os séculos XV, XVI, XVII, XVIII e XIX são marcadamente estruturados para uma outra configuração cartográfica e geográfica do mundo, sobretudo pelas "invasões" dos territórios desconhecidos e incorporados, às "novas" fronteiras constituídas e impostas e, a evolução significativa das técnicas. A modelagem gráfica do *Mapa 01* a seguir mostra as principais referências das dinâmicas territoriais nesta triangulação envolvendo três continentes.

> No Fluxo Europa-África-Europa os navios saídos dos portos escravagistas europeus levavam armas, tecidos, bebidas e outras mercadorias e dos portos africanos vinham o sal, pedras preciosas, café, açúcar, marfim, dentre outros produtos tropicais e seres humanos. O Fluxo América-África-América se caracteriza prioritariamente pelos deslocamentos dos distintos grupos étnicos com suas bagagens culturais e tecnológicas para a ocupação e formação dos novos territórios coloniais e da sua costa Oriental eram exporta-

dos o fumo de corda, aguardente, batata, amendoim, dentre outros produtos. Do Fluxo América-Europa-América saiam açúcar, aguardente, cacau, tabaco, café, borracha, pedras preciosas, algodão, batata, girassol, tomate, milho, pimenta, baunilha etc. e, para o Novo Mundo eram encaminhados cevada, gado, aveia e centeio. Os pontos fixos de articulação e "nós espaciais" se caracterizaram principalmente pela rede de cidades e portos que vão dar suporte locais e regionais na Geografia da Diáspora.[3]

3 ANJOS, Rafael Sanzio Araújo dos. "Territórios invisíveis do Brasil Africano: cartografias & tensões sócio – espaciais nos terreiros religiosos". In: REGO, Nelson; AZEVEDO, Salete; KOZEL, Ana Francisca. (org.). *Narrativas, Geografias, Cartografias - para viver, é preciso espaço e tempo.* E-book, Porto Alegre: Editora Compasso Lugar – Cultura e Editora IGEO – UFRGS, vol. I. 2020, p. 39 – 64.

Mapa 01

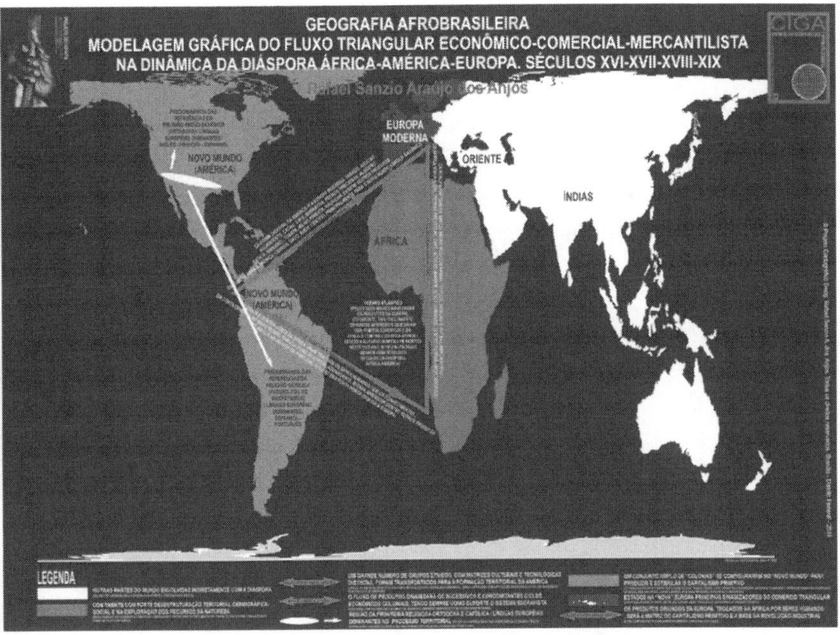

Fonte: ANJOS, R.S.A. O Brasil Africano: Cartografia para Educação. Mapas Editora & Consultoria, Brasília, 2014

No processo de formação territorial do Brasil, esses fatos geográficos seculares revelam uma crescente consolidação da sociedade escravagista, mesmo com o desenvolvimento paralelo dos conflitos político territoriais e as contradições socioeconômicas.

> Aqui está a matriz fundamental da exploração perversa da natureza conduzida por um modelo onde o controle dos meios de produção, dos capitais, dos recursos tecnológicos e da concentração de terras vai se cristalizar por cinco séculos, tendo a manutenção das desigualdades como "pano de fundo" permanente. O processo de pulverização das distintas matrizes africanas no território colonial brasileiro pelo Estado escravagista tinha também como estratégia dificultar a organização social e espacial ao buscar extinguir a língua de origem e impossibilitar a continuidade das culturas, ou seja, foram criados dispositivos reais para que as populações oriundas da África perdessem as suas referências identitárias e, por conseguinte, houvesse uma diluição da identidade étnica africana. Esse é mais um fator geográfico que colabora para a falta de uma referência ancestral de origem da população afrobrasileira com interferências profundas na sua cidadania e no sentimento de pertencimento geográfico.[4]

Na América estruturada pelo Sistema Escravocrata, o quilombo significava a expressão espacial concreta e mais significativa dos conflitos junto ao sistema dominante e era uma reconstrução e elaboração de um tipo de organização territorial existente na África Bantu (Austral) que vai se consolidar no território. As fotos e documentos do *Mapa 02* reconstituem algumas

4 ANJOS, Rafael Sanzio Araújo dos. A Geografia afrobrasileira, o estado de mentalidade colonial e a governança racista. *Boletim Paulista de Geografia*, São Paulo, nº. 104, jul./dez. 2020, p. 23–60.

referências do sistema escravocrata, destacando o espaço dos quilombos ancestrais, ou seja, os mais antigos territórios de resistência africana no Brasil. Neste sentido, o quilombo africano e o quilombo americano apresentam semelhanças fundamentais. Esses sítios africanos no Novo Mundo eram um fato espacial de extensão continental e tinham um desejo coletivo de resistir à sociedade de opressão e da exclusão.

No Brasil Colonial, esses territórios étnicos organizados, independentes e numerosos eram uma ameaça à estabilidade da classe senhorial e, justamente por isso, foram duramente reprimidos estimulando a criação de capitães do mato e das expedições para destruição dos seus territórios. As cartografias, fotos, gravuras, gráfico e a documentação incorporada no *Mapa 02*, com o registro aproximado dos sítios dos quilombos ancestrais, revela a extensão e configuração dos quilombos no espaço de dominação portuguesa e a complexidade das engrenagens que moveram por quatro séculos a geopolítica da diáspora África-Brasil.

> Apesar de no Império ocorrer em 1850, a primeira metade do século XIX caracterizou-se pelos vários tratados visando abolir o tráfico negreiro das ações de resistência Colonial. Pelo quadro de ilegalidade e clandestinidade, os dados estatísticos dos movimentos demográficos são imprecisos e por pressões geopolíticas europeias esse é o período em que são desfeitas as ligações bilaterais entre os continentes africano e o americano.[5]

5 ANJOS, Rafael Sanzio Araújo dos. "Territórios invisíveis do Brasil Africano: cartografias & tensões sócio – espaciais nos terreiros religiosos". In: REGO, Nelson; AZEVEDO, Salete; KOZEL, Ana Francisca. (orgs.). *Narrativas, Geografias, Cartografias - para viver, é preciso espaço e tempo.* E-book, Porto Alegre: Editora Compasso Lugar – Cultura e Editora IGEO – UFRGS, vol. I. 2020, p. 39 – 64

Entretanto, o Brasil por mais de seis décadas e os Estados Unidos por quase um século, continuaram oficialmente escravistas depois das suas independências. O Estado brasileiro vai se desenvolver sobre esse contexto secular de fragilidade geopolítica, apostando na dominação e exploração violenta dos territórios e dos povos inferiorizados, organizando o processo de desigualdade, institucionalizando a ineficiência nas ações governamentais, restringindo o acesso à educação, à cultura, informação e à saúde.

Mapa 02

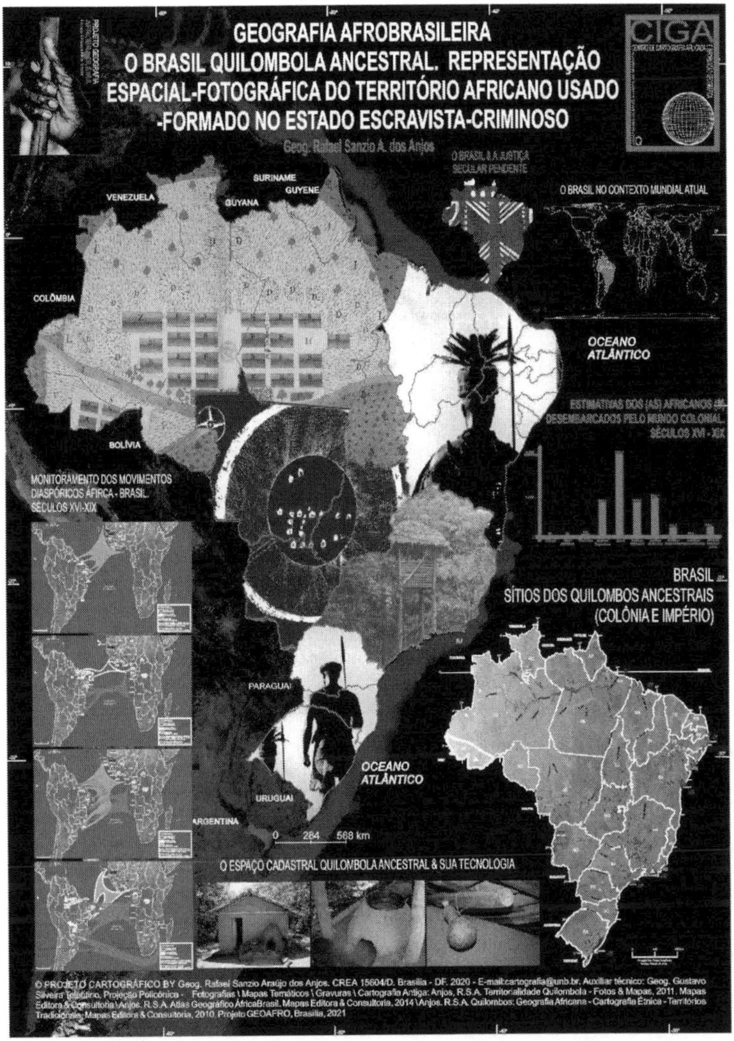

Fonte: ANJOS, R.S.A. Quilombos: Geografia africana, Cartografia étnica, Territórios tradicionais. Mapas Editora & Consultoria, Brasília, 2010. Atualização: Projeto GEOAFRO, Brasília - DF. 2021

É pertinente lembrar que o Brasil Colonial foi quem mais dinamizou o tráfico atlântico e importou forçosamente seres humanos africanos de distintas matrizes étnicas e culturais (ver gráfico vermelho no *Mapa 02*).

> Assim como foi o último a sair do sistema escravocrata, resolvido institucionalmente com a assinatura da Lei Áurea (1888), devido à pressões internacionais e num contexto interno de tensão entre segmentos com interesses distintos da sociedade dominante e com desdobramentos traumáticos no território brasileiro nesses 133 anos "carregando" as referências do escravismo criminoso.[6]

O fim institucional da escravidão visou, sobretudo, a consolidação da Geografia Oficial das Desigualdades ao "engessar juridicamente" uma estrutura de privilégios seculares. Neste sentido, alguns marcos legais são estruturais para o entendimento e explicação do Brasil desigual que vai se cristalizar ao longo destes últimos 200 anos. São os seguintes:

1. A Lei 001 de 1837 que institucionalizava que os africanos e seus descendentes não podiam estudar e proibia os mesmos de frequentarem escolas pública;

2. A primeira Lei de Terras (Lei nº. 601 de 18 de setembro de 1850), que tinha como premissa geopolítica, inviabilizar a possibilidade de propriedade e compra-aquisição de terras para os povos africanos e seus descendentes;

---

6 ANJOS, Rafael Sanzio Araújo dos. A Geografia afrobrasileira, o estado de mentalidade colonial e a governança racista. *Boletim Paulista de Geografia*, São Paulo, nº. 104, jul./dez. 2020, p. 23-60.

3. A Lei Saraiva Cotegipe (1885) que impõe que analfabeto não tem direito a voto;

4. A lei da Vadiagem (1890) que oficializava o uso da violência para os segmentos excluídos da sociedade e,

5. A "Política de Embranquecimento" desenhada a partir dos resultados do 1°. Censo Demográfico (1872) e oficializada pelo Estado brasileiro no Congresso Internacional das Raças (Londres, 1911), no discurso do seu representante político, são referências jurídico temporais que visavam promover a extinção do povo de matriz africana pela fome, deseducação, desterritorialidade e inexistência no sistema dominante.

> Estas referências do geodireito mostram por que o Brasil vai se manter com um pensamento social dominante preconceituoso, pautado num conceito errôneo generalizado na nação continental até os dias atuais, materializado em ações discriminatórias em praticamente todos os segmentos da sociedade. Importante o reconhecimento da sobrevivência e manutenção desta geopolítica conservadora no Brasil, que deixou o período escravocrata "zangado", portanto resistente e contrário na sua maioria a deixar as regras dos privilégios institucionais e sociais do sistema político econômico social. Esta resistência não resolvida de cinco séculos, ainda se configura de forma predominante na sociedade atual e no território multi escalar contemporâneo com um racismo estrutural e institucional, ou seja, uma crença comportamental de seres superiores (existentes, visíveis e oficiais) e inferiores (inexistentes, invisíveis e marginais).[7]

7 ANJOS, Rafael Sanzio Araújo dos. A Geografia afrobrasileira, o estado de mentalidade colonial e a governança racista. *Boletim Paulista de Geografia*, São Paulo, nº. 104, jul./dez. 2020, p. 23-60.

Algumas considerações referentes ao espaço dos quilombos contemporâneos e os conflitos institucionais na estrutura da governança oficial do Brasil são tratadas no item a seguir.

A "Encruzilhada" do Brasil contemporâneo conflitante e a espacialização quilombola

Importante a lembrança de que a história oficial e a governança brasileira ainda continuam associando à população de matriz africana uma imagem de "escravizados" e aos quilombos sempre como algo do passado, como estes não fizessem parte da vida contemporânea da nação, implementando sistematicamente uma estratégia de "inexistência" social e territorial.

> Neste sentido, as ações do setor decisório se mostram conflitantes e contraditórias, apesar das disposições constitucionais (1988) e da obrigatoriedade de alguns organismos oficiais para resolverem as demandas dos povos tradicionais de matriz africana. É como se uma parte significativa do Brasil (população, território e estruturas social-política) continuasse no século XIX.[8]

Nesse contexto, entendemos que foi desenvolvido de forma estratégica uma "miopia" proposital na nação nos últimos 100 anos visando iludir o imaginário da nação escravocrata, "escondendo" os quatro séculos de escravidão oficial, desinformando e criando impedimento para qualquer tentativa de inserção e

8 ANJOS, Rafael Sanzio Araújo dos. "Territórios invisíveis do Brasil Africano: cartografias & tensões sócio – espaciais nos terreiros religiosos". In: REGO, Nelson; AZEVEDO, Salete; KOZEL, Ana Francisca. (orgs.). *Narrativas, Geografias, Cartografias - para viver, é preciso espaço e tempo.* E-book, Porto Alegre, Editora Compasso Lugar – Cultura e Editora IGEO – UFRGS, vol. I. 2020, p. 39 – 64.

emergência social, econômica, política e educacional do Brasil Africano real e existente. E, na atualidade o espaço quilombola na nação traz o conflito do território invisibilizado secularmente e revela a dificuldade real do Estado para "enxergar" as consequências do enriquecimento proveniente da diáspora africana. Neste paradoxo está uma das principais "encruzilhadas" geopolíticas da nação. No Brasil do agora, as comunidades negras tradicionais, os remanescentes de quilombos, mocambos, comunidades negras rurais, quilombos contemporâneos, comunidades quilombolas ou terras de preto referem-se a um mesmo patrimônio territorial e cultural inestimável, com seus saberes parcialmente conhecidos, é que passaram a ter um interesse pela academia e uma "aparente" atenção (fragmentária e hostil) do Estado com evidências de pouca prioridade na governança oficial.

> A negligência estatal é também para não haver reconhecimento oficial das tradições e tecnologias que os antepassados trouxeram da África, como a agricultura comunitária, a medicina natural, a religião estruturada, a mineração eficaz, as técnicas de arquitetura e construção, o artesanato e utensílios de cerâmica e palha, as línguas diversas, o sistema de numeração e matemática, a relação sagrada com o espaço geográfico, a amplitude da culinária, a forma comunitária de uso e ocupação do território, dentre outras maneiras de expressão cultural e tecnológica. Aqui está um dos riscos estratégicos desses territórios tradicionais junto ao sistema opressor e explorador, expresso na ausência de ações consequentes para a sistematização e catalogação dos seus saberes e conhecimentos seculares que desenvolveram a nação.[9]

9 ANJOS, Rafael Sanzio Araújo dos. *Quilombos: Geografia Africana-Cartografia Étnica-Territórios Tradicionais*. Brasília: Mapas Editora & Consultoria, 2010.

As comunidades quilombolas no espaço brasileiro apresentam uma variedade de tipologias habitacionais e padrões de estruturas espaciais, entretanto, com sobrevivências e similitudes registradas em quase todo o território nacional, fatos que as unem em uma identidade arquitetônica e urbanística ancestral comum. As casas quilombolas têm características de serem polinucleadas, com distintos usos e ocupações no terreiro, com significativa interação com a natureza e uma marcante integração com as necessidades cotidianas e sistemas de crenças. O *Mapa 03* e as *Figuras 01, 02 e 03* representam graficamente um terreiro tradicional na Comunidade da Ema no Território Kalunga em Goiás, o de maior extensão territorial no país. Chama a atenção a função comunitária, produtiva e agregadora das atividades nos espaços, fatos que conferem ao território quilombola uma autonomia e independência na sobrevivência. Esta arquitetura quilombola no espaço dos quilombos contemporâneos nos revela o passado resistente, mas sobretudo os tipos de técnicas usadas nas edificações e a natureza dos materiais utilizados, que continuam os mesmos dos seus antepassados.

Na dinâmica dos processos territoriais quilombolas, tomando como premissa a área municipal como célula espacial de investigação, verificamos de forma sistemática que muitas destas localidades tradicionais situadas em distritos do município (espaço rural), a depender da acessibilidade, da localização no território e dos fluxos no sistema viário, as mesmas vão se integrar ou não nos processos dinâmicos da urbanização (fluxos crescentes, estabilizados ou decrescentes). A *Figura 04* sintetiza graficamente estes movimentos espaciais que nos permitem compreender a formação dos quilombos com características urbanas, sobretudo.

Não podemos perder de vista que os quilombos rurais são significativamente mais recorrentes no espaço nacional, portanto, mais à margem e invisibilizados pelo setor decisório do país. Este fato espacial é um dos complicadores nas ações institucionais desarticuladas e fragmentárias, caracterizadas por um modelo de governança ineficiente, hostil, reveladora de racismo dominante na nação. O contexto espacial dos quilombos urbanos traz lógicas geográficas diferentes e com outros níveis de articulação para sobrevivência e manutenção. Entretanto, a "luta ancestral" pela sua manutenção no espaço geográfico é a mesma.

Esses territórios têm como questão estrutural a fragilidade dos seus marcos jurídicos-constitucionais que negligenciam os seus direitos de fato e pleno para a definição oficial das suas fronteiras. Esta constatação tem comprometido o direcionamento de uma política eficaz para o equacionamento dos seus problemas fundamentais, ou seja, o seu reconhecimento dentro do sistema social e a demarcação e titulação dos territórios ocupados. O modelo institucional dispersivo praticado no país para os territórios tradicionais excluídos é revelador da fragmentação nas responsabilizações governamentais para resolução de fato das demandas dos quilombos. Dentre os danos reais nesse contexto de desinteresse do Estado está a fratura das ações concretas na implementação das políticas públicas reparatórias.

Um dos desdobramentos nesse panorama complexo de inexistência na estrutura do Estado se evidencia na ausência de uma base de dados espaciais quilombola oficial, ou seja, uma documentação cartográfica que o Brasil reconheça decisivamente as reparações para uma das respostas espaciais mais significativas dos séculos de escravidão criminosa. Este componente fundamental, o mapa como um registro governamental para a decisão e a intervenção, pode ser uma ferramenta estratégica para as ações de alteração nesse modelo. Nesse contexto, várias outras questões além do mapa oficial quilombola ficam sem respostas: Quem se responsabiliza pelo Banco de Dados afro-brasileiro no país? E sua atualização e divulgação? São pontos fundamentais que não têm respostas satisfatórias, ou seja, continua a opção pela manutenção do esquema fragmentário institucional que permite a ausência de uma cartografia esclarecedora e informativa para os diversos segmentos da sociedade e da governança pública e privada.

Mapa 03

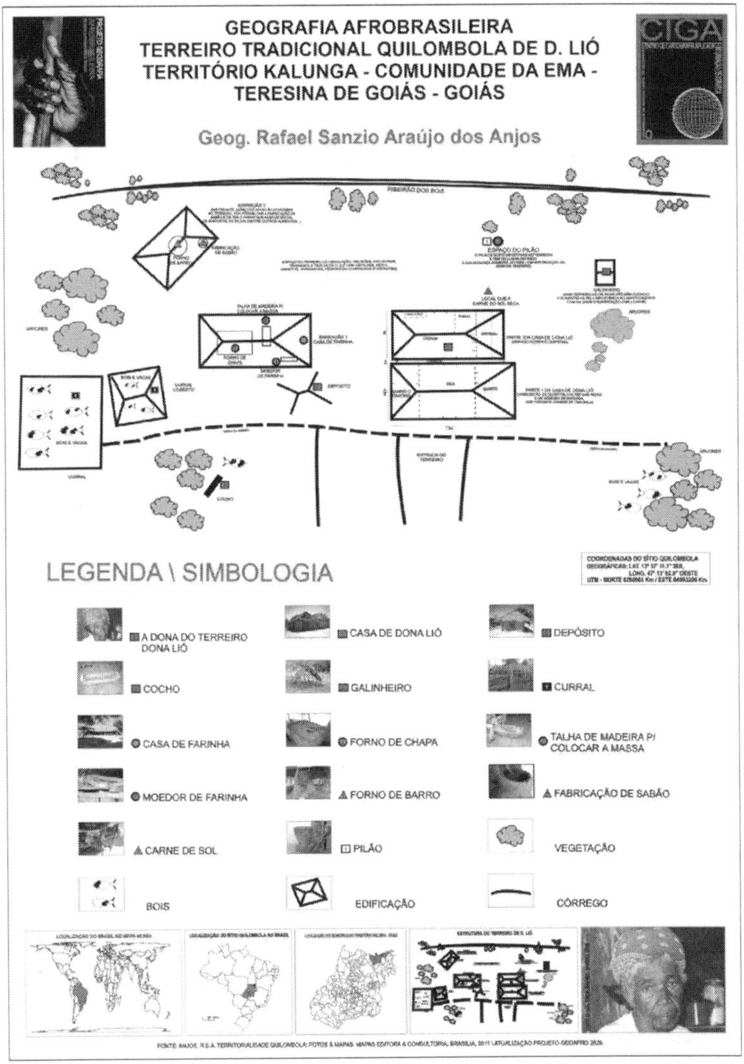

Fonte: ANJOS, R.S.A. Territorialidade quilombola – Fotos & Mapas. Mapas Editora & Consultoria, Brasília, 2011 \ Atualização: Projeto GEAFRO, Brasília, 2020.

Figura 01

Fonte: ANJOS, R.S.A. Territorialidade quilombola – Fotos & Mapas. Mapas Editora & Consultoria, Brasília, 2011 \ Atualização: Projeto GEAFRO, Brasília, 2020.

Figura 02

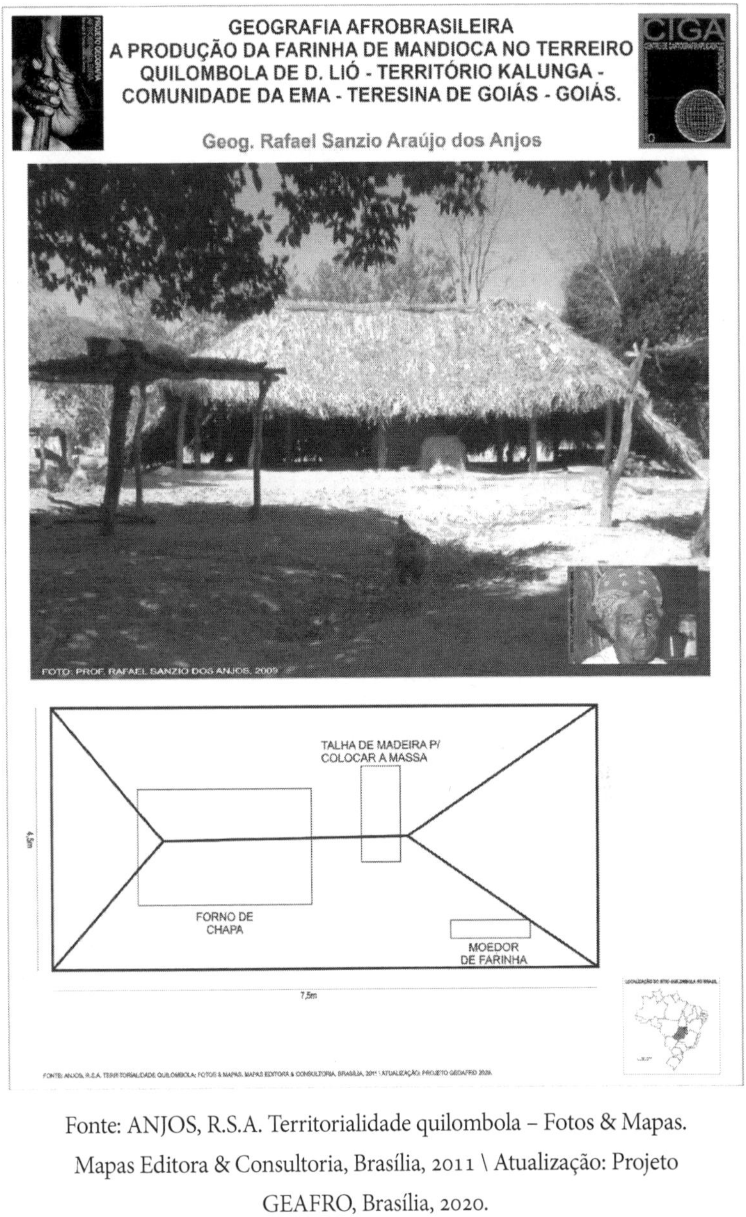

Fonte: ANJOS, R.S.A. Territorialidade quilombola – Fotos & Mapas. Mapas Editora & Consultoria, Brasília, 2011 \ Atualização: Projeto GEAFRO, Brasília, 2020.

Figura 03

Fonte: ANJOS, R.S.A. Territorialidade quilombola – Fotos & Mapas. Mapas Editora & Consultoria, Brasília, 2011 \ Atualização: Projeto GEAFRO, Brasília, 2020.

Figura 04

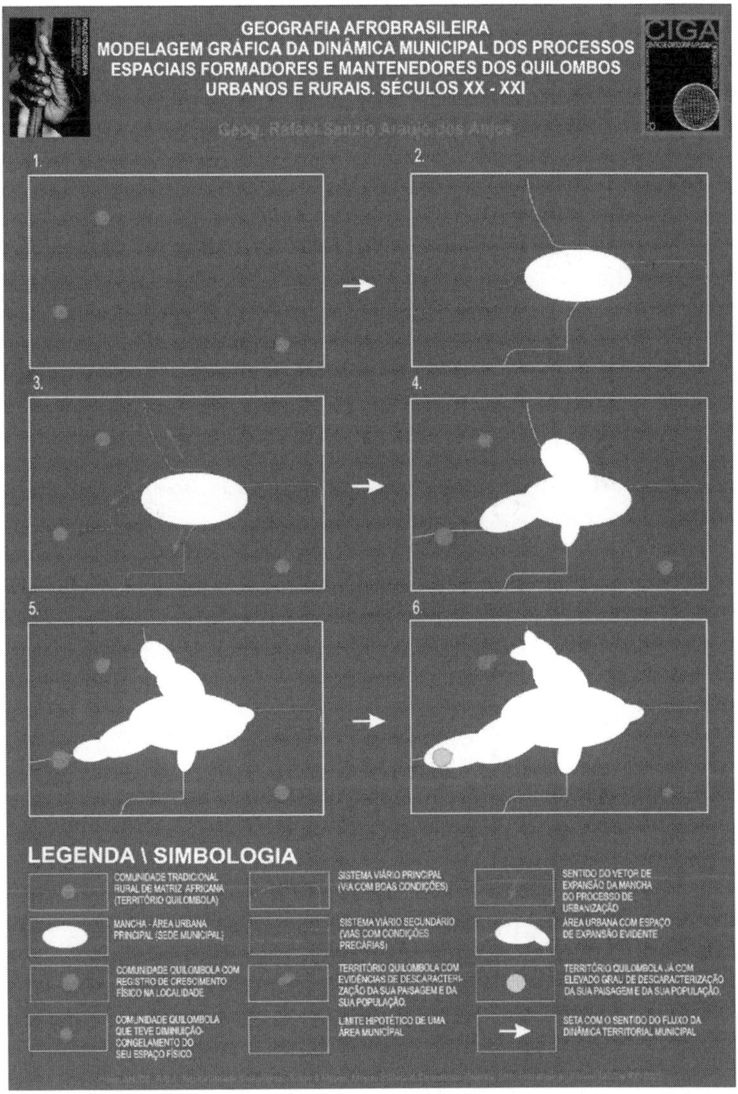

Fonte: ANJOS, R.S.A. Territorialidade quilombola – Fotos & Mapas. Mapas Editora & Consultoria, Brasília, 2011 \ Atualização: Projeto GEAFRO, Brasília, 2020.

No *Mapa 04*, estão os dados sistematizados da Atualização do Cadastro dos Registros Municipais dos Territórios Quilombolas do Brasil – 2020, desenvolvido pelo Projeto GEOAFRO.[10] Eles revelam e confirmam alguns aspectos espaciais nesse contexto institucional e social de negação do espaço dos quilombos no país. São os seguintes:

A constatação espacial dos registros, em praticamente todo o país (exceção do Acre e Roraima), confirma o quanto o Brasil contemporâneo é quilombola, mesmo com a prerrogativa proposital de "invisibilidade";

Outro aspecto espacial são as concentrações dos sítios em algumas regiões do país, dado que tem correspondência com as regiões geoeconômicas produtivas do Brasil Colonial. Chama atenção a faixa territorial iniciada no norte do Pará, passando por todos os Estados da Região Nordeste, seguindo por Minas Gerais e Goiás e indo até o sul de São Paulo. É revelador, também, os registros nos pontos das grandes metrópoles coloniais, caracterizando uma quantidade significativa de quilombos urbanos, com estruturas e fluxos espaciais particulares, diferenciados, portanto, das dinâmicas dos quilombos rurais no país. Lembro que as unidades políticas com maior registro de quilombos (Bahia, São Paulo, Pará, Minas Gerais, Mato Grosso, Pernambuco, Maranhão e Rio Grande do Sul), são também as de maiores registros de população escravizada (Censo 1972) e, também apresentam ações de invisibilização institucional no Brasil Africano existente com negligências reais, como as posições junto ao Dia Nacional da Consciência Negra (20 de novembro).

10 www.portalprojetogeoafro.com (PORTAL GEOAFRO BRASIL).

São relevantes as ocorrências nas zonas fronteiriças do Mato Grosso, Mato Grosso do Sul, Rondônia, Pará e o Rio Grande do Sul, contextos que indicam a necessidade de alargarmos a compreensão espacial na extensão e influência dos territórios quilombolas formados no Brasil para além das fronteiras do país:

> Mesmo com essa expressão espacial significativa não oficializada, o histórico dos territórios quilombolas reconhecidos e regularizados de fato desde a Constituição de 1988 até o momento atual revela esse quadro de desinteresse institucional. A questão estrutural de fundo é a posse jurídica efetiva do território étnico, ou seja, a definição oficial e não oficiosa da fronteira afro-brasileira.[11]

11 ANJOS, Rafael Sanzio Araújo dos. "O Brasil africano invisível-visível e geografia secular perversa". *Revista Humanidades*, Brasília, Editora UnB, nº. 63, dez. 2019. p. 75 – 99

Mapa 04

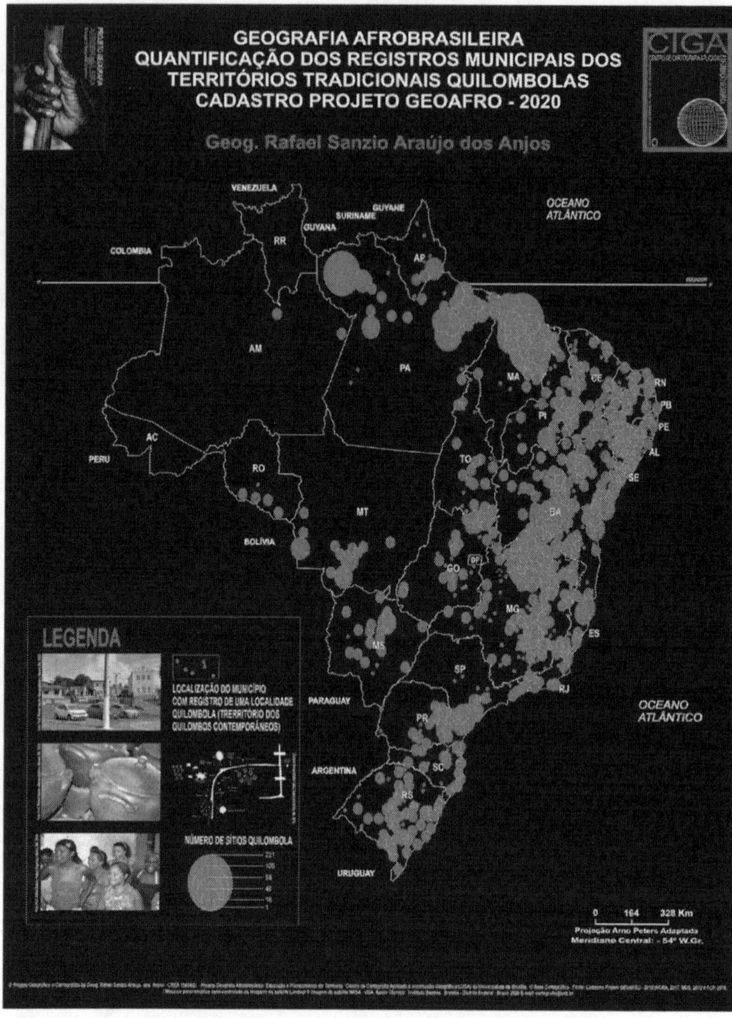

Fonte: ANJOS, R.S.A. Quilombos: Geografia Africana - Cartografia Étnica – Territórios Tradicionais. Mapas Editora & Consultoria, Brasília, 2010 \ Atualização: Projeto GEAFRO, Brasília, 2020.

A organização do direito-administrativo no Governo Federal atual com ações que revelam a estratégia de "não resolver de forma eficaz" as demandas territoriais conflitantes e, sobretudo, as incompatibilidades conceituais (abordagens para "terra" e "território", por exemplo), mesmo com as referências constitucionais e os sítios terem a sua história espacial e já estarem de fato sendo usados e ocupados. Nesta direção, a falta de uma "Política de Estado" consistente e duradoura e, não "Política de Governo", pontual e cosmética, é um fator de temeridade para que não se instale no país um processo de extinção e descaracterização desses territórios étnicos, vistos erroneamente como "espaços de problemas", mas que podem ser olhados com outra perspectiva, ou seja, "territórios das soluções" para muitas demandas sociais e econômicas da nação. A seguir algumas referências da espacialidade dos quilombos em São Paulo.

2. 1 O Espaço Atual dos Quilombos em São Paulo

O Estado de São Paulo é um dos pilares da historiografia real do Brasil permeada por contradições e conflitos na sua dinâmica territorial. A *Figura 05* é constituída por quatro mapas do Brasil sobre os temas: 1o. A quantificação demográfica dos povos africanos e seus descendentes no 1o. Censo (1872) realizado no Brasil; 2o. A distribuição das Regiões Geoeconômicas Coloniais (Séculos XVI-XIX); 3o. A constatação espacial dos Estados atuais da nação que mais detêm a herança de populações escravizadas e, 4o. A cartografia recente das unidades políticas que aderiram ao Dia Nacional de Zumbi e da Consciência Negra (Lei, 12519, 2011), são reveladoras das heranças e conflitos dos dois "Brasis": o Colonial e o Contemporâneo conservadores. Ao olhar para São Paulo nestas cartografias, algumas constatações espaciais são relevantes: 1. Depois de Minas Gerais e Bahia no censo de 1972, São Paulo e Rio de Janeiro são as unidades políticas que apresentam os maiores números de africanos e descendentes recenseados, ou seja, São Paulo é um Estado de essência africana, comprovada cartograficamente; 2. Na densidade e superposição das regiões produtoras para atender às demandas do Brasil Colonial, a Bahia e São Paulo ganham destaque no documento cartográfico e, 3. Nos níveis de adesão da nação ao Dia Nacional de Zumbi dos Palmares, em São Paulo, que enriqueceu e se sustenta com os cinco séculos de sistema escravista oligárquico, apenas 102 (cento e dois) municípios aderiram ao feriado de matriz africana, ou seja, quase 16% dos quase 650 municípios. O *Mapa 05* mostra a espacialização dos cento e nove (109) territórios quilombolas e seus municípios de ocorrência no Estado de São Paulo e revela algumas constatações relevantes. As principais são as seguintes:

Mapa 05

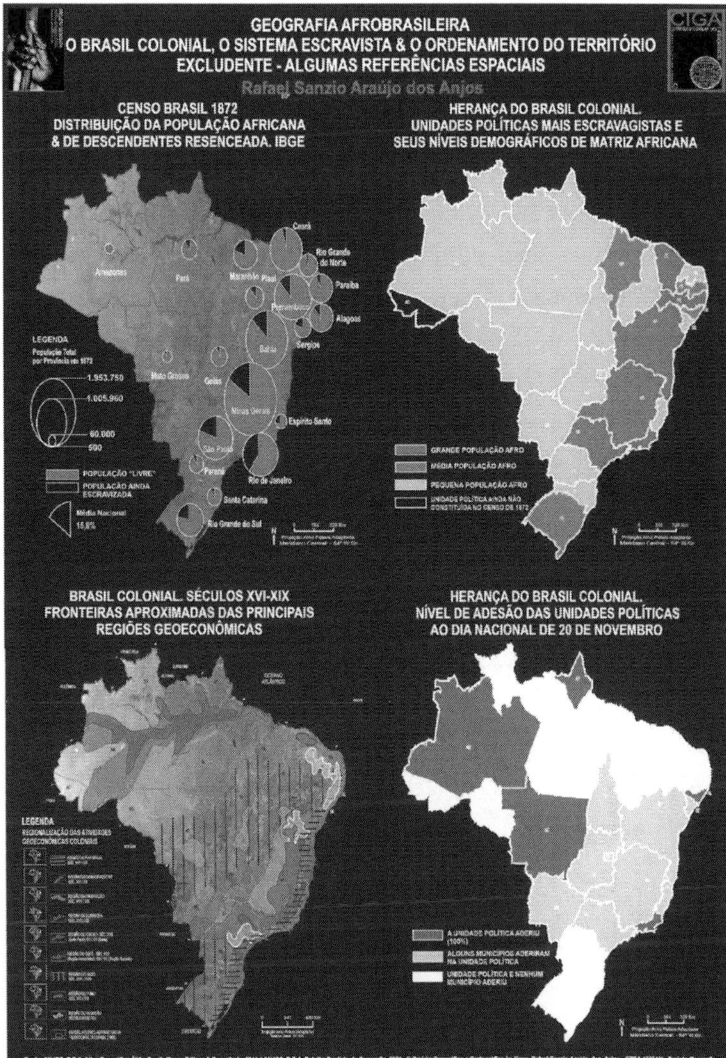

Fonte: ANJOS, R.S.A. Quilombos: Geografia Africana - Cartografia Étnica – Territórios Tradicionais. Mapas Editora & Consultoria, Brasília, 2010 \ ANJOS, R.S.A. Boletim Paulista de Geografia – Edição Especial: Geografia e Relações Étnico-Raciais nº. 104. Julho-Dez, 2020.

No conjunto dos registros, os territórios tradicionais quilombolas estão distribuídos no espaço litorâneo e na região centro-sul-sudeste. Alguns municípios chamam a atenção pelo elevado número de registros. São eles: Eldorado (24); Iporanga (20); Barra do Turvo (10); Cananeia (9); Iguape e Ubatuba (8);

A maioria das comunidades no Estado já estão com seus territórios reconhecidos-certificados pela Fundação Cultural Palmares (FCP), entretanto, o Mapa desses Registros revela um conjunto amplo de municípios sem reconhecimento oficial; com dados mais extremos na oficialidade quilombola no Estado, o número de territórios titulados-regularizados pelo INCRA e Instituto de Terras de São Paulo estão restritos a dois municípios e comunidades na Região do Vale do Ribeira. Essa resposta espacial da Geografia Quilombola de São Paulo é reveladora da historiografia real que aconteceu e acontece na unidade política com entraves estruturais nas governanças nacional, estadual e municipal que dificultam a unidade política de estar em um outro patamar de visibilidade, inserção, resolução e economia quilombola.

Algumas conclusões e referências para a governança quilombola

Tomando como premissa que as construções analíticas e as especulações não se esgotaram, concluímos e recomendamos o seguinte:

- O contexto de desinformação da população brasileira no que se refere a África continua sendo um entrave estrutural para uma perspectiva real de melhora na democracia incompleta existente no país. Não podemos perder de vista que entre os principais obstáculos para a inserção da população de matriz africana na nossa sociedade está a inferiorização desta no sistema escolar com danos imensuráveis para as sucessivas gerações, uma vez que estamos tratando com uma ordem jurídica que está institucionalizada há quase 200 anos. Neste sentido, se coloca uma questão geopolítica-histórica básica, ainda sem resposta satisfatória: Qual o lugar geográfico oficial do (a) afro-brasileiro (a) na nação?

• O Brasil tem registrado sete (7) Constituições Federais (1824, 1891, 1934, 1937, 1946, 1967 e 1988) e apenas na última vai ser feita uma referência às comunidades quilombolas, ou seja, a palavra "quilombo" vai aparecer pela primeira vez num documento constitucional da nação apenas em 1988, mesmo assim nos Artigos Transitórios, portanto frágeis e, tratados como "Remanescentes de Quilombos", como se os mesmos não fizessem parte da contemporaneidade do país e fossem em número inexpressivos. As demandas das comunidades quilombolas no território brasileiro não podem mais continuar sendo tratadas com ações pontuais, esporádicas e nem atrapalhadas por conflitos de atribuições institucionais presentes de forma significativa, nesta primeira metade do século XXI e com indícios de manutenção. A cartografia do geodireito dos quilombos do agora é reveladora da forma como o Estado brasileiro "branco" age, atuando como uma empresa devido à sintonia com a sua elite e evitando qualquer tipo de inserção oficial das matrizes oriundas da África no sistema visível;

Constatamos que o Brasil Africano real continua invisível oficialmente há 133 anos (1888-2021), ou seja, a rejeição secular do Estado com o fim do Sistema Escravista é o fio condutor básico da frequente articulação para a naturalização-normalização da democracia precária e da manutenção dos privilégios. O *Gráfico 01* mostra uma qualificação dos níveis de resiliência ao longo dos últimos cinco séculos de convívio com as referências escravocratas na sociedade e sobretudo no território. A constatação básica é a forma rígida como o Brasil se mantém com estas premissas conservadoras e com ações resilientes pontuais reveladas neste início de milênio, mas retrocedidas em intervenções da governança atual, ou seja, o Estado ressentido justifica a inexistência institucional mantendo a negação oficial secular e aprofundando o modelo das desigualdades. Apesar deste contexto resistente de racismo estrutural e institucional, a *Foto 01* sintetiza o panorama quilombola atual na nação, ou seja, representa uma perspectiva que traz a manutenção ainda com fragilidades da existência territorial e comunitária e a resistência ancestral como estratégia de sobrevivência secular.

Gráfico 01

Fonte: ANJOS, R.S.A. Palestra I Encontro Nacional de Antirracismo na Educação em Geografia. UFU – LAGEPOP. Uberlândia – MG, 2020

Foto 01: Prof. Rafael Sanzio dos Anjos, Momento de agregação e perspectiva da Comunidade Quilombola de Tapuio - Queimada Nova - PI, 2005. Fonte: ANJOS, R.S.A. Territorialidade Quilombola. Fotos & Mapas. Mapas Editora & Consultoria. Brasília, 2011

REFERÊNCIAS

ANJOS, Rafael. Sanzio dos. "A geografia, a África e os negros brasileiros". In: MUNANGA, Kabengele. (org.). *Superando o racismo na escola*. Brasília: Ministério da Educação, Secretaria de Educação Fundamental, 1999, p. 169-182.

___________ & CYPRIANO, A. "Quilombolas – tradições e cultura da resistência". *Aori Comunicações*. Petrobras, 2006. São Paulo, 240 p.

ANJOS, R.S.A. Quilombos: Geografia Africana - Cartografia Étnica – Territórios Tradicionais. Mapas Editora & Consultoria, Brasília, 2010 \ ANJOS, R.S.A. Boletim Paulista de Geografia – Edição Especial: Geografia e Relações Étnico-Raciais nº. 104. Julho-Dez, 2020.

____________. Quilombos: Geografia Africana-Cartografia Étnica-Territórios Tradicionais. Mapas Editora & Consultoria, 190p. Brasília, 2010.

___________ "Territorialidade Quilombola: Fotos & Mapas /. Quilombola". *Territoriality: Photos & Maps.* Mapas Editora & Consultoria., 124 p. Brasília, 2011.

___________ *Atlas Geográfico ÁFRICABRASIL.* Mapas Editora & Consultoria, Brasília, 104. p. 2014.

___________ *O Brasil Africano - Algumas Referências dos Séculos XVI - XXI: Cartografia para Educação.* Mapas Editora & Consultoria, Brasília, 2014b.

___________ "As geografias oficial e invisível do Brasil: algumas referências". *Revista GEOUSP*, São Paulo vol. 19, nº. 2, ago. 2015. p. 374-390. Disponível em: <https://www.revistas.usp.br/geousp/article/view/102810> Acesso em: nov. 2021.

___________ "Diversidade étnica DE MATRIZ AFRICANA no Brasil invisível-visível: Apropriações-usos dos territórios & conflitos sócio-espaciais". In: SUERTEGARAY, Dirce Maria A., SILVA, C.A., PIRES, C.L.Z. & PAULA, C.Q. (org.). *Geografia e conjuntura brasileira.* ANPEGE. Porto Alegre: Consequência Editora, 2017, p. 275-309.

___________ "Geografia oficial, cartografias invisíveis, geotecnologias e educação geográfica". *Boletim Paulista de Geografia*, São Paulo, vol. 99, jun. 2018. Disponível em: <https://publicacoes.agb.org.br/index.php/boletim-paulista/issue/view/154> Acesso em: nov. 2021.

___________ "O Brasil africano invisível-visível e geografia secular perversa". *Revista Humanidades*, Brasília, Editora UnB, nº. 63, dez. 2019. p. 75 - 99. Disponível em: <https://editora.unb.br/downloads/Revista%20Humanidades%2063_vDigital.pdf> Acesso em: nov. 2021.

___________ "Atualização do Cadastro Técnico dos Registros Municipais dos Territórios Quilombolas do Brasil – Relatório Preliminar". *Projeto GEOAFRO \ CIGA-UnB*, Brasília, fev. 2020.

___________ "Territórios invisíveis do Brasil Africano: cartografias & tensões sócio - espaciais nos terreiros religiosos". In: REGO, Nelson; AZEVEDO, Salete; KOZEL, Ana Francisca. (orgs.). *Narrativas,*

Geografias, Cartografias - para viver, é preciso espaço e tempo. E-book, Porto Alegre, Editora Compasso Lugar – Cultura e Editora IGEO – UFRGS, vol. I. 2020, p. 39 – 64. Disponível em: <https://lume.ufrgs.br/bitstream/handle/10183/212906/001116778.pdf?sequence=1&isAllowed=y> Acesso em nov. 2021.

____________, A Geografia afrobrasileira, o estado de mentalidade colonial e a governança racista. Boletim Paulista de Geografia, São Paulo, nº. 104, jul./dez. 2020, p. 23–60. Disponível em:<https://publicacoes.agb.org.br/index.php/boletim-paulista/issue/view/167> Acesso em: nov. 2021.

IBGE. Pesquisa Nacional por Amostra de Domicílio. Rio de Janeiro: IBGE - PNAD, 1996

IBGE. Estimativas da População Brasileira. Rio de Janeiro, 2018.

PIKETTY, Thomas. "Brasil tem maior concentração de renda do mundo entre o 1% mais rico". *El País*. Madrid, Espanha, 13 dez. 2017.

SANTOS, Milton. "Ser negro no Brasil hoje". *Caderno Mais!* Folha de São Paulo, São Paulo, 2000, domingo, p. 14-15.

__________ *Por uma outra globalização – Do pensamento único à consciência universal.* São Paulo: Editora Record, 2003.

CAPÍTULO 2

A Organização da luta pelos territórios: memórias e resistências quilombolas em Sorocaba/SP

Lourdes Carril

> *Entao, tem um ponto que é muito legal, é o "Sandi cosunga" que é muito interessante e é assim que ele quer dizer que assim, a tradução ne "Galo cantou, la na angola, anunciando um novo dia 2x, clariou clariou, clariou um novo dia 2x" e eu acho muito interessante porque por mais que eles estavam aqui sofrendo, eles tiveram mais uma chance de fugir, mais uma chance de trabalhar, mais uma chance, um novo dia, amanheceu, mesmo com tantas lutas a gente teve mais uma chance de viver, mais uma chance de tentar, eu acho muito interessante, e acho esse ponto muito lindo, a gente gosta sempre de abrir a roda de jongo e cantar ele em seguida, e a gente gosta muito dele, e acha que ele é muito importante, esse ponto pra gente aprender sobre a cultura (Quilombo do Cafundó/Salto de Pirapora/SP).*

As narrativas dos moradores dos quilombos da região de Sorocaba nos mostram fragmentos de memórias e de sentidos da história, mostrando que não está em jogo somente a luta pela terra, mas, também, os vínculos significativos que sustentam o presente e lhes garantem a (re) existência territorial. Ao menos duas características importantes e comuns aos estudos dos quilombos no Brasil podem ser destacadas. Uma delas encontra-se na orientação étnica pelo reconhecimento territorial face às contradições que impactam seus espaços e modos de vida. A outra é a ressignificação das ancestralidades e formas tradicionais de organização, as quais de forma histórica e mítica remontam à constituição dos quilombos e suas interações com o lugar e com outras culturas. Trata-se de representações mediadas pelo território, permitindo aos membros de uma comunidade pertencer e dar continuidade ao *Ser*. Por isso, memória, lugar e etnia se transmutam em território, uma categoria singular e comum às suas presenças e ausências na história nacional, pois *mesmo com tantas lutas a gente teve mais uma chance de viver, mais uma chance, um novo dia amanheceu...*

No estudo do quilombo, a memória se liga à territorialidade, configurando a história de vida das famílias das comunidades. Optar pela História oral é também considerar que "esta forma de reconstituir a história é provavelmente a mais velha de todas as formas".[1] Ora, surge a questão: se a memória é mutável através do tempo e é carregada de subjetividade, qual seria então a contribuição da memória, reelaborada através da História oral, para o conhecimento histórico? Resposta apropriada fornece Verena Alberti[2]: "A História oral permite o registro de testemunhos e o acesso a 'histórias dentro da História' e, dessa forma, amplia as possibilidades de interpretação do passado". Assim, cabe questionar a relação entre uma História oficial alicerçada na tradição positivista em de-

1 LOURO, Guacira Lopes. "O corpo educado: pedagogias da sexualidade". In: *Pedagogias da sexualidade*. Belo Horizonte: Autêntica, 1999, p. 21-22.

2 ALBERTI, Verena. Histórias dentro da História. In: PINSKY, C. B. (Org.). Fontes Históricas. 3. ed. São Paulo: Contexto, 2014, p. 155.

trimento das vidas que carregam suas experiências históricas ofuscadas pelo rol das forças dominantes que caracterizam os interesses públicos de um determinado grupo.

A memória, conforme Halbwachs[3] fortalece a coesão do grupo, dando-lhe identidade em relação a outros. Sustenta como testemunho de violência o ponto de vista das gerações mais novas, revoltadas pela discriminação que sofrem. Desempenha no interior da história de vida funções muito sutis semelhantes aos mitos que explicam a origem dos grupos, povos ou nações:

> O funcionamento da memória individual não é possível sem esses instrumentos que são as palavras e as ideias, que o indivíduo não inventou, mas toma emprestado de seu ambiente – e também de outras pessoas que possam legitimar suas próprias recordações – para evocar seu próprio passado, em geral, a pessoa precisa recorrer às lembranças de outras.[4]

As narrativas trazidas neste trabalho constituem essa perspectiva, pois demonstram depositar na memória a necessidade de fortalecer o presente, dando suporte à organização do movimento social dos negros em Sorocaba e região iniciado pelo reconhecimento de seus territórios.

O sr. Orlando da Silva Santos[5], ex-presidente da Associação Afro de Salto de Pirapora e Região, procurou a UFSCar, em 2016, com o objetivo de que a universidade pudesse constituir um grupo de trabalho de estudo e defesa

3 HALBWACHS, Maurice. *A Memória Coletiva*. SP: Centauro, 2006.

4 HALBWACHS, Maurice, *Op. cit.*, p. 72.

5 Falecido por Covid em julho/2021

das comunidades, tanto do ponto de vista da titulação territorial, quanto das demandas educacionais por uma educação quilombola, no sentido da valorização do patrimônio cultural afro-brasileiro da região. Assim, foi constituída a Mesa Redonda "Quilombos, Direito e Cidadania", na qual participaram os Camargos, Cafundó e Fazenda Pilar (Fotos 1 e 2), com a presença, também, de representantes do ITESP e do INCRA, em 08 de junho de 2016. As tensões entre as comunidades e os órgãos públicos responsáveis pelo trabalho de regularização territorial evidenciaram o fato de que a comunidade dos Camargos era a única que ainda não tinha o processo assegurado.

Foto 1 – Camargos na Mesa redonda

Fonte: Blog Pilar 2015[6]

6 Blog de Pilar do Sul, 2015, sábado, 1 de agosto de 2015. Disponível em: <http://quilombodopilar.blogspot.com/2015/>. Acesso em: 21 abr. 2022.

Foto 2 - Sr. Orlando da Silva, líder da Associação Afro de Salto de Pirapora

Fonte: Blog Pilar 2015[7]

Em 21 de novembro do mesmo ano, outra atividade realizada foi o I Seminário de Territorialidades Afro-brasileiras e Indígenas, em que o Sr. Orlando discorreu sobre a história do movimento quilombola na região de Sorocaba (*Foto 3*).

Desses encontros se constituiu uma agenda de trabalhos que tiveram o objetivo de discorrer sobre as memórias da organização das lutas quilombolas de Sorocaba e região. Além disso, foram realizados diversos seminários e cursos de extensão voltados à educação quilombola na região de Sorocaba.

7 Blog de Pilar do Sul, 2015. *op cit.*

Foto 3 - Sr. Orlando, no I Seminário de Territorialidades Afro-brasileiras e Indígenas na UFSCar (11/2016)

Fonte: Blog de Pilar do Sul[8]

O foco deste trabalho são os territórios negros: quilombo Fazenda Pilar, Cafundó, a Capela João de Camargo e o Campolim. Eles estão ligados por um passado comum, tendo constituído esferas públicas de ampla relevância na região de Sorocaba. Contudo, tornou-se difícil desconsiderar outras comunidades envolvidas na organização do movimento, pois a história e os dilemas hoje vivenciados os aproximam. Entre quilombos reconhecidos pela Fundação Palmares, estão: Cafundó, Fazenda Pilar, Carmo, Camargo e Jaó; os Camargos, embora terem sido reconhecidos pela Fundação Palmares, não obtiveram a continuidade do processo de regularização territorial pelo ITESP e INCRA; há ainda os que desapareceram: Caxambu, Cocais e Fazendinha dos Pretos (*Mapa 1*).

8 Blog Pilar do Sul, 2012. *Ibidem*.

Mapa 01

TERRITÓRIOS DOS QUILOMBOLAS CONTEMPORÂNEOS NA REGIÃO METROPOLITANA DE SOROCABA - SP

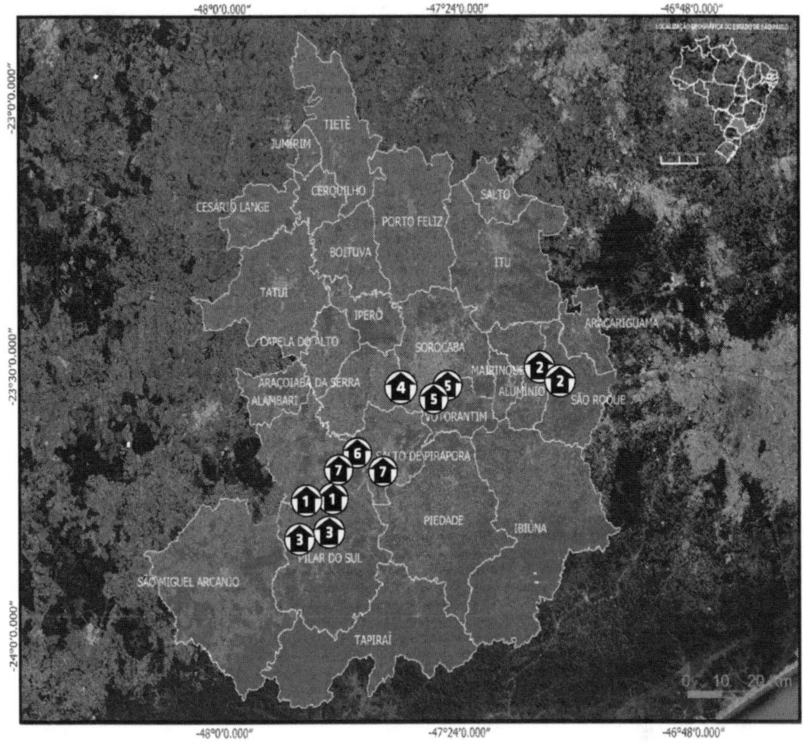

1 FAZENDINHA DOS PRETOS
2 QUILOMBO DO CARMO
3 FAZENDINHA DO PILAR
4 CAMARGOS
5 CAMARGOS
6 QUILOMBO CAFUNDÓ
7 MONTE CAXAMBU

CNPq

PROJETO DE PESQUISA: PERDAS E RESSIGNIFICAÇÕES DOS USOS DO TERRITÓRIO NA HISTÓRIA DO NEGRO EM SOROCABA

Coordenação: Profa. Dra. Lourdes Carril

Equipe: Patrícia Hetti, Helbert Medeiros, Joanny Rodrigues, Marilda Côrrea, Sérgio Santos.

Fonte: Relatório Técnico-Científico sobre os Remanescentes da Comunidade de Quilombo «Tenente Antônio de Almeida Leite» Fazenda Pilar \ Pilar do Sul. Instituto de Terras do Estado de São Paulo «José Gomes da Silva». São Paulo, 2007 \ VPGT, C. & FRY, P. Cafundó. A Africa no Brasil \ Mapa de Conflito Envolvendo Injustiça Ambiental e Saúde no Brasil.

Projeto Geografia Afrobrasileira (Projeto GEOAFRO)-CIGA-UnB. Produção Cartográfica: Geog: Mateus Jesus. Editado por Tiago Santi. Brasília - Distrito Federal - Brasil. 2021.

Fonte: ANJOS, R.S.A. Quilombos: Geografia Africana - Cartografia Étnica – Territórios Tradicionais. Mapas Editora & Consultoria, Brasília, 2010 \ ANJOS, R.S.A. Boletim Paulista de Geografia, 2021

A organização dos territórios quilombolas se remete à formação da Associação Afro de Salto de Pirapora, em finais da década de 1990. Segundo o Sr. Orlando, participaram de sua fundação seis comunidades: Fazenda dos Pretos, Cafundó (Salto de Pirapora, Fazenda Pilar, Carmo (São Roque) e Cocais (Sarapuí). A comunidade dos Camargos teve um papel fundamental para a organização quilombola ao propor um projeto amplo de reivindicação do reconhecimento territorial, fossem de áreas perdidas ou daquelas que se encontravam em risco devido ao crescimento urbano regional, grilagem e vendas de terras herdadas do período escravista. Em 1995, a Associação Afro-brasileira encaminhou escritura à Fundação Instituto de Terras do Estado de São Paulo (ITESP) demandando os direitos territoriais.[9] Posteriormente, as comunidades optaram por criar suas próprias associações quilombolas.

O território definido pela associação abrangeria terras de sete municípios: Sorocaba, Votorantim, Salto de Pirapora, Sarapuí, Pilar do Sul e Araçoiaba da Serra[10], conforme *figura 1* abaixo.

9 FIOCRUZ. SP – "Quilombolas descendentes de José Joaquim de Camargo lutam para garantir o direito à posse de suas terras". Disponível em: <http://mapadeconflitos.ensp.fiocruz.br/conflito/sp-quilombolas-descendentes-de-jose-joaquim-de-camargo-lutam-para-garantir-o-direito-a-posse-de-suas-terras/>. Acesso em: 08 abr. 2022.

10 RTC – Relatório Técnico Científico sobre os remanescentes da Comunidade de Quilombo "Tenente Antônio de Almeida Leite" – Fazenda Pilar/Pilar do Sul-SP (ITESP), 2007, p. 4.

Fig. 1 - Croqui elaborado pela Associação Afro de Salto de Pirapora e Região (2002)

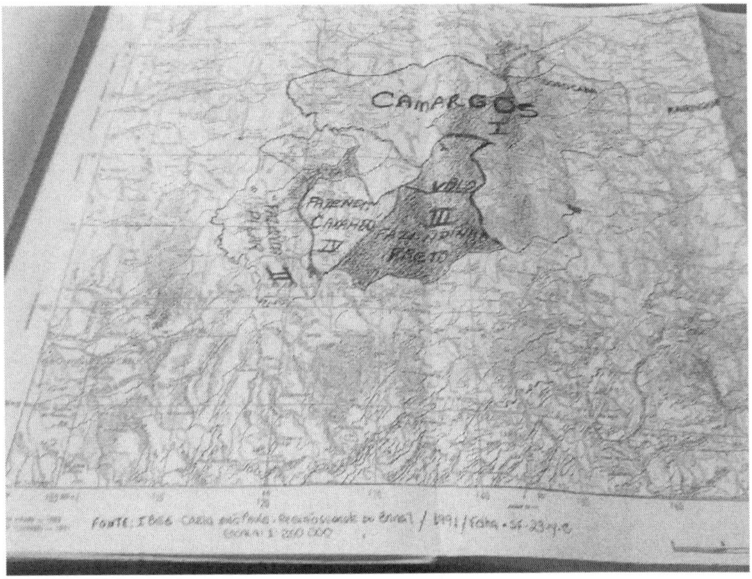

Fonte: RTC Fazenda Pilar/Pilar do Sul-SP[11]

11 RTC - Fazenda Pilar/Pilar do Sul, 2007. *Op. cit.*, p. 7

Os descendentes de José Joaquim de Camargo fundaram a Associação Quilombola José Joaquim de Camargo, composta por 57 famílias divididas, inicialmente, em dois núcleos, um no município de Votorantim e outro, em Salto do Pirapora, fundando, ainda, a de Sorocaba, decorrendo daí a constituição de 3 associações. A Comunidade obteve a Certidão de Remanescente de Quilombo (CRQs) emitida pela Fundação Cultural Palmares, em 31 de dezembro de 2008.[12] Porém, enquanto o Instituto Nacional de Colonização e Reforma Agrária (INCRA) não finalizava os demais procedimentos para conclusão do Relatório Técnico de Identificação e Delimitação (RTID), a principal etapa do processo administrativo de titulação das terras, a Comunidade dos Camargos passou por dificuldades que ainda hoje se observam, uma vez que não conseguiram ser reconhecidos pelo ITESP ou pelo INCRA. A situação dos descendentes do José Joaquim de Camargo é hoje definida como sendo de extrema pobreza por suas habitações, que são, em grande maioria, feitas de madeira com telhas de fibra ou lona plástica, não possuindo acesso a fornecimento regular de água e nem a esgoto ou energia elétrica no bairro onde moram (*Foto 4*). A falta de iluminação pública torna a área vulnerável, principalmente, para as crianças e adolescentes que estudam à noite.[13]

12 FIOCRUZ. *op cit.* Acesso em: 21 abr. 2022.

13 *Ibidem.*

Foto 4 – Quilombo dos Camargos em Votorantim

Fonte: Jornal Cruzeiro do Sul[14]

Entre os problemas verificados, também, se destacam: a ocupação por plantação de eucalipto, a instalação de uma empresa de papel, que construiu uma barragem em Votorantim, e outra de cimento nesse mesmo município. Além desses problemas, há outros relacionados aos Poderes Públicos. A Prefeitura de Votorantim, por exemplo, tinha projeto de construir cerca de 1000 casas populares nas terras do bairro do Itapeva, onde vivem os herdeiros do quilombo José Joaquim de Camargo. A Medida Provisória 514,[15] sancionada em dezembro de 2010,

---

14 "Família se espalhou e terras foram invadidas". *Jornal Cruzeiro do Sul*, de 16 mar 2014. [Equipe Online - online@jcruzeiro.com.br]. Disponível em: <https://www2.jornalcruzeiro.com.br/materia/536792/familia-se-espalhou-e-terras-foram-invadidas>. Acesso em: 10 abr. 2022.

15 BRASIL. Presidência da República. Casa Civil. Subchefia para Assuntos Jurídicos. A Medida Provisória 514/2010 foi convertida na Lei nº 12. 424, de 16 de junho de 2011. Altera a Lei nº 11. 977, de 7 de julho de 2009, que dispõe sobre o

pelo ex-Presidente Luís Inácio lula da Silva (2007-2010) foi a base do projeto municipal, em uma tentativa de agilizar o processo para aquisição de recursos pela Caixa Econômica Federal e, também, de repasses do Programa de Aceleração do Crescimento (PAC 2), já no governo da Presidente Dilma Roussef (2011-2014). Por sua vez, a UFSCar (Universidade Federal de São Carlos), *campus Sorocaba*, teria se instalado na região em terras quilombolas.[16] A seguir, trataremos de forma mais pormenorizada dos três territórios negros que estiveram no centro de nossas pesquisas na região.

Programa Minha Casa, Minha Vida - PMCMV e a regularização fundiária de assentamentos localizados em áreas urbanas, as Leis nº. 10. 188, de 12 de fevereiro de 2001, 6.015, de 31 de dezembro de 1973, 6. 766, de 19 de dezembro de 1979, 4. 591, de 16 de dezembro de 1964, 8. 212, de 24 de julho de 1991, e 10. 406, de 10 de janeiro de 2002 - Código Civil; revoga dispositivos da Medida Provisória nº 2. 197-43, de 24 de agosto de 2001; e dá outras providências. Brasília, 16 de junho de 2011. D.O.U. de 17/06/2011, p. 2, 17 de junho de 2011. Disponível em: <http://www.planalto.gov.br/ccivil_03/_Ato2011-2014/2011/Lei/L12424.htm> Acesso em 18 fev. 2023.

16 Conforme reunião realizada com representantes do quilombo dos Camargos e sua advogada, Maria Tibúrcio de Araújo Rocco, junto à direção e administração do campus Sorocaba, da UFSCar, representada pela Prof. Eli Angela Vitor Toso, em 2015 (arquivo da autora).

Foto 05 – Fazenda Pilar

Fonte: Blog Pilar 2012

A Comunidade Fazenda Pilar obteve o reconhecimento da Fundação Palmares em 2006, constituindo, assim, a Associação dos Remanescentes do Quilombo do Espólio do Tenente de Almeida Leite, em 19/06/06. Ela se localiza a 113 km da capital do Estado de São Paulo, a Noroeste da sede do município, sendo que, aproximadamente, 70% de seu território está situado na área urbana de Pilar do Sul (*Mapa 2*) e 30% na área rural. Contudo, das 64 famílias que integram a comunidade Fazenda Pilar, cerca de 90% são formadas por trabalhadores rurais.[17]

17 RTC - Relatório Técnico Científico da Associação dos Remanescentes do Quilombo do Espólio do Tenente Antônio de Almeida Leite da Fazenda Pilar-Pilar do Sul-SP. Itesp, Instituto de Terras do Estado de São Paulo, em setembro de 2007.

Mapa 02

LOCALIZAÇÃO DAS CASAS DE FAMÍLIAS QUILOMBOLAS – PILAR DO SUL – SÃO PAULO

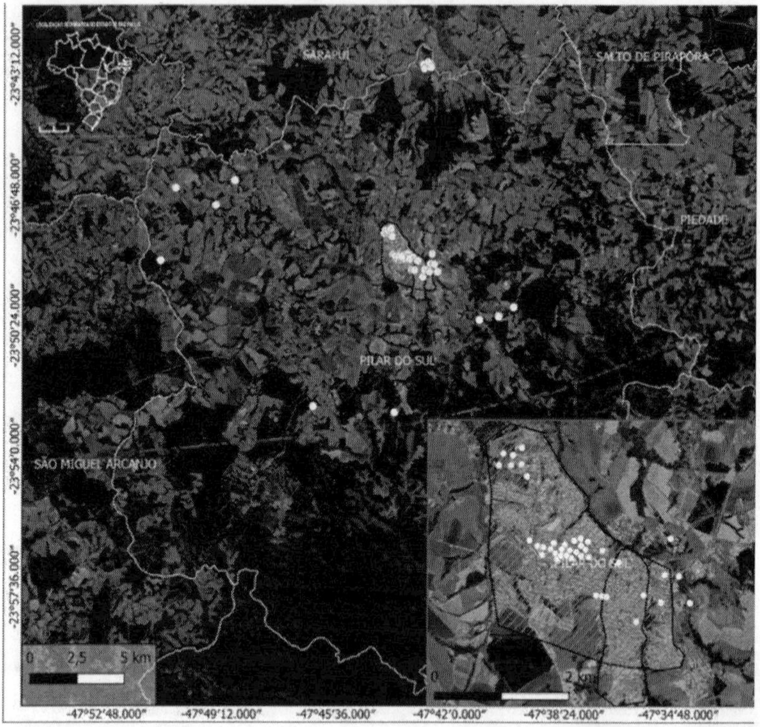

CNPq

PROJETO DE PESQUISA: PERDAS E RESSIGNIFICAÇÕES DOS USOS DO TERRITÓRIO NA HISTÓRIA DO NEGRO EM SOROCABA
Coordenação: Profa. Dra. Lourdes Carril
Equipe: Patrícia Hetti, Helbert Medeiros, Joanny Rodrigues, Marilda Côrrea, Sérgio Santos.

OBSERVATÓRIO QUILOMBOLA EVANÁRIO

CIGA

Fonte: Relatório Técnico-Científico sobre os Remanescentes da Comunidade de Quilombo «Tenente Antônio de Almeida Leite» Fazenda Pilar \ Pilar do Sul. Instituto de Terras do Estado de São Paulo «José Gomes da Silva». São Paulo, 2007 \ VPGT, C. & FRY, P. Cafundó. A Africa no Brasil \ Mapa de Conflito Envolvendo Injustiça Ambiental e Saúde no Brasil.

Projeto Geografia Afrobrasileira (Projeto GEOAFRO)-CIGA-UnB. Produção Cartográfica: Geog: Mateus Jesus. Editado por Tiago Santi. Brasília - Distrito Federal - Brasil. 2021.

Fonte: ANJOS, R.S.A. Quilombos: Geografia Africana - Cartografia Étnica – Territórios Tradicionais. Mapas Editora & Consultoria, Brasília, 2010 \ ANJOS, R.S.A. Boletim Paulista de Geografia, 2021

A história da Fazenda Pilar se remete à doação que o Tenente Antônio de Almeida Leite, antigo senhor, fez aos seus escravizados, em testamento. Porém, o desconhecimento legal das famílias fez com que alguns dos membros vendessem suas áreas, o que afetou a herança de todos os 17 escravos herdeiros da Fazenda Pilar. Nesse sentido, o Sr. Deodato de Almeida Caetano, liderança comunitária (*Foto* 5) continua, até hoje, a luta iniciada por seu pai, o Sr. Adelino Adão Caetano, para reconquistar o território. Em suas pesquisas por documentos que comprovem a legitimidade territorial, ele analisou que o quilombo se formou a partir da fazenda do Boqueirão, sesmaria localizada em Itapetininga.

A complexidade do processo de regularização territorial do quilombo Fazenda Pilar encontra-se, atualmente, no fato de que a real extensão de seu território corresponderia a uma grande parte do município de Pilar do Sul. Desde o final do século XIX, parte das terras foi vendida à Câmara Municipal por escravos deixados libertos pela D. Maria Vieira Santana, esposa do tenente, em 1843. Os escravizados permaneceram nas terras formando um território negro, denominado Fazenda dos Pretos (*Figura 01*). As terras foram, então, vendidas pelo tenente para o seu tio, José de Almeida Lara. Quando da morte do tenente, essa comunidade integrou o seu espólio, formando-se duas comunidades distintas, morando no mesmo local, o bairro Campo Grande, porém, em lugares distintos e opostos. Contudo, em 1899, o casal, Christina de Almeida Leite e Matheus de Almeida Leite, vendeu sua parte da herança ao município, desconsiderando a condição de indivisibilidade deixada pelo Ten. Almeida.[18]

18 Blog de Pilar do Sul, quarta-feira, 5 de dezembro de 2012. *Op. cit.*

À venda de parte das terras pelo casal se sucedeu a negação do quilombo Fazenda Pilar na cidade, pois foi considerado que com a venda esses territórios não existam mais. Ao longo do século XX, outras expropriações ocorreram. Novamente, em 1939, a permanência dos quilombolas nas terras do quilombo veio a ser questionada, mediante processo de Discriminação de Terras movido pela Fazenda do Estado. Seu encerramento se deu desfavoravelmente à comunidade. Segundo o relatado pelo RTC:

> A parte que coube aos escravos do tenente Almeida da Fazenda Pilar foi de 223 alqueires (aproximadamente) sendo que os escravos beneficiados foram 27 contando com os escravos de Maria Vieira (esposa do tenente Almeida), o que dá, aproximadamente 8 alqueires para cada escravo. Assim, a ex-escrava Christina vendeu para a Câmara, aproximadamente, 8 alqueires, pois o nome do seu marido não figura na lista de escravos do Ten. Almeida e de sua mulher. A grande dúvida a elucidar é como de proprietários de 8 alqueires a municipalidade de Pilar passou a ser dona de 70 alqueires da Fazenda Pilar.[19]

A pressão sobre as terras quilombolas de Pilar acabou por empurrar as famílias para fora dos territórios tradicionais, desfazendo seus núcleos familiares. Uma das formas de resistência comunitária foi a de as famílias obterem doações informais para que morassem dentro dos limites da Fazenda Pilar. Tendo sido feito o acordo verbal, as famílias cercaram as terras. Contudo, embora elas tivessem cercado as terras, a chegada de pessoas, além de empresas, de um hospital e escolas, foi destituindo seu novo território. Em 1977, a prefeitura tentou derrubar a cerca de Adelino Adão Caetano, dan-

---

19 RTC da Fazenda Pilar, 2007, *Op. cit.*, p. 45

do-o como invasor das terras, instaurando-se, assim, um processo judicial que foi encerrado, em 1981, a favor da Prefeitura.

A negação do quilombo Fazenda Pilar dá-se paralelamente à expropriação de terras por membros de famílias que ocupam posição de poder na cidade e exercem pressão social que os favorecem, mantendo-se um silenciamento sobre os problemas da comunidade, segundo o RTC.[20]

Nesse sentido, as resistências da comunidade se diversificaram, integrando estratégias de organização política baseada nos grupos familiares, que davam ênfase à ancestralidade. A organização se pautou numa divisão em que "Estes descendentes, e herdeiros, são denominados pela Associação Quilombola de 'cabeças'. Dos 300 membros da Associação Quilombola, 20 são 'cabeças'".[21] E mesmo que haja casamentos com os de fora, estes não poderão ocupar a posição de ***cabeça***, pois é pressuposto que essa pessoa faça parte das gerações anteriores. Trata-se, assim, de um princípio pautado pela incorporação que mantém intactas as fronteiras internas assentadas, fundamentalmente, sobre os que são considerados parentes.

Segundo o RTC, em 2006, havia 38 famílias residindo na área urbana, vivendo em casas simples de alvenaria, com luz elétrica, água, esgoto, escola de ensino fundamental e médio, e posto de saúde etc. Mas, 26 famílias residiam, na maioria, em bairros rurais de Pilar, numa vida precária, trabalhando como meeiros, caseiros ou em terras emprestadas, sem infraestrutura de transporte público e posto de saúde. Das 64 famílias da comunidade Fazenda Pilar, a maioria constitui-se como trabalhadores rurais,

---

20 *Ibidem*, p. 51 e 52.

21 PAIXÃO, Gabriela Marques Leite. *Memórias Resistentes nos Quintais Quilombolas de Pilar do Sul (SP)*. Dissertação (Mestrado em Sustentabilidade na Gestão Ambiental). Programa de Pós Graduação em Sustentabilidade na Gestão Ambiental-UFSCar, campus Sorocaba, 2018. p. 36.

muitos trabalhando como diaristas sem vínculo trabalhista. No período da colheita, eles conseguem trabalhos, mas no restante do ano, apenas "bicos", nos quais, os homens trabalham como pedreiros e as mulheres como empregadas domésticas, havendo períodos de desemprego durante o ano.

Em face da expropriação urbana que lhe subtraiu o território desde o final do século XIX, o quilombo Fazenda Pilar constitui determinadas ressignificações de usos da terra. O uso de quintais agrícolas tem sido uma prática regular nas casas dos quilombolas na cidade. Embora a fragmentação territorial pudesse impactar os conhecimentos tradicionais, eles são ressignificados na reprodução da prática agrícola, mesmo que em espaços contíguos às residências. Segundo Paixão, as mulheres são as principais responsáveis pelos trabalhos nos quintais:

> Elas dedicam-se principalmente às plantas ornamentais e medicinais, além de responsabilizarem-se pela culinária e serviços domésticos. Os homens são os principais responsáveis pelo tratamento dos animais e dos roçados, os quais exigem esforços físicos maiores. Apesar da identificação destes padrões, existem situações atualmente que demonstram a capacidade de desenvolver estes serviços com qualidade independentemente do gênero, como é o caso do quilombola que perdeu a esposa e assumiu todos os serviços da lavoura e da criação de animais de grande porte. Contudo, deixou de produzir a horta em função da falta de tempo. Também observa-se [...] que o uso da lavanderia [...] e o cultivo de plantas ornamentais é comum a todos os quintais. O cultivo de ervas medicinais está presente em 90% dos casos, sendo que a quilombola do único quintal que não faz este uso, vai até a irmã para cultivá-las, em função do espaço.[22]

22 PAIXÃO, Gabriela Marques Leite. *Op. cit.*, p. 41.

Tal produção é realizada nas proximidades da moradia e garante a relativa autonomia alimentar reduzindo, assim, a necessidade da família em adquirir alimentos no mercado. Remetendo-nos a Haesbaert[23], o território seria uma representação social, contendo uma dimensão mais subjetiva, mas integrada às relações de poder. Estas que são reguladas pela consciência/identidade/pertencimento - e outras mais objetivas - ligadas à dominação do espaço, traduzindo-se esse processo numa apropriação e domínio da natureza em distintas territorialidades tecidas em um espaço.

A comunidade possui, também, em andamento um projeto de desenvolvimento do Centro de Memória Quilombola (*Foto 6*) que, hoje, tem a sede ao lado da Associação, no Bairro Campo Grande. Tendo em vista o acervo documental construído e herdado pelo Sr. Deodato Caetano, que inclui boa parte da história do quilombo, os principais objetivos são o de tornar a comunidade guardiã dos documentos no município, além de desenvolver projetos e ações culturais e educativas voltadas à preservação de patrimônio cultural quilombola. Nesse sentido, valorizar a preservação de todo esse patrimônio é uma necessidade emergente, pois a preocupação com a memória quilombola traduz a própria existência da Fazenda Pilar para o município e às próximas gerações. Além disso, referenda a importância do patrimônio afro-brasileiro, local e nacional, sendo crucial o entendimento das políticas públicas para que deem suporte a essa memória.

23 HAESBAERT, Rogério. *O mito da desterritorialização. Do fim dos territórios à multiterritorialidade*. 6a. ed. Rio de Janeiro: Bertrand Brasil. 2011

Foto 6 - Centro de Memória da Fazenda Pilar

Fonte: Foto de arquivo da pesquisa

Quilombo Cafundó

Chiquinha quiriqinquim,
Chiquinha lá no salão.
Eu moro no Cafundó
No meio do Sertão
(Vó Ifigênia)[24]

O livro *Dona Ifigênia. Existência e Resistência do Povo do Cafundó* foi escrito por mulheres do Cafundó e conta a história

24 *Dona Ifigênia. Existência e Resistência do Povo do Cafundó*. Produção das Mulheres do Cafundó com o apoio da Secretaria de Cultura do Estado de São Paulo. s/d. As pesquisadoras do livro são: Adriana de Almeida Pires, Amanda Aguiar Pires, Camila Rosa de Almeida, Fernanda Suelem F. de Souza, Janaina de Aguiar, Lucilene Rosa de Aguiar e Regina Aparecida Pereira. s/d

da Vó Ifigênia, 34 anos após a sua morte. Segundo as autoras, a história da matriarca se confunde com a resistência do quilombo. A ela são atribuídas a resistência contra as invasões de pessoas de fora e a própria preservação da língua *cupópia*.

O livro conta que a Vó Ifigênia socava arroz no pilão dentro e fora da comunidade, além de preparar o azeite de mamona para lubrificar as rodas do carro de boi; tecia esteiras de palha de bananeira e trabalhava nas casas e na lavoura de fazendeiros próximos. Ela também organizava a tradicional festa de Santa Cruz realizada todos os anos até hoje. A história da comunidade contada por ela começava pelo recebimento das terras pelos seus pais, Joaquim Manoel de Oliveira Congo e Ricarda, casados em 1855. Vó Ifigênia se casou com Caetano de Oliveira, do quilombo Caxambu, o que permitiu a união dos dois quilombos, sendo que duas de suas filhas também se casaram com outros dois irmãos, moradores daquele quilombo.

A luta pela terra sempre foi uma constante:

> *Naquele tempo era comum um fazendeiro chegar a pedir: "Comadre, posso colocar meu gado para pastar em suas terras? Madrinha que não negava favor a ninguém e não via maldade, deixava. Quando se dava conta, o fazendeiro havia passado a cerca naquele pedaço de terra. Outro fazendeiro dizia: "Comadre se a senhora plantar um alqueire de milho, eu compro tudo". Ela plantava e quando chegava no ponto de colher, o fazendeiro cercava todo o alqueire. Com o passar dos tempos os fazendeiros passam a soltar o gado em nossas terras, cercando e diminuindo cada vez mais nossa propriedade.*
>
> *Diante desta situação e não tendo a quem recorrer, pois era uma mulher e negra, madrinha resolveu reagir para não perder nossas terras. Foi assim que madrinha virava as noites to-*

> *cando o gado para fora dos sete alqueires e meio, restantes dos duzentos e vinte e cinco que nos pertenciam.*[25]

Foto 7 – Quilombo do Cafundó

Fonte: Foto de arquivo da pesquisa

O quilombo Cafundó (Salto de Pirapora, SP) conquistou o reconhecimento, em 1999, fundando a Associação Remanescente de Quilombo Kimbundu do Cafundó, em 2002, que é também chamada de Associação Remanescente Quilombola Turivimba.

O território do Cafundó está atualmente dividido em quatro áreas e decorre do processo de grilagem sistemática, principalmente, a partir de 1960, quando se intensificaram os conflitos e a violência contra os quilombos na região. A comunidade que tem seu território reconhecido em uma área total de 218,4 hectares, durante muito tempo, teve a maior parte desses hectares em posse de grileiros. O processo de regularização foi iniciado com o relatório técnico/antropológico produzido pela Fundação Instituto de Terras de São Paulo (ITESP), em 1999, tendo continuidade

25 *Op. cit.*, p. 03 a 09.

com a edição do Decreto 4887/2003, pelo INCRA, e no Art. 68 da Constituição de 1988. Em fevereiro de 2012, a associação recebeu a posse das terras do Incra e, no final de 2015, o Contrato de Concessão de Direito Real de Uso (CCDRU) foi entregue pelas mãos da Presidente Dilma Rousseff (2014-2016). A regularização dessas terras vem trazendo segurança jurídica e a perspectiva de desenvolvimento para a comunidade após décadas de lutas pelo reconhecimento de seus direitos.

Uma das preocupações da liderança comunitária, atualmente, é que com o andamento do processo de regularização territorial do quilombo, famílias e jovens que haviam saído anteriormente para a cidade, agora retornam. Essa situação acarreta a escassez de espaços para a acomodação das pessoas e para a construção de novas moradias.

> *Então, o que aconteceu foi assim, antes todo mundo morava aqui na gleba A, e todas as construções ficavam nesse espaço que a gente tinha de uso, então todas as construções acabavam sendo feitas aqui, e quando começou a desapropriação e aumentou o território, assim, tem áreas que a gente sabe que tem que ser preservada porque tem área de APP (Área de preservação permanente), tem área que tem que destinar pra agricultura, e a área que até aqui dentro da Gleba A.*[26]

Enquanto pesquisadores da UFSCar, fomos indagados sobre a possibilidade de realizar um projeto de uso territorial, envolvendo estudos sobre o relevo do solo, água, clima, mapas com a localização das casas, acompanhados do relatório de uso do território, tendo em vista a demarcação das áreas de planta-

26 Regina, líder comunitária do Cafundó, entrevista realizada em 2019, no território do quilombo.

ção, casas e quintais. Para isso, Juliana Borges Lima, arquiteta vinculada à Hub Lar – Negócio de Impacto Social, elaborou o projeto. Contudo, as dificuldades de obtenção de recursos acabaram por restringir tais ações, além do ingresso no período da pandemia, o que distanciou as discussões.

As preocupações da comunidade nos mostraram conhecimentos bastante acurados sobre o território, além de vínculos estreitos com ele, que podem ser evidenciados pela representação espacial feita por membros da comunidade acerca de cada parte dele (Fotos 08 e 09). São fotografias da atividade realizada no quilombo em que vários de seus membros desenharam o território, tendo em vista a questão da gleba C. Já a *figura 09* é um trabalho de espacialização feito anteriormente pela comunidade e que mostra um mapa do quilombo trabalhado em bordado.

Foto 08 - Representação espacial das glebas do território feita por moradoras quilombolas

Fonte: Foto de arquivo da pesquisa

Foto 09 - Representação em bordado do território quilombola

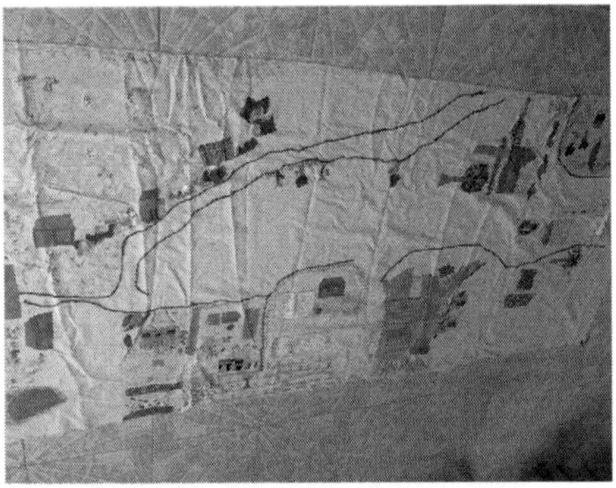

Fonte: Foto de arquivo da pesquisa

As figuras expressam representações tradicionais baseadas na vivência cotidiana do quilombo. A relação entre cotidiano e território parece compor envolvimentos de afetos, desejos e necessidades. Nos remete à própria produção do humano, que produzindo seus bens vem a satisfazer várias necessidades, desde as biológicas às culturais. A cartografia quilombola demanda satisfação das necessidades do grupo ao qual os membros do quilombo pertencem, e mesmo que haja distintas visões de mundo, há um destino comum a ser pensado. Nesse sentido, a repetição cotidiana é parte da vida humana. A vida cotidiana, segundo Lefebvre[27], nos cerca e rodeia, tanto no espaço, quanto no tempo e da mesma forma que ela estaria em nós, nós estaríamos nela. Contudo, o vivido se se desenvolve na ordem social moderna introduzindo modificações na vida das pessoas, ocorrendo, assim, um encontro dialético entre repetição e rupturas. É nas rupturas

27 LEFEBVRE, Henri. *La presencia y la ausência. Contribución a la teoria de las representaciones*. México, DF: Fondo de Cultura Econômica, 1983.

que, segundo o autor, surgem estratégias de resistências, estas que possibilitam a construção de saberes e práticas apropriadas e novamente transformadas pelas próximas gerações.

A racionalidade moderna, para Henri Lefebvre, impõe representações do espaço num outro sentido que aquelas dos saberes tradicionais singulares, nesse sentido, as representações não seriam falsas nem verdadeiras, pois elas partem da própria necessidade humana de se apropriar e estender-se sobre o espaço. Para o autor, as representações são inerentes à interpretação e expressão do mundo. Lugares de uma outra apropriação simbólica de códigos e não só hegemônicos são parte dessas representações. Seriam os espaços de representação em contraposição às representações do espaço, do Estado, planejamento, urbanismo e outras. Essa noção dá suporte a pensar o território quilombola na medida mesma em que ele se encontra submerso às escalas globais, como o do território-nação e o mundial. Suas expressões demonstram que à negação da cidadania ao negro, no Brasil, correspondem plurais estratégias de recomposição do território nacional a partir das lógicas de usos territoriais próprios realizados pelas comunidades.

No Primeiro Capítulo deste livro, foi analisado que os mapas oficiais não mostram os territórios quilombolas do país, ou seja, não há uma cartografia do Estado de todos os quilombolas. São espaços de representação política, de recursos naturais, vegetação ou clima e planejamento. Por isso, a análise do autor é importante para entender as figuras 08 e 09 enquanto espaços de representação das comunidades quilombolas, cujos símbolos representam o território vivido.

Quanto às origens do Cafundó, a comunidade se formou a partir de duas parentelas, conforme o relato a seguir:

> [...] Duas parentelas que deram origem a comunidade, os Pires Cardoso e os Almeida Caetano [...] Os Pires Cardoso, embora os mais velhos tenham moradia aqui no terreno por uma questão de aculturação, de acomodação eles praticamente têm a terra, mas vivem muito mais a vida do meio urbano e por uma questão também de foro íntimo adotaram uma religião que tem o maior grupo dentro da cidade então eles praticamente se desligaram das tradições, da sua história e passam a viver a história do meio urbano.
>
> Os Almeida Cardoso ficaram aqui e essa história começa para essas duas parentelas, começa com os avós que eram escravos dos donos, dos primeiros donos desta terra. O primeiro quase que, não tinha sesmaria, mas era muito próximo disso, mas ele era tão bom que o filho dele foi embora para São Paulo e faz tempo que não voltou e então o casal envelheceu e pra ter garantia que alguém fosse cuidar deles, passou, deixou em testamento as terras para as duas escravas que cuidavam deles, certo, e com a incumbência de cuidar deles até o final.[28]

Destaca-se na fala do NUCAB que a "doação" tratava-se nada mais do que um incentivo escravocrata, de manutenção da fidelização e "submissão" dos escravos.

> E foi assim que as terras acabam vindo para as mãos negras, durante muito tempo eles conseguiram viver da terra, enfim se manter. Mas ter terra não significa ter fortuna, é preciso ter terra e dinheiro... então durante muito tempo eles fizeram aqueles contratos, comuns na zona rural, de meia, você tem a terra e eu lhe ofereço para cuidar da terra

28 Membro do NUCAB e da UNISO – Núcleo Afro-Brasileiro de Sorocaba, da UNISO – Universidade de Sorocaba. Em aula com estudantes da Licenciatura em Pedagogia, da UFSCar, maio/2017.

> e você ganha porcentagem daquilo que eu consegui apurar, isso é sempre feito na base de contrato, como o pessoal não sabia ler, como é que foram feitos estes contratos?[29]

A luta pelo território no Quilombo do Cafundó está emaranhada com a luta pela existência. Desde 1970, vem sendo alvo de invasões e grilagens, o que resultou em morte de ambas as partes. Em 1976, a comunidade conseguiu na justiça o reconhecimento do direito de posse de parte de suas terras, por meio da ação de usucapião – uma área de 21 hectares que ocupa, atualmente. No entanto, além de não compreender todo o seu território tradicional, essa área é insuficiente para que a comunidade viva com a autonomia e condições adequadas. Na década de 1990, o Conselho de Defesa do Patrimônio Histórico, Artístico, Arqueológico e Turístico de São Paulo (CONDEPHAAT)[30], tombou as terras em que se encontra a maior parte dos moradores do Cafundó, o que corresponde a 8 hectares, em função da importância da comunidade e de seu território como bens culturais de valor histórico. O processo de regularização das terras pela Fundação Instituto de Terras do Estado de São Paulo "José Gomes da Silva" (ITESP) teve início no final da década de 1990. Segundo o RTC, o território cafundoense encontrava-se totalmente sobreposto

29 *Op. cit.*

30 SECRETARIA DA CULTURA DO ESTADO DE SÃO PAULO. CONDEPHAAT. "Fica tombado como bem cultural de valor histórico e documental-social, o bairro rural do Cafundó, no município de Salto de Pirapora". [São tombadas as glebas A, B e C, com base no artigo 2º da mesma Resolução]. Artigo. 1º da Resolução SC-9, de 23/03/1990: D.O.E.; SEC. I, SÃO PAULO, 100 (56), SÁBADO, 24 MAR. 1990 – 21. Disponível em: < http://condephaat.sp.gov.br/benstombados/bairro-do-cafundo/> Acesso em: 21 abr. 2022.

a domínios particulares. Em 2004, o INCRA abriu processo para regularizar as terras do quilombo e, em 14 de junho de 2006, o seu presidente, por meio da Portaria 235[31], reconheceu o Cafundó com 218,4462 hectares:

> *A comunidade depois de 50 anos de luta [...] em 2012 a gente conseguiu através do governo federal a regularização de algumas áreas ainda não é total, a gente conseguiu a gleba D da entrada do eucalipto, e esta que é a gleba C [aponta para uma área ao lado], em processo está a Gleba A, onde estamos e a gleba B.*
>
> *Nós ficamos felizes ... para todo mundo era sonho, na cabeça de meia dúzia de negrinho aqui o que era impossível, aconteceu.*
>
> *O INCRA já era pra ter feito a desapropriação de terceiros, não fez ainda, coloca-se um monte de empecilho, hoje parece que nós somos os culpados [...] E a gente está nesse empasse*
>
> *Tem sim uma morosidade muito grande por parte dos debates, é assim: desapropria a terra, mas não acaba tirando os terceiros [...] desde 2012 a gente tem a posse, mas não tem assim a posse total da terra, não dá pra você conviver com quem ficou brigando por 50 anos32.*

31 SECRETARIA DA JUSTIÇA DEFESA E CIDADANIA. RTC - Relatório Técnico Científico sobre a comunidade de quilombo do Cafundó/Salto de Pirapora- SP. ITESP – Instituto de Terras do Estado de São Paulo, dezembro de 1999.

32 Regina, membro da liderança do Cafundó.

Muitos acabam saindo do quilombo para trabalhar na cidade:

> [...] é a vida do nosso "boia-fria", hoje eles se mantêm trabalhando, prestando serviços, fora no entorno. Nas chácaras, nos terrenos aqui dessa região, condomínios de chácaras, e tal é assim que eles sobrevivem (NUCAB).[33]

Atualmente, as famílias do quilombo usam seu território para fazer roças visando a produção para o consumo, pouco entrando no processo de comercialização, portanto, quase não gerando rendas que lhes concedam autonomia financeira mínima para fazer a próxima safra. Desta forma, as famílias têm necessitado de algum tipo de auxílio externo, como, da Coordenadoria de Assistência Técnica Integral - CATI, do Instituto de Terras do Estado de São Paulo - ITESP e de outras entidades, para o auxílio de compra de sementes e insumos agrícolas etc. Segundo relato da comunidade, a crescente valorização da agricultura familiar permitiu a comercialização para fora da comunidade. As famílias que não trabalham em atividades externas, geralmente, trabalham com a agricultura e cada família é responsável pela sua plantação (*Foto 10*), no que a associação auxilia com o repasse das verbas de auxílio externo. A meta principal da comunidade para o futuro é investir na produção agrícola, tanto para subsistência quanto para comercialização.

---

33 Membro do NUCAB e da UNISO – Núcleo Afro-Brasileiro, de Sorocaba, ligado à UNISO – Universidade de Sorocaba.

Foto 10 - Área de Cultivo Familiar no Cafundó

Fonte: Foto de Arquivo da Pesquisa

Há no quilombo uma estufa comunitária (*Fotos 11 e 12*) em que todos os moradores podem plantar e colher legumes e verduras. O espaço é amplo e comporta praticamente todas as famílias, porém, apesar do uso coletivo, a plantação é individual às famílias. Cada pessoa que planta no espaço fica responsável pelos cuidados e com a colheita. A horta é orgânica e alguns membros da comunidade complementam sua renda com a venda dos produtos, por isso, têm buscado o selo que garante a venda desse tipo de produto com certificação. Além disso, existem áreas de plantio, também, cultivadas e cuidadas pelas famílias individualmente, sendo um conhecimento territorial que permite a cada uma plantar e colher (*Fotos 13 a 16*).[34]

34 A construção de estufas ocorreu entre 2008 e 2014, com recursos vindos de emendas parlamentares, sendo que, em 2012, a comunidade adquiriu implementos agrícolas, por meio de Plano de Trabalho firmado entre a Associação e a Secretaria da Justiça e Defesa da Cidadania do Estado de São Paulo, além do Projeto de Desenvolvimento Rural Sustentável Microbacias II, que trouxe a aquisição de um micro trator, implantação de sistema de

Foto. 11

Foto 12

Foto 13

Foto 14

Foto 15

Foto 16

Fonte: Fotos de arquivo da pesquisa

A comunidade quilombola do Cafundó se diferencia da população regional, e de outras comunidades quilombolas, em função

irrigação e ampliação da produção agrícola. Ver: GOMES, André Luís. *Uso do território, normas e política: dos compartimentos quilombolas à comunidade Cafundó (Salto de Pirapora-SP)*. Dissertação (Mestrado em Geografia Humana). FFLCH/USP, 2015.

de aspectos culturais, como danças, dialeto (*cupópia*) e rezas que sempre foram elementos concretos da sua formação histórica.

> *Orobimba por exemplo, ele tem uma expressão que vai além do simples bom dia você ta dizendo pro seu irmão com alegria um novo dia, um novo dia irmão, quem diria nos aqui, um novo dia irmão, independente do que aconteceu a gente ta aqui, ta firme ta forte e esse é o fundamento, é isso que a gente canta (Morador do Cafundó)*

> *[...] a cupopia hoje a gente tem uma certa liberdade, o avô da minha esposa que é o vô Leonel, que é um griot, hoje o mais velho aí da comunidade, so que ele mora pra cidade por conta de ta mais perto do posto de saúde, por conta de uma insuficiência renal, ai é meio complicado pra ele morar no sitio, então ele mora já na cidade, tem a casinha dele as coisinhas dele e tal. Ele nos ensina bastante coisa, e da maneira que ele nos ensina antigamente, seu Juvenil ele já é mais generoso com a gente, já o vô Leonel já é mais contido ali, ele te ensina uma palavra em cupopia, se você não entende, você fala "oh vô num entendi" ai humm, ele já fala pra você "se não entendeu entedesse" ai hummm, ce já vai te que esperar outro dia, pra você tentar puxar esse assunto denovo, pra tentar puxar dele essa expressão ne.*

> *Teve escritor que veio aqui que já escreveu 5 livros falando da comunidade e da cupopia que a gente nem conhece ele, a gente ficou sabendo de uma edição de um livro dele que lançou esses tempos, que ia ser lançada aqui em Votorantim a gente chegou la e não pode entrar, não eramos convidados, pra ele vender o livro falando da comunidade e da cupopia, ele criou um dicionário falando da Cupopia e a Cupopia tem uma ..., e por isso que é complicado. Por isso que a gente é mais firme no trabalho com os jovens aqui, ..., tem muita gente ai que compra um livro falando da cupopia e acha que ta cupopiando*

> *fluente, mas você não consegue, a cupopia é um dialeto, não é uma língua, ela tem um lexo pequeno de palavras, vai depender muito do que você quer dizer não é. Não tem uma palavra especifica pra cada objeto você tem expressões, e a Cupopia depende muito do seu caipira, e se você não entender o caipira você não entende a cupopia, porque quando vem o negro pra ca quem já está aqui é o caipira, eles chamavam aqui, os mais velhos contam muito as histórias dos bugres, que eles tinham uns bugres aqui e tal, que tem esse caipira arrastado, e é assim que fala cupopia, é diferente…*
>
> *[…] tudo na cupopia você tem que levar em consideração a vida do negro, as condições do negro nesse período de libertação, porque o fazendeiro ele doou as terras, ele deixou as terras em testamentos pros 12 escravos que originaram aqui a comunidade por ele não ter filho, aí deixou em testamento pros escravos, mas quando ele morreu, eles ficaram aqui, você pode comparar isso com a abolição no Rio de Janeiro e em São Paulo, onde você solta aquele povo na rua, sem casa sem roupa sem comida. Foi o que aconteceu aqui eles ganharam a terra, mas como que faz dias após essa morte, você já tem relato de compra de terras por fazendeiros vizinhos sendo que no testamento o fazendeiro deixa, sem poder vender nem arrendar nem nada, terra daquela família, que tinha que ficar aqui por 5 gerações, e você 2 dias depois já tem registro de compra.*[35]

A Festa de Santa Cruz

A comunidade quilombola Cafundó realiza todos os anos, no mês de maio, uma tradição de mais de 150 anos, a Festa da Santa Cruz, São Benedito e Nossa Senhora Aparecida. Em 2012, no en-

35 Entrevista com Júnior, casado com a moradora do quilombo do cafundó, na Festa de Santa Cruz, em 26 de maio de 2019.

tanto, a festividade religiosa teve comemoração especial graças ao momento especial vivenciado pelo quilombo: o ganho da posse da terra concedido em fevereiro pelo INCRA (Instituto Nacional de Colonização e Reforma Agrária), após 40 anos de luta. A festa ocorreu no local da área devolvida onde havia uma capela destruída pelos antigos grileiros e seguindo em procissão até a atual Capela Quilombo. O ritual todo começa pela retirada do mastro do ano anterior e a colocação de um outro para o ano corrente (*Fotos 17 a 22*).

Regina Aparecida Pereira disse que a inclusão da procissão dentro da festa teve como fim homenagear os quilombolas que lutaram durante décadas para que essas terras fossem devolvidas para a comunidade. *Nós conseguimos identificar o local exato onde existia a antiga capela e que tinha uma importância religiosa muito grande e que foi destruída pelos grileiros.*[36]

Todos os anos, após a procissão, é realizada a tradicional troca do mastro de Santa Cruz, quando são depositados os agradecimentos e pedidos dos fiéis, e a celebração da missa afro, além da apresentação do jongo.

36 Festa tradicional do Cafundó comemora posse da terra. Jornal Cruzeiro do Sul. 12/05/12 | Equipe Online - online@jcruzeiro.com.br. Disponível em: https://www2.jornalcruzeiro.com.br/materia/386721/festa-tradicional-do-cafundo-comemora-posse-da-terra Acesso em: 12 abr. 2022.

Foto 17

Foto 18

Foto 19

Foto 20

Foto 21

Foto 22

Fonte: Foto de arquivo da pesquisa

Que o mesmo sol que nasceu la na Angola, é o que nasceu aqui, tambor, ficava la "seu Juvenil a gente quer fazer um tambor como é que a gente vai fazer " e rodamo todo o mato e não tinha arvore nenhuma tombada, ai nesse dia ai, a gente não conseguiu ir embora porque caiu um "pé d'gua" que a gente acendeu uma candeia, candeia é uma fogueirinha que faz dentro de casa, acendeu la pegamo uma lenha seca, e ficamo na fogueirinha la esperando passar a chuva, ai caiu um raio, caiu um raio tao forte na casa da finada dona Judite aqui do lado, que derrubou um coqueiro do lado da casa dela. Nessa noite que ele contou pra gente como funciona, e no dia seguinte a gente já tinha material pra fazer um tambor, e é assim que a gente faz, tudo que a gente faz faz com respeito muito grande, aos antepassados, questão religiosa, questão ancestral, não vou nem dizer religiosa, é muito forte é muito latente, você vai perceber aqui gente aqui da comunidade aqui, em vários momentos, principalmente aqui da festa, em contato direto com ancestral, se vai ver gente emocionada, chorando indo pra capela, porque aqui é muito vivo a coisa da espiritualidade aqui, e hoje graças a deus a gente tem esse empoderamento aqui, as meninas aqui da comunidade elas participam do grupo de jongo, elas vestem chita em casa e vao pra cidade resolver as coisas la, de chita, de amarração na cabeça, com a camiseta do nosso grupo, escrito "turivimba".[37]

Campolim e Toponímias Afro-brasileiras

Figura 02 – Avenida Mário Campolim em 1988

Fonte: Avenida Mário Campolim em 1988 com vários animais. Crédito da foto: Projeto Memória / Jornal Cruzeiro do Sul – Crédito: Avenida Mário Campolim em 1988 com vários animais. Crédito da foto: Projeto Memória / Jornal Cruzeiro do Sul.[38]

37 Júnior, Festa de Santa Cruz, 26 de maio de 2019.

38 Disponível em: <https://www.jornalcruzeiro.com.br/presenca/tb-t-campolim-e-sua-avenida-principal-transformados/#&gid=pswg-forced&pid=1> Acesso em: 31 mar. 2025.

No início do século XX, havia a chácara de propriedade de Achilles Campolim, família negra, de Sorocaba, conhecido como "seo Quiló", e retratado como grande empreendedor negro de Sorocaba:

> Achilles Campolim, também conhecido como Seo Quiló, nasceu no dia 15 de agosto de 1888, dia do aniversário de Sorocaba. Em 1917, Achilles saiu da Rua da Penha e comprou um moinho de café na Água Vermelha. Ali criava algumas cabeças de gado, torrava e moía café e plantava alimentos para subsistência.
>
> Logo arrendou a terra e comprou um novo trecho, subindo em direção ao que hoje é Votorantim.
>
> O pasto se expandiu e o gado também, a família passou a cultivar novos alimentos, como o arroz e a laranja, que chegou a ser um produto de exportação. Mas era o leite do Seo Quiló que o tornou famoso na cidade e o levou a ser um dos fundadores da Cooperativa de Laticínios de Sorocaba, a Colaso.
>
> As suas terras ficavam também num ponto de passagem, que Achilles gentilmente abria para a travessia de viajantes e de cargas. A estrada era conhecida como Quiló, a atual Avenida Antônio Carlos Comitre, que naquela época era um longo caminho de terra.
>
> Do legado do avô, Achilles Neto afirma: "ele fez questão de que todos os filhos estudassem", e foi o seu pai, João, o caçula, a quem coube seguir os passos de Achilles Campolim, trabalhando com a agropecuária e gerenciando suas terras ao longo da vida. Mais tarde, Neto assumiu os cuidados com os loteamentos que deram origem ao bairro Campolim como o conhecemos hoje.[39]

39 Construtores de Histórias. Achilles Campolim. 11 de agosto de 2021. Disponível em: <https://construtoresdehistorias.com.br/achilles-campolim/.> Acesso em:

Após a morte do Sr. Campolim, seus filhos herdam o patrimônio e assumem os negócios deixados pelo pai. Segundo Barreto, em meados da década de 1970, os irmãos são contatados pela Construtora e Empreendedora Júlio e Júlio, a respeito de possível loteamento, prevendo-se valorização dos terrenos com a infraestrutura que chegava ali. Após a liberação do loteamento, em 1981, se iniciou a comercialização dos lotes, sendo que 50% do total seria parte destinada à família.[40]

Alguns anos depois, na década de 1990, os lotes do denominado loteamento Parque Campolim começaram a ser vendidos, mas, desta feita, terrenos grandes, voltados à classe média alta. Empreendimentos comerciais, como o Hipermercado Carrefour, o Esplanada Shopping Center, além da chegada da Raposo Tavares, interligando pontos, tudo concorreu para o processo de valorização do bairro. Segundo Barreto[41]: "Nas vésperas da inauguração do binômio já citado neste parágrafo, é inaugurada a ponte de ligação, obviamente resultado da pressão já exercida pelo grande capital personificado nas grandes empresas que ali se instalavam".

O Parque Campolim está localizado na porção sul da cidade de Sorocaba. Na década de 1950, com a morte do Quiló, assume os negócios da família, seu filho, João Campolim, que assim o faz até meados da década de 1970. Nesse momento, após vários contatos entre membros da família Campolim e proprietários da Construtora e Empreendedora Júlio e Júlio, resolve-se que o local

---

01 de abr. 2022.

40 BARRETO, Ilson Juliano. *A Verticalização e o Bairro: O caso do parque Campolim - Sorocaba, SP, CASO DO PARQUE CAMPOLIM - Período de 1990 a 2004*. Dissertação (Mestrado em Geografia), Universidade Estadual de Maringá - Centro de Ciências Humanas, Letras e Artes, 2007.

41 *Idem*, p. 78.

será então dotado de toda infraestrutura para posterior comercialização de seus terrenos; isso aconteceu no início de 1976. O loteamento foi liberado por fases, sendo que a primeira ficou pronta só em 1981, quando o loteamento foi dividido igualmente. A maioria dos herdeiros diretos constituiu em seus nomes, empresas com o intuito de comercializarem os referidos terrenos (*Figura 02*). Nesse primeiro momento de comercialização, os terrenos eram extremamente baratos se comparados a outros em regiões próximas.[42]

Figura 03

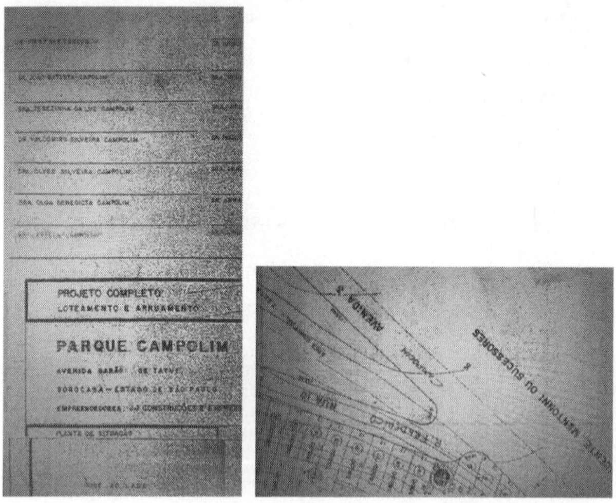

Fonte: Loteamentos e Áreas Públicas. Projeto Completo. Loteamento e Arruamento. Parque Campolim. Avenida Barão de Tatuí Sorocaba. Estado de São Paulo. Empreendedores JJ Construções e Empreendimento – Família Campolim. s/d.[43]

42 *Ibidem*, p. 76-78.

43 Loteamentos e Áreas Públicas. Projeto Completo. Loteamento e Arruamento. Parque Campolim. Avenida Barão de Tatuí. Sorocaba. Estado de São Paulo. Empreendedores JJ Construções e Empreendimento – Família Campolim. s/d. Disponível em: <https://www.sorocaba.sp.

Contudo, permanecem vestígios da estrada do Quiló, no bairro da Água Vermelha, conforme a *Figura 3*. Em 2010, ela recebeu o nome de Avenida Antônio Carlos Comitre, importante avenida da cidade de Sorocaba. Tendo sido funcionário público municipal da Prefeitura de Sorocaba, Comitre exerceu cargos em governos municipais e fundou, em 1975, a Comitre Construtora.[44]

Figura 04 – Montagem feita pelos autores da Planta da Cidade de Sorocaba s/data realizada- Sorocaba – Estado de São Paulo – Editora Sorotel. Arquivo ferroviário de Sorocaba e Foto ""Respiro" na velha Estrada do Quiló", de 1950.[45]

gov.br/anexos/SEMOB%2Floteamentos-e-areas-publicas/%2F2.%20 Loteamentos%2FPlantas%2FC/Campolim%2C%20Parque.jpg> Acesso em: 08 abr. 2022.

44 Câmara Municipal de Sorocaba. Lei Ordinária nº. 9291/2010. Dispõe sobre denominação de Avenida "Antônio Comitre" a uma via pública de nossa cidade e dá outras providências. S/S., 06 de julho de 2010. Disponível em: <http://www.camarasorocaba.sp.gov.br/propositura_texto_anexo.html?id=5e3f0e2805d-7040f28b47bba&keywords=> Acesso em: 12 abr. 2022.

45 Montagem da Planta da Cidade de Sorocaba s/data – Sorocaba – Estado de São Paulo – Editora Sorotel. Arquivo ferroviário de Sorocaba e Foto ""Respiro" na velha Estrada do Quiló", de 1950. Extraída do site Brasilbook. Disponível em: http://www.brasilbook.com.br/es.asp?e=5&ano=1950 Acesso em: 20 mar 2022.

No bairro Campolim, subsiste a memória do lugar, de territórios negros que existiram. Segundo João Fernandes, morador do quilombo dos Camargos, até hoje a estrada do quilombo é conhecida como Estrada do Quiló: *Os negros usavam para ir para a igreja de João de Camargo*, conta João.[46]

Outro território negro na cidade é a Capela do Itinga (bairro situado na divisa com Salto de Pirapora), que começou a ser construída por José Joaquim de Camargo assim que comprou as terras.

> *O sino da capela data de 1876, conforme dizem os descendentes do escravo alforriado. A capela é considerada um símbolo da posse de terra da família Camargo, já que os descendentes dizem ter sido a primeira iniciativa do novo proprietário. A partir daí tem início a história das terras, que acabou perdendo-se no tempo devido às expropriações e inúmeras invasões sofridas ao longo dos anos.*
>
> *O nome da capela também foi alterado e o local é conhecido hoje como Santuário Nossa Senhora dos Remédios. Ali os negros se encontravam para cultuar suas tradições como os lamentos africanos, os cantos e danças. Realizavam a prática de benzimentos, curandeirismos e trocas de ervas medicinais.*[47]

Na cidade de Sorocaba se aprofundará o apagamento do negro. Além da cultura tropeira ser mais rememorada ao lado da figura dos bandeirantes, a produção cultural material e imaterial afro-brasileira se distanciará dos negros, em face do processo de segregação socioespacial urbana. Pode-se analisar que espaços urba-

46 A trajetória passada de pais para filhos. 23/03/14 | Equipe Online. *Jornal Cruzeiro do Sul*. Disponível em: <https://www2.jornalcruzeiro.com.br/materia/538110/a--trajetoria-passada-de-pais-para-filhos> Acesso em 12 abr. 2022.

47 *Op. cit.*

nizados foram se sobrepondo a muitos quilombos, subtraindo seus territórios, fragmentando-os e explorando diretamente seu trabalho, já que destituídos dos meios de subsistência, vieram a trabalhar em diversas atividades, na maioria das vezes, na informalidade. As perdas, também, se estendem para as suas culturas tradicionais, às lendas, histórias, relações de compadrio, valores comunitários e símbolos culturais, uma soma de elementos socioculturais e ambientais construída de forma integrativa, híbrida, envolvendo etnias diferentes, modos de vida e tradições distintas.

Capela de João de Camargo

Remédio do Nhô João era folha de eucalipto e água[48]

João de Camargo nasceu no dia 16 de maio de 1858, sendo filho da escrava e de pai desconhecido, teria partido para Sorocaba, talvez aos 22 anos, e trabalhado para o médico Ignácio Pereira da Rocha, tendo se casado com Escolástica do Espírito Santo.[49] Segundo Castro e Lomardo: " o negrinho foi dado para a família Camargo Barros com seis anos de idade e passou a ser pajem da recém-nascida da família, Emília Camargo Barros, de quem foi dedicado criado até seu casamento".[50] No entanto, Guerra da Cunha,

---

48 Depoimento de Isaura Oliveira Borges ao "Jornal da Cidade", que circulou em Sorocaba no ano de 1984. Disponível em: < http://www.joaodecamargo.com.br/depoimento.php> Acesso em: 08 abr. 2022.

49 SILVA, Vanda Aparecida da. Da Capela do Senhor do Bonfim de João de Camargo em Sorocaba-SP. Memórias, Identidades e patrimônio. In: *identidade!* São Leopoldo, vol. 26, nº. 1 e 2, jan./dez. 2021, p. 312.

50 CASTRO, Sônia.; LOMARDO, Fernando Antonio. *O solitário da Água Vermelha. O milagreiro de Sorocaba. A vida de João de Camargo*. Sorocaba: Terra Rasgada, 1995, p. 17-18.

autor mencionado por Cavalheiro,[51] informa que Nhô João foi doado à família Camargo Barros com um mês de vida, já sendo sua propriedade quando do nascimento da menina.

Como podemos verificar, a imagem de João de Camargo tem sido estudada sob perspectivas distintas. Cavalheiro, ao analisar que as interpretações variam conforme o momento histórico, aponta que tais controvérsias acompanharam o fim da escravidão, em Sorocaba, sendo um momento de intensificação da perseguição e do preconceito sobre o negro liberto. Assim, João de Camargo poderia ser visto como: "inimigo público, como `colaborador` do progresso da 'Manchester Paulista' ou simplesmente um simpático preto velho que não fez nada de mau, ao contrário, foi caridoso e generoso com todos os que dele se acercaram".[52]

Após obter a liberdade, João de Camargo teria migrado para a cidade e trabalhado em diversas ocupações, como: trabalhador rural; empregado de uma olaria; quituteiro; cozinheiro de um engenheiro alemão e operário de um jornal – onde roda a manivela de uma impressora.[53] Em 1906, trabalhava na Olaria de Elias Monteiro; é nesse momento, também, que consta ter iniciado a sua vida de curandeiro. Essa transformação teria sido influenciada pelo sonho que teve após adormecer junto à cruz do menino Alfredinho, morto próximo ao córrego da Água Vermelha.[54] No sonho lhe aparece uma voz indagando: "Ainda continua a desobedecer-me? Será que não me entendes? Será que não queres mesmo cumprir as minhas

51 CAVALHEIRO, Carlos Carvalho. *João de Camargo, o Homem da Água Vermelha*. Maringá, Paraná: Publisher Editora, 2020.

52 CAVALHEIRO, Carlos Carvalho. *Op. cit.*, p. 12 e 13.

53 SAEZ, Óscar Calavia. *João de Camargo: sincretismo e identidades*. In: *Revista de Ciências Humanas Florianópolis*, vol. 16, nº. 24, 1998, p. 19.

54 *Idem*

ordens que trago do altíssimo? Vamos, João!". Mas, segundo Saez, João de Camargo:

> [...] presencia três aparições: um menino branco, uma mulher parda e um homem preto. O menino, de uns cinco anos, vestido à marinheira, loiro e de cabelos encaracolados, pergunta a Joao se não o conhece. A mulher parda faz a mesma pergunta e se identifica como "aquela que todos os anos o povo acompanha, de Aparecida à cidade e da cidade à Aparecida". Depois, aparece um negro velho, de chapéu de palha, que lhe diz: "Tu hás de ser aquele de nossa cor... escolhido para mostrar ao mundo o poder de Deus". O negro velho desaparece então, para voltar a aparecer, mas agora vestido de frade. Joao, que o tinha visto nos altares da igreja, o reconhece: "Esse é São Benedito". De novo o menino, usando uma espécie de vara mágica, lhe mostra a Igreja que deverá fundar. Finalmente, aparece o espírito de Monsenhor Joao Soares do Amaral - um venerado bispo de Sorocaba, morto quando atendia às vítimas da epidemia de febre amarela em 1900 - que lhe ordena a voltar à sua casa, prometendo acompanhá-lo no futuro.[55]

Desse mistério teria nascido o projeto de Nhô João, que foi a construção da capela e a sua residência, concluída em 1907. A criação da igreja nos moldes dos templos católicos provocou vasta reação nos segmentos religiosos da sociedade local, ainda mais que "João de Camargo concentra-se e, elevando os olhos ao céu, exhorta o povo: – Irmãos de crença da igreja negra e misteriosa da 'Água Vermelha'".[56] O local da construção da igreja negra, em pouco tempo, será acompanhado pela presença de hotéis, residências, lojas e melho-

55 SAEZ, *Op. cit.*, p. 141

56 GASPAR, Antônio Francisco (*apud* CAVALHEIRO, *op cit.*, p. 23).

rias urbanas, em que famílias pobres e desprovidas de recursos foram encontrar melhores condições de vida, inclusive, uma escola criada por João de Camargo e até a fundação de uma banda musical composta por negros. Contudo, as tensões existentes na cidade em face da aglomeração daquelas moradias e edificações, aliadas às curas efetuadas por João de Camargo, rapidamente, levaram à denúncia de prática da medicina ilegal e charlatanismo, bem como a referências pejorativas pela concentração de famílias negras naquelas paragens. Tendo sido preso por agitação e "desordem social", além do exercício de curandeirismo, João de Camargo contratou um advogado que conseguiu a sua absolvição ao defendê-lo sob o argumento de que ele: "...receitava, sob a influência de um poder divino, água e medicamentos de hervas inofensivas".[57] É assim, também, que em fevereiro de 1921, João de Camargo registra a sua igreja e prática religiosa como associação Espírita: a Associação Espírita e Beneficente Capela do Senhor do Bonfim (*Figura 04*).

Figura 05

Fonte: Mosaico de fotos da autora

57 Jornal Cruzeiro do Sul, 06 de agosto de 1913, p. 2 (*Ibidem*, p. 38).

O interior da capela está repleto de imagens de imagens religiosas sincréticas (compostas por religiões de várias origens), o que levou ao tombamento do Conjunto Histórico de João de Camargo, incluindo: a capela, o seu adro, jardim e o túmulo no Cemitério da Saudade.

Fig. 06 – Interior da Capela de João de Camargo

Foto disponível em: <https://www.jornalcruzeiro.com.br/presenca/tb-t-joao-de-camargo/#&gid=pswg-forced&pid=1> Acesso em 25 abr. 2025.

Para Florestan Fernandes, torna-se bastante significativo que ocorresse a sobreposição de valores sincréticos na religiosidade de João de Camargo, sendo provável que: "João de Camargo tenha encontrado no conhecimento de valores de origem africana e na observância dos mesmos no culto religioso que desenvolveu, um ponto de apoio inicialmente extraordinariamente forte, capaz de atrair por si mesmo um número relativamente grande de seguidores".[58] Os rumos de seu trabalho e atuação como religioso, curandeiro, tiveram importância

58 FERNANDES, Florestan. Contribuição para o estudo de um líder carismático. In: *O Negro no Mundo dos Brancos*. São Paulo: Difusão Europeia do Livro, 1972, p. 234.

acentuada para demarcar um território de identidade pautado pelo contexto histórico e no fortalecimento da memória que investe o lugar onde até hoje se encontra a capela.[59] Para Saez[60]: "Camargo compõe sua religião com os elementos da religião da roça, mas – é importante lembrar – não o faz na roça. O que ele cria é uma identidade folclorizada, uma figura de, 'preto-velho roceiro destinada a uma sociedade de imigrantes e marcadamente industrial'". Trata-se de visões distintas sobre o mesmo fenômeno, muitas delas advindas de representantes de segmentos urbanos que pouco compreendem a história e a identidade dos negros naquilo que se chama diáspora.

Desde a escravidão e mesmo após a abolição, as lutas quilombolas continuaram no Brasil frente às perdas territoriais que se seguiram; com a grilagem ou a compra das terras por preços muito baixos, fraudes e perdas de vidas, os moradores de territórios de quilombos vivem em trânsito, migrando, trabalhando ou se fixando nas cidades, percursos/percalços de todos os que caminharam e caminham no campo e nas cidades brasileiras. Camponeses e trabalhadores rurais, sem terras e trabalhadores volantes, indígenas e quilombos, bem como outros grupos excluídos da propriedade da terra, do trabalho, e da cidadania, nos mostram processos de desenraizamento, desterritorialização, levando, na maioria das vezes, à moradia nas periferias das cidades brasileiras.

A luta dos Camargos, desde a década de 1980, junto a outras comunidades de Sorocaba, explicita a complexidade da luta pela

---

59 BURGOS, Rosalina; CARRIL, Lourdes. Espaço público e lugares de memórias negras: (des)encontros entre sujeitos e o patrimônio histórico urbano. *Boletim Paulista de Geografia*, nº 104, jul.-dez. 2020, p. 93.

60 *Op. cit.*, p. 149.

terra no Brasil, que porta singularidades, relações de parentesco, entre os quilombos da região, libertos e descendentes de senhores, ancestralidades que ultrapassam, portanto, os limites geográficos das atuais demarcações territoriais quilombolas, se estendendo ainda às áreas urbanas da cidade de Sorocaba. O fato desta cidade despontar como cabeça regional dos negócios da economia, atualmente, apresentando-se como região metropolitana, pressiona a urbanização dos demais municípios adjacentes, implicando em ocupação de territórios de antigos quilombos. Já enquanto cidade metropolitana Sorocaba expressa o modelo de segregação espacial urbana presente em outras metrópoles brasileiras.

Outras Considerações

Entende-se ser fundamental a compreensão dos processos que envolvem a formação do quilombo a partir da cidadania territorial, tema que constitui a maioria das experiências quilombolas na América Latina, no contexto de estados coloniais, cuja lógica de apropriação dos recursos territoriais permanece como fundamento da sua organização. Ao mesmo tempo em que a base colonial impulsiona a busca de recursos naturais, riquezas, minérios e apropriação de ecossistemas, com base na escravidão indígena e africana, o entendimento dos usos e dos conceitos elaborados com base no vivido territorial devem ser explicados com base na história da formação territorial.

Segundo a Formação e origem das terras ocupadas por quilombos, destacamos que os contextos diversos de apropriação do território colonial marcaram as formas de integração das estruturas pré-existentes e até constituindo novas atividades, como foi na América Latina e Brasil, onde se constituem *os quilombos, palenques, cumbes, cimarrons e a marronagem.*[61] Ao analisar o processo histórico da formação territorial brasileira, Moraes[62] destacou a importância dos fundos territoriais, os recursos e riquezas nele existentes, às elites desde o período colonial, demonstrando a atração que as áreas ainda não exploradas exercem sobre o colonizador. Trata-se dos "sertões", das "fronteiras", dos lugares sob domínio da natureza ou dos "naturais" que, na ótica da colonização, representam não somente o exótico, mas estoques de espaços para apropriação futura, constituindo-se, portanto, lugares de realização da possibilidade de expansão da colônia e da acumulação econômica. A formação territorial de países a partir do sistema colonial viria, assim, a corresponder ao processo de inserção do Estado nacional no território de forma lenta e contraditória, evidenciando conflitos que a suposta unidade do território nacional pretendeu silenciar.

O território brasileiro, nesse sentido, seria formado por características singulares, tendo no seu interior processos conflituosos, possuindo profundos vínculos com a herança escravista. Segundo Isoldi[63]: "A construção ideológica da nação teve, no conceito de raça, um dos pilares de sua estrutura. Ainda que uma grande diversidade de elementos culturais oriundos das populações subalternizadas tenha sido adotada como símbolos de identidade nacional, a cidadania não atingiu a população

---

61 KLEIN, Herbert S. *A Escravidão Africana: América Latina e Caribe*, São Paulo: Ed. Brasiliense, 1987.

62 MORAES, Antônio Carlos Robert de. *Território e História no Brasil*. São Paulo: Annablume/Hucitec, 2002.

63 ISOLDI, Isabel Araújo. *Territorialidades Amefricanas e Estados Nacionais no Brasil e Colômbia*. Tese (Doutorado em Ciência). ECA/USP, 2021, p. 21.

da mesma maneira". Para a autora, se formam cidadãos e não cidadãos, sendo raça, classe e gênero elementos demarcadores importantes. Assim, a condição periférica confere às nações latino-americanas um traço fundamental que é a de serem Estados territoriais mais do que de Estados nacionais, demarcando fronteiras de soberania, mas não se realizando efetivamente como unidade político jurídica.

A ideia de território, então, se apresenta frente às formações nacionais latino-americanas segundo contrastes diversos de caráter étnico e racial, bem como de outras marcas corpóreas, em conflito constante, e do ponto de vista histórico, apresentando resistências demonstradas por usos territoriais múltiplos. Milton Santos[64] toma o território mediante uma concepção dinâmica, como o de "território usado" a partir de um nível mais material, físico, até um nível mais imaterial ou simbólico. Essa conceituação se relaciona a múltiplas dimensões que se definem de maneira singular em Sorocaba.

É preciso repensar a cidadania territorial brasileira destituída dos fatores étnicos formadores da nação, criando-se uma *cidadania mutilada*, ou vista pelas precariedades instituídas na vida dos indivíduos e grupos sociais, para os quais se negam oportunidades de trabalho, saúde, habitação, educação, além da propriedade e mobilidade territorial:

> O modelo cívico brasileiro é herdado da escravidão, tanto o modelo cívico cultural como o modelo cívico político. A escravidão marcou o território, marcou os espíritos e marca ainda hoje as relações sociais deste país. Mas é também um modelo cívico subordinado

64 SANTOS, Milton. *A natureza do espaço*. São Paulo: Hucitec, 1996.

> à economia, uma das desgraças deste país. Há países em que o modelo cívico corre emparelhado com a economia e em muitas manifestações da vida coletiva se coloca acima dela. No Brasil, a economia decide o que do modelo cívico é possível instalar. O modelo cívico é residual em relação ao modelo econômico e se agravou durante os anos de regime autoritário, e se agrava perigosamente nesta chamada democracia brasileira. A própria territorialização é corporativa, a metropolização é corporativa, os recursos nacionais sendo utilizados sobretudo a serviço das corporações, o resto sendo utilizado para o resto da sociedade. O cálculo econômico não mostra como as cidades se organizam para serem utilizadas por algumas empresas, por algumas pessoas. São as corporações que utilizam o essencial dos recursos públicos e essa é uma das razões pelas quais as outras camadas da sociedade não têm acesso às condições essenciais da vida, aos chamados serviços sociais. No caso dos negros, é isso que se passa.[65]

Os personagens da história afro-brasileira sorocabana são emblemáticos da resistência envolvendo território e memória, espaços públicos de confraternização e de luta. Os territórios negros aqui trazidos pertencem a uma história longa que começa na Sorocaba colonial, quando os arranjos econômicos e geopolíticos atuaram sob interesses distintos das populações que ali viviam. A história sorocabana, a exemplo do país, trouxe escravos africanos, que constituíram a riqueza regional, além disso, patrimônios de memória em meio a apropriações, exclusões e perdas territoriais.

---

65 *Op. cit*, p. 133.

REFERÊNCIAS

ALMEIDA, Alfredo Wagner Berno de. Processos de Territorialização e Movimentos Sociais na Amazônia. *In*: OLIVEIRA, Ariovaldo U. de.; MARQUES, Marta Inez Medeiros. *O Campo no Século XXI. Território de Vida, de Luta e de Construção da Justiça Social.* São Paulo: FINEP/USP/Agrária/Paz e Terra/Casa Amarela, 2004. 163-172.

ALBERTI, Verena. Histórias dentro da História. In: PINSKY, C. B. (Org.). Fontes Históricas. 3. ed. São Paulo: Contexto, 2014, p. 155.

BARRETO, Ilson Juliano. A Verticalização e o Bairro: O caso do parque Campolim -Sorocaba, SP, CASO DO PARQUE CAMPOLIM – Período de 1990 a 2004. Dissertação (Mestrado em Geografia), Universidade Estadual de Maringá – Centro de Ciências Humanas, Letras e Artes, 2007.

BURGOS, Rosalina; CARRIL, Lourdes. Espaço público e lugares de memórias negras: (des)encontros entre sujeitos e o patrimônio histórico urbano. Boletim Paulista de Geografia, nº 104, jul.-dez. 2020, p. 93.

BRASIL. Presidência da República. Casa Civil. Subchefia para Assuntos Jurídicos. A Medida Provisória 514/2010 foi convertida na Lei nº 12.424, de 16 de junho de 2011. Altera a Lei nº 11.977, de 7 de julho de 2009, que dispõe sobre o Programa Minha Casa, Minha Vida - PMCMV e a regularização fundiária de assentamentos localizados em áreas urbanas, as Leis n.º. 10.188, de 12 de fevereiro de 2001, 6.015, de 31 de dezembro de 1973, 6.766, de 19 de dezembro de 1979, 4.591, de 16 de dezembro de 1964, 8.212, de 24 de julho de 1991, e 10.406, de 10 de janeiro de 2002 - Código Civil; revoga dispositivos da Medida Provisória nº 2.197-43, de 24 de agosto de 2001; e dá outras providências. Brasília, 16 de junho de 2011. D.O.U. de 17/06/2011, p. 2, 17 de junho de 2011. Disponível em: <http://www.planalto.gov.br/ccivil_03/_Ato2011-2014/2011/Lei/L12424.htm> Acesso em 18 fev. 2023.

Câmara Municipal de Sorocaba. Lei Ordinária nº. 9291/2010. Dispõe sobre denominação de Avenida "Antônio Comitre" a uma via pública de nossa cidade e dá outras providências. S/S., 06 de julho de 2010. Disponível em: <http://www.camarasorocaba.sp.gov.br/propositura_texto_anexo.html?id=5e3f0e2805d-7040f28b47bba&keywords=> Acesso em: 12 abr. 2022.

CARRIL, Lourdes de F. B.; BURGOS, Rosalina. Espaço público e lugares de memórias negras: (des)encontros entre sujeitos e o patrimônio histórico urbano. *Boletim Paulista de Geografia*, nº 104, jul.- dez. 2020.

__________ *Quilombo, Favela e Periferia. A longa busca da cidadania.* São Paulo: Annablume, 2006.

CASTRO, Sônia.; LOMARDO, Fernando Antonio. O solitário da Água Vermelha. O milagreiro de Sorocaba. A vida de João de Camargo. Sorocaba: Terra Rasgada, 1995, p. 17-18.

CAVALHEIRO, Carlos Carvalho. João de Camargo, o Homem da Água Vermelha. Maringá, Paraná: Publisher Editora, 2020.

Construtores de Histórias. Achilles Campolim. 11 de agosto de 2021. Disponível em: <https://construtoresdehistorias.com.br/achilles-campolim/.> Acesso em: 01 de abr. 2022.

Dona Ifigênia. Existência e Resistência do Povo do Cafundó. Produção das Mulheres do Cafundó com o apoio da Secretaria de Cultura do Estado de São Paulo. s/d. As pesquisadoras do livro são: Adriana de Almeida Pires, Amanda Aguiar Pires, Camila Rosa de Almeida, Fernanda Suelem F. de Souza, Janaina de Aguiar, Lucilene Rosa de Aguiar e Regina Aparecida Pereira. s/d.

FERNANDES, Florestan. Contribuição para o estudo de um líder carismático. In: O Negro no Mundo dos Brancos. São Paulo: Difusão Europeia do Livro, 1972, p. 234.

FIOCRUZ. SP – "Quilombolas descendentes de José Joaquim de Camargo lutam para garantir o direito à posse de suas terras". Disponível em: <http://mapadeconflitos.ensp.fiocruz.br/conflito/sp-quilombolas-des-

cendentes-de-jose-joaquim-de-camargo-lutam-para-garantir-o-direito-a-posse-de-suas-terras/>.Acesso em: 08 abr. 2022.

GOMES, André Luís. *Uso do território, normas e política: dos compartimentos quilombolas à comunidade Cafundó (Salto de Pirapora-SP).* Dissertação (Mestrado em Geografia Humana). FFLCH/USP, 2015.

HALBWACHS, Maurice. A Memória Coletiva. SP: Centauro, 2006.

HAESBAERT, Rogério. O mito da desterritorialização. Do fim dos territórios à multiterritorialidade. 6a. ed. Rio de Janeiro: Bertrand Brasil, 2011.

ISOLDI, Isabel Araújo. Territorialidades Amefricanas e Estados Nacionais no Brasil e Colômbia. Tese (Doutorado em Ciência). ECA/USP, 2021, p. 21.

KLEIN, Herbert S. *A Escravidão Africana (América Latina e Caribe).* São Paulo: Brasiliense. 1987.

LEFEBVRE, Henri. *La presencia y la ausência. Contribución a la teoria de las representaciones.* México, DF: Fondo de Cultura Econômica, 1983.

LOURO, Guacira Lopes. "O corpo educado: pedagogias da sexualidade". In: Pedagogias da sexualidade. Belo Horizonte: Autêntica, 1999, p. 21-22.

MAIA, Doralice Sátyro. A ferrovia nas cidades bocas de sertão Alterações na morfologia e na estrutura urbana. *Terra Brasilis* (Nova Série), 8 | 2017. Disponível em: < https://journals.openedition.org/terrabrasilis/2160>. Acesso em: 10 nov. 2021.

_______ *Território e História no Brasil.* São Paulo: Annablume/Hucitec, 2002.

MORAES, Antônio Carlos Robert de. Território e História no Brasil. São Paulo: Annablume/Hucitec, 2002.

PAIXÃO, Gabriela Marques Leite. *Memórias Resistentes nos Quintais Quilombolas de Pilar do Sul (SP).* Dissertação (Mestrado em Sustentabilidade na Gestão Ambiental). Programa de Pós Graduação em

Sustentabilidade na Gestão Ambiental-UFSCar, campus Sorocaba, 2018. p. 36.

SANTOS, Milton. *A Natureza do Espaço*. São Paulo: Hucitec, 1996.

SAEZ, Óscar Calavia. João de Camargo: sincretismo e identidades. In: Revista de Ciências Humanas Florianópolis, vol. 16, nº. 24, 1998, p. 19.

SECRETARIA DA DEFESA E CIDADANIA – ITESP. Secretaria da justiça defesa e cidadania ITESP. RTC Relatório Científico da Associação dos Remanescentes do Quilombo do Espólio do Tenente Antônio de Almeida Leite da FazendaPilar do Sul. ITESP – Instituto de Terras do Etado de São Paulo, setembro de 2007.

SECRETARIA DA CULTURA DO ESTADO DE SÃO PAULO. CONDEPHAAT. "Fica tombado como bem cultural de valor histórico e documental-social, o bairro rural do Cafundó, no município de Salto de Pirapora". [São tombadas as glebas A, B e C, com base no artigo 2° da mesma Resolução]. Artigo. 1° da Resolução SC-9, de 23/03/1990: D.O.E.; SEC. I, SÃO PAULO, 100 (56), SÁBADO, 24 MAR. 1990 – 21. Disponível em: < http://condephaat.sp.gov.br/benstombados/bairro-do-cafundo/> Acesso em: 21 abr. 2022.

SECRETARIA DA JUSTIÇA E CIDADANIA. ITESP. Portaria INCRA N° 235 – Reconhecimento do Território do Quilombo Cafundó – 14/06/2006. In: Ver, também: Relatório Técnico Científico sobre a Comunidade do Quilombo do Cafundó/Salto de Pirapora. ITESP, São Paulo, dezembro de 1999. Disponível em: https://seppirhomologa.c3sl.ufpr.br/xmlui/handle/123456789/1730 < http://www.itesp.sp.gov.br/br/info/acoes/rtc/RTC_Cafundo.pdf> Acesso em: 21 abr.2022.

SITES

Blog Quilombo do Pilar. A verdadeira história do quilombo de Pilar do Sul. segunda-feira, 10 de dezembro de 2012. Disponível em: https://quilombodopilar.blogspot.com/. Acesso em: 29 out. 2021.

Blog de Pilar do Sul, 2015, sábado, 1 de agosto de 2015. Disponível em: <http://quilombodopilar.blogspot.com/2015/>. Acesso em: 21 abr. 2022.

Capela Senhor do Bonfim de João de Camargo. Disponível em: <http://mapadeconflitos.ensp.fiocruz.br/conflito/sp-quilombolas-descendentes-de-jose-joaaquim-de-camargo-lutam-para-garantir-o-direito-a--posse-de-sua-terras/>. Acesso em: 04 jun. 2022.

FIOCRUZ. <http://mapadeconflitos.ensp.fiocruz.br/conflito/sp-quilombolas-descendentes-de-jose-joaaquim-de-camargo-lutam-para-garantir-o-direito-a-posse-de-sua-terras/> Acesso em: 03 abr. 2025.

CAPÍTULO 3

Cafundó e Fazenda Pilar: formação do território e perdas territoriais

Lourdes Carril

Neste capítulo, vamos analisar a constituição dos territórios quilombolas de Cafundó e Fazenda Pilar, buscando mostrar que, conforme a modernização regional avançava, as comunidades perderam terras e sofreram apagamentos, num continuum histórico até os dias atuais. Na perspectiva de Braudel[1] "essa duração social, esses tempos múltiplos e contraditórios da vida dos homens, [...] não são somente a substância do passado, mas também a matéria da vida social atual". Por isso, desvendar a "dialética da duração", isto é, a oposição entre o instante fugaz e o tempo longo e lento, seja para o passado ou para o presente, nos auxilia a descortinar a multiplicidade do tempo social.

As dimensões que envolvem os territórios quilombolas são múltiplas, contudo, a produção da vida social brasileira como a de outras nações se liga a escalas de pertencimento, uma a da comunidade próxima (à sua própria) e a outra, a do Estado-Nação. É em nossa particularidade histórica, no entanto, que se forja a exclusão e torna invisíveis grupos que

1 BRAUDEL, Fernand. "História e Ciências Sociais". In: BRAUDEL, F. *Escritos sobre a História*. São Paulo: Perspectiva, 2007, p. 41-78

vivem no território. A dinâmica da colonização subtraindo terra, liberdade e pertencimento, dos indígenas, escravizados africanos e de outros sujeitos, subsumiu-os à ordem econômica voltada para a exploração das riquezas por meio do trabalho forçado. Com o passar do tempo, os sentidos frente à ordem social dada pela propriedade da terra, se ampliam e demandam-se do Estado políticas de direito e de cidadania. A memória quilombola liga o instituído aos conflitos enredados no âmbito da formação do Brasil, nos permitindo examinar uma totalidade social forjada em séculos.

O`Dwyer[2] discute o conceito de memória no sentido de que: "qualquer invocação ao passado deve corresponder a uma forma atual de existência, que pode realizar-se a partir de outros sistemas de relações que marcam seu lugar num universo social determinado". Os elementos que ressignificam o passado do quilombo de Cafundó e Fazenda Pilar estão no presente, mas a memória encontra no processo histórico elementos de suporte concreto, no projeto nacional que engendrou um tipo de território sem povo, sem cidadania. Assim, buscar as perdas e insurgências quilombolas na região estudada se dá a partir da constituição da capitania paulista em que Sorocaba colonial é "Boca de sertão", traduzindo um movimento representativo das determinações históricas dos quilombos.

2 O`DWYER, Eliane Cantarino. "TERRAS DE QUILOMBO: identidade étnica e os caminhos do reconhecimento". In: *TOMO*. São Cristóvão -SE Nº 11 jul./dez. 2007, p. 45. Disponível em: < https://seer.ufs.br/index.php/tomo/article/view/446>. Acesso em: 20 fev. 2023.

Sorocaba: "Boca do Sertão", frente de expansão e territórios Negros

A dominação colonial sobre a chamada "boca de sertão" estabeleceu atividades econômicas lucrativas às elites metropolitanas, que escravizando indígenas e escravos africanos, formava as bases de sua jurisdição. A "boca de sertão" era condição de centro privilegiado de ações e atividades compartilhadas com outras tantas cidades coloniais que mantinham controle sobre extensos territórios desconhecidos. Nesse sentido, para além de Sorocaba havia regiões que figuravam nos mapas, enquanto "sertão desconhecido", até as primeiras décadas do século XIX. O sertão tem sido estudado como integrante da história colonial constituindo espaço afastado do litoral, onde surgiram arraiais, vilas e cidades. Azevedo,[3] buscando uma geografia urbana retrospectiva analisou que o avanço da colonização sobre o interior brasileiro significou mudanças no panorama urbano do Brasil, em que vilas "bocas do sertão" pontilham no planalto meridional, mais distantes da orla atlântica. Encontram-se, assim, nesse processo, cidades que possuindo na sua origem a caracterização de Bocas de Sertão se tornaram importantes centros regionais, bem como passaram por modificações intensas a partir da instalação de ferrovias.[4]

3 AZEVEDO, Aroldo de. "Vilas e Cidades do Brasil Colonial. (Ensaio de geografia urbana retrospectiva)". Geografia, Espaço & Memória. In: *TERRA LIVRE —AGB* São Paulo | p. 23-78 nº 10 janeiro-julho 92. Disponível em: < file:///C:/Users/Lenovo/Downloads/terralivre,+Journal+manager,+TL_N10-2%20(9).pdf> Acesso em: 18 nov. 2022.

4 MAIA, Doralice Sátyro "A ferrovia nas cidades bocas de sertão. Alterações na morfologia e na estrutura urbana". Dossiê "5º Congresso Brasileiro de Geografia - 100 anos". In: *Terra Brasilis (Nova Série). Revista da Rede Brasileira de História*

Importante ressaltar que os avanços sobre o "sertão desconhecido" deslocavam continuamente a boca do sertão, surgindo daí novos núcleos de povoamento que rapidamente ganhavam importância e já reivindicavam a instalação de uma câmara municipal, bem como autonomia administrativa. Esse movimento de criação, extinção, reincorporação, transferências de sede e mudança de denominação dos núcleos coloniais reflete processos que nos interessam em relação à expansão sobre as terras do interior da capitania de São Paulo, pois é quando Itapetininga, Sarapuí, Salto de Pirapora, Itapeva, Botucatu e outros locais se constituem.

Martins[5] utiliza o conceito de frente expansão para explicar os significados do avanço às terras interioranas. Para o autor, esse processo coloca o problema da fronteira brasileira – lugar do encontro entre sujeitos históricos distintos no espaço ocupado e moldado por diferentes temporalidades, provocando o choque do diverso. Não é preciso enfatizar a violência com que se deu o aprisionamento e a devastação de inúmeras aldeias indígenas paulistas. Exemplos são as várias incursões à "Região das Missões" ao sul do Brasil pelos bandeirantes que seguiam, invadindo e destruindo as reduções na época com mais de 60 mil índios.[6] No sertão paulista, a invasão das matas acompanha a caça e a morte de indígenas, como os Guaianás e, posteriormente, os Caiuás que, no período colonial, se localizavam em extensas

---

da Geografia e Geografia Histórica 8 | 2017. Disponível em: <https://www.academia.edu/34608899/Terra_Brasilis2017_A_ferrovia_nas_cidades_bocas_de_sertao> Acesso em: 20 nov. 2022.

5 MARTINS, José de Souza. Fronteira: A Degradação do Outro nos Confins do Humano. 2a. ed. São Paulo: Contexto, 2021.

6 STRAFORINI, Rafael. *No caminho das tropas*. Sorocaba, SP: TCM-Comunicações, 2001, p. 23.

áreas de matas, indo do rio Itararé ao rio Taquari. Estudando esse processo, Côrrea verificou que, no mesmo local, no século XIX, foi criado o aldeamento indígena de São João Batista do Rio Verde. Extinto o aldeamento em 1912, suas terras se tornaram devolutas, apossadas, griladas e, no local se estabeleceu o núcleo colonial "Barão de Antonina", finalizando, assim, o caminho de apropriação privada do que restava da Mata de Itapeva.[7]

A fronteira é assim representada por territórios considerados pouco adensados, de baixa fixação e itinerância de povos originais, aliada a migrações, seguidas por frentes econômicas e modernizantes do território, vendo um vazio a ser ocupado de forma rentável. Para Martins,[8] a diversidade de relações existentes em áreas de fronteira no Brasil envolve tempos históricos distintos que se encontram tendo em seu cerne a disputa de territórios. O autor analisa o avanço da fronteira como fenômeno de longa permanência no Brasil, se referindo à Amazônia como caso exemplar dessa marcha até os dias atuais, entendendo-o como conceito que une tempos distintos dialeticamente:

> O que há de sociologicamente mais relevante para caracterizar e definir a fronteira no Brasil é, justamente, a situação de conflito social. E esse é, certamente, o aspecto mais negligenciado entre os pesquisadores que têm tentado conceituá-la. Na minha interpretação, nesse conflito, a fronteira é essencialmente o lugar da alteridade. É isso o que faz dela uma realidade singular. À primeira vista é o lugar do encontro dos que por diferentes razões são diferentes entre si, como os índios de um lado e os civilizados de outro; como os

7 CORRÊA, Dora Shellard. Paisagens sobrepostas. Índios, posseiros e fazendeiros nas matas de Itapeva. Londrina, PR: Eduel, 2013, p. 13.

8 *Op. Cit*, p. 139

> grandes proprietários de terra, de um lado, e os camponeses pobres, de outro. Mas, o conflito faz com que a fronteira seja essencialmente, a um só tempo, um lugar de descoberta do outro e de desencontro. Não só o desencontro e o conflito decorrentes das diferentes concepções de vida e visões de mundo de cada um desses grupos humanos. O desencontro na fronteira é o desencontro de temporalidades históricas, pois cada um desses grupos está situado diversamente no tempo da História. Por isso, a fronteira tem sido cenário de encontros extremamente similares aos de Colombo com os índios da América: as narrativas das testemunhas de hoje, cinco séculos depois, nos falam das mesmas recíprocas visões e concepções do outro.[9]

Com o estabelecimento de Sorocaba e a criação do núcleo de Itapetininga, em 1770, sesmarias foram concedidas constituindo-se uma oligarquia dominante na vida econômica e política local no decorrer do século seguinte. O núcleo se sobreporá à população dominante de origem indígena, já existente na região; para lá também afluíram escravizados negros, trazendo desdobramentos importantes para a análise dos territórios quilombolas, que é o foco deste capítulo. Além de Itapetininga, ao longo do tempo, outros núcleos populacionais e vilas se desdobraram (*Quadro 01*) vindo a constituir os municípios atuais da Região Metropolitana de Sorocaba.

---

9 *Idem*, "O tempo da fronteira, retorno à controvérsia sobre o tempo histórico da frente de expansão e da frente pioneira". *Tempo Social.* Rev. Sociol. USP, S. Paulo (8): 25-70, maio de 1996, p. 27.

Quadro 01 - Evolução dos municípios, vilas e cidades na região de Sorocaba do séculos XVI ao Século XX

Núcleo--Mãe	Século XVI	Século XVII	Século XVIII	Século XIX	Século XX
São Paulo (1560)		Santana de Parnaíba (1625)			
		Itu (1654)	Porto Feliz (1797)		
			Piracicaba (1774-1776)		
		Jundiaí (1665)	Mogiguaçu (1769)		
			Campinas (1797)		
			Mogimirim (1769)		
			Atibaia (1769)		
		Sorocaba (1661)	Bragança (1797)		
			Apiaí (1771)		
			Itapeva (1769)		
			Itapetininga (1771)	Freguesia de Sara puí (1844)	Sarapuí (1937)
				Freguesia de Pilar do Sul (1877) Pertencendo a Sara puí	Distrito de Piedade (1934) – Pilar do Sul (1937)1
				Vila de Salto de Pirapora (1911)	Salto de Pirapora (1953)2
				Piedade (1840)	

Fonte: Extraído e alterado pelos autores a partir de BUENO, Beatriz. "Dilatação dos Confins: caminhos, vilas e cidades na formação da Capitania de São Paulo (1532-1822)". In: *Annals of Museu Paulista* vol. 17. nº. 2. july - Dec. 2009. p. 259.

1. Conforme o RTC da Fazenda Pilar[10], João Batista Ribeiro é conhecido como o fundador da cidade de Pilar. Contudo, foi a partir das doações terras feitas pelo Ten. Antônio de Almeida Leite que se deu início à formação de um povoado e à construção de uma capela, em 1877.

2. O atual município de Salto de Pirapora, onde o Cafundó está situado, pertencia até recentemente ao município de Sorocaba, ao longo do rio Sarapuí (pouco distante do Sarapuí). Com a transferência da fazenda de Joaquim Manoel de Oliveira do primeiro para o segundo. Sarapuí foi reincorporado ao município de Itapetininga, em 1934, e novamente elevado ao município, em 1937. Pilar foi separada de Sarapuí, em 1891.

A formação de Sorocaba se remete às descobertas de jazidas no Morro de Araçoiaba, em 1590, e o levantamento do pelourinho no Monte Serrath, em 1599. Baltazar Fernandes fixou-se em sua casa à beira do córrego Lageado, em 1654; com ele, pode-se dizer que se criou o povoado de Sorocaba. Fernandes solicitou a transferência do pelourinho para o local atual, em 1661, marcando a sua elevação à categoria de Vila de Nossa Senhora da Ponte de Sorocaba.[11]

Segundo o historiador Aluísio de Almeida12, Baltazar Fernandes e sua esposa, Isabel de Proença, foram para Sorocaba, nos anos de 1654 a 1661. Teriam levado cerca de 370 índios, três filhas solteiras e netos. Ainda indica o autor que: "Baltazar teria

---

10 Relatório Técnico Científico sobre os Remanescentes da Comunidade de Quilombo "Tenente Antônio de Almeida Leite" Fazenda Pilar/Pilar do Sul-SP, setembro, 2007. p. 20.

11 ALMEIDA, Aluísio de. Memória histórica de Sorocaba (I). *Revista de História, [S. l.]*, vol. 29, nº. 60, 1964, p. 340-341. Disponível em: <https://www.revistas.usp.br/revhistoria/article/view/123156>. Acesso em: 4 dez. 2022.

duas sesmarias em Sorocaba, a começar da ponte a de além-ponte, uma e outra de uma légua em quadra, nas duas margens".[12]

O trabalho escravo e a mestiçagem estavam ainda relacionados aos índios e o tupi seria a língua falada até os primeiros anos de 1700, sendo o trabalho das roças feito pelos índios e mamelucos. Para Almeida, o sertão recobriria ainda muitas terras a oeste de Sorocaba:

> Como se sabe que São Roque, contemporâneo de Sorocaba, continuou como freguesia pertencendo ao têrmo de Parnaíba, e como os limites tendem a conservar-se e os de Itú eram quase os atuais, temos a continuação das serras de São Francisco, Inhaiba e Piragibú com um pequeno avanço para o Apotribú, e a linha que desce ao Cajurú e sobe do divisor das águas com o Tietê no Avecuia, daí ao Sorocaba em Bacaetava. Tudo o mais era o sertão indeterminado a oeste e ao sul, desde a foz do Sorocaba no Tietê até os campos de Curitiba.[13]

Ao sertão se voltariam diversos interesses, envolvendo terras até o Paranapanema e próximas ao vale do Ribeira, como Apiaí. Nesse espaço Itapetininga, Botucatu, Faxina (Itapeva) e outras localidades, constituem parte da história da constituição da riqueza auferida nos séculos de desbravamento do interior paulista indicada pela literatura como processo composto de interesses contraditórios entre sociedades profundamente diversas,[14] mas, também, entrelaçadas em termos culturais. A interiorização e a busca de ouro

12 *Idem, p.* 345

13 Memória histórica sobre Sorocaba (II). *Revista de História, [S. l.],* vol. 30, nº. 61, 1965, p. 76 Disponível em: <https://www.revistas.usp.br/revhistoria/article/view/123305>. Acesso em: 4 dez. 2022, p. 76.

14 CORRÊA, Dora Shellard. *op cit.*

e metais preciosos foi perseguida, aliada ao apresamento indígena, como escravos, carregadores de mercadorias e produtos. A apropriação pelos bandeirantes do conhecimento de caminhos e trilhas dos indígenas permitiram o avanço pelas matas a partir de uma *cartografia indígena* desenvolvida sob a necessidade de enfrentar as contrariedades do meio. Segundo Sérgio Buarque de Holanda, em São Paulo como no restante do Brasil: "o primeiro progresso real sobre as velhas trilhas indígenas só foi definitivamente alcançado com a introdução em grande escala dos animais de transporte. Em São Paulo, particularmente, com as primeiras tropas de muares".[15]

Embora Sorocaba não tenha desenvolvido produtos para a exportação colonial no modelo *plantation*, articula-se aos eixos econômicos, principalmente, a partir da abertura da rota do Viamão a Sorocaba (fig. 2), resultando em novas possibilidades econômicas com a atividade tropeira e na intensificação da integração de escravos africanos à região. No século XVIII, a abertura do "Caminho do Sul" favoreceu o tráfego de mulas do Sul às feiras sorocabanas, coincidindo com as descobertas de ouro, no centro oeste:

> A descoberta das Gerais coincidiu com o aumento do trânsito no Caminho de Curitiba. Desde os primeiros anos do século, passavam por ele boiadas e tropas de muares, então adquiridas em Curitiba. Era comum também o trânsito de cavalos, produto que, em vista de sua raridade, era extremamente valorizado. O Caminho do Viamão partia de Viamão, passando por Lages, Lapa, Castro, Itapeva, Itapetininga, Sorocaba, freguesia de São Roque e São Paulo. nos territórios auríferos. Mas as principais estrelas desse comércio que começava a se estruturar eram os muares, criados extensiva-

15 HOLANDA, Sérgio Buarque de. *Caminhos e Fronteiras*. São Paulo: Companhia das Letras, 1994, p. 26.

> mente nas regiões dos atuais Uruguai e Argentina, de onde eram exportados para o Peru. Eram produtos especialmente valorizados, pois mais afeitos ao transporte de cargas do que os cavalos. O chamado Caminho do Viamão (Figura 8) ligava o Rio Grande a São Paulo, passando por Sorocaba, último ponto de invernada antes da penetração em mata profunda. A intensificação do trânsito condicionou o calçamento de parte do trajeto e o estabelecimento de registros, onde arrematadores cobravam impostos tanto sobre animais como sobre indivíduos.[16]

Contudo, segundo Belloto,[17] a abertura do Caminho Novo levaria ao despovoamento do sertão e à perda de autonomia da Capitania de São Paulo, que acabou por ser extinta em 1748[18], ficando subordinada ao Rio de Janeiro, enquanto Minas Gerais e, mais tarde, Mato Grosso e Goiás se converteriam em capitanias autônomas. Passados dezessete anos, o governo português restabeleceu a autonomia paulista em meio a estratégias geopolíticas

16 BUENO, *Op. cit.*, p. 23-24.

17 BELLOTTO, Heloísa Liberalli. *Autoridade e Conflito no Brasil Colonial: o Governo do Morgado de Mateus em São Paulo (1765-1775)*. São Paulo: Alameda, 2007.

18 Os documentos da capitania de São Paulo extinta são enviados ao Rio de Janeiro e ao governador da Praça de Santos, já que este mandatário militar e o vice-rei do Rio de Janeiro eram oficialmente seus novos administradores: *Em 1765, quando da restauração de São Paulo, o governador Luís Antônio de Sousa Botelho Mourão reuniu toda a documentação que foi possível arrecadar, e organizou o arquivo da Secretaria do Governo. Ele ficava no antigo colégio dos jesuítas, que fora adaptado para sediar o governo recém-restaurado.* (Em nome Del Rey. 250 anos do Governo Morgado de Mateus em São Paulo (1765-2015). Catálogo. GOVERNO DO ESTADO DE SÃO PAULO SECRETARIA DE GOVERNO Arquivo Público do Estado de São Paulo. São Paulo, abril de 2015. Disponível em: <http://200.144. 6. 120/exposicao_morgado/material_apoio/catalogo_morgado_de_mateus.pdf> Acesso em: 09 Jan 2022.

e militares para a defesa do sul da colônia. Em 1765, foi então nomeado para a restauração paulista, o capitão-general, Dom Luís Antônio de Sousa Botelho Mourão, o Morgado de Mateus.[19] Ele tomou posse na Câmara Municipal de São Paulo, em 6 de abril de 1766, com o objetivo de restaurar a capitania e combater os espanhóis.

A atuação do Morgado de Mateus se destacou pela criação de vilas em pontos estratégicos, como Itapetininga e Itapeva, pela organização dos documentos escritos importantes de governo, recenseamento da população e fomento da economia:

> Nesse processo, para formar tropas que defendessem o território era necessário mensurar a população da Capitania, o número de homens aptos para a guerra, o tamanho das vilas e povoados e a sua distribuição. Com esse objetivo, e seguindo determinações do Conselho Ultramarino, organizou-se o recenseamento para a Capitania de São Paulo, assim como para outras partes do império português. As Companhias de Ordenanças foram as responsáveis por executar, em São Paulo, o primeiro censo, datado de 1765.[20]

---

19 Um morgado era constituído por um conjunto de bens vinculados, inalienáveis, indivisíveis, que, por morte do possuidor, passava ao filho primogênito, que recebia o título de Morgado, acrescido do nome da Casa ou terras que lhe competiam. Cf. BELLOTTO, Heloísa Liberalli, *Op. cit.*, p. 45.

20 Através da ordem régia de 21 de outubro de 1797, da rainha Dona Maria I, foram introduzidos padrões rigorosos para realização dos recenseamentos. O principal deles era a obrigação de produzir sete mapas gerais de caráter demográfico, e cinco de caráter econômico. Estes conjuntos eram estruturados da seguinte forma: Mapas demográficos - eram produzidos cinco mapas, cada um para um segmento da população (brancos, pretos livres, pretos cativos, pardos livres e pardos cativos), que contabilizavam os habitantes por sexo, faixa etária e estado conjugal, sendo que o sexto mapa relacionava o número dos nascimentos, casamentos e óbitos do ano, separados por livres e cativos (as informações eram fornecidas pelos párocos das freguesias) e o sétimo quantificava os moradores segundo suas

É no governo do Morgado de Mateus que se fortalece a economia tropeira, contribuindo, também, para a sua ampliação a transferência da Corte Portuguesa, em 1808, para o Rio de Janeiro. Assim, o comércio de muares proporcionou não apenas a integração econômica do extremo sul, como também o meio pelo qual se auferiram riquezas na capitania paulista. A economia tropeira apresentava uma divisão espacial do trabalho, utilizando, tanto fazendas como invernadas, quanto para pousos de descanso e engorda dos animais, sendo que ao final de seu trajeto a venda era feita em Sorocaba (*Figura 01*).

ocupações; Mapas econômicos - contabilizavam produtos exportados e importados, preços correntes e produção. Além disso, nas vilas litorâneas, também era recenseado o movimento de embarcações e de produtos embarcados. (*Idem*, p. 20)

Fig. 01 - Mapa – Rota dos Tropeiros até Sorocaba[21]

Fonte: Mapa das rotas das tropas no sul do Brasil até Sorocaba (MONTEIRO, Rodrigo, 2013, p. 66)

21 MONTEIRO, Rodrigo Rocha. Territorialidade e Memória Tropeira em São Paulo: o caminho paulista da tropa. Tese (Doutorado em Geografia). Instituto de Geociências e Ciências Exatas. UNESP, Rio Claro, 2013. p. 66.

Como dito anteriormente, ao longo do trajeto de muares que eram trazidos do Sul a Sorocaba, núcleos, arraiais e vilas se originaram. Em face das necessidades da economia tropeira, muitos desses locais se tornaram paragens de repouso dos animais, como Itapeva e Itapetininga, Pilar do Sul e Sarapuí; não obstante se desenvolveram conflitos com os índios, negros e posseiros, pois sesmarias vão sendo concedidas e se espalham pelo território. O muar encontrado nos campos do sul acabou por substituir o transporte de mercadorias feito por índios e negros e gerou uma divisão territorial do trabalho no sistema de produção tropeirista: entre os gaúchos, pela criação de animais, os paranaenses, com o aluguel de campos para as invernadas e criatórios, e os paulistas na comercialização nas feiras realizadas em Sorocaba.[22] Segundo Straforini, os tropeiros transportavam o gado vacum, cavalar e muar, do lugar de criação para o de consumo, e do lugar de produção para os portos.

O tropeirismo incrementará um processo de acumulação capitalista nas mãos de uma camada proprietária de terras e de escravos de origem africana. Esses proprietários representavam setores importantes que dominavam, também, o comércio regional das chamadas "fazendas secas" (artigos diversos que compunham produtos não perecíveis), ampliando parte da produção de suas economias locais. Além disso, constituindo capital com a economia tropeira, a elite sorocabana foi favorecida por outras atividades rentáveis, tais como o controle dos registros de animais, em Sorocaba, ponto de passagem das tropas e espaço de realização das feiras de muares. Muitos desses proprietários enriquecidos vão também se tornar concedentes de créditos a

22 STRAFORINI, Rafael, *Op. cit.*, p. 24.

outras pessoas, sendo uma atividade alargada nesse período e aparecendo, muitas vezes, nos testamentos.[23]

A historiografia mostra a presença marcante de escravizados de origem africana substituindo a indígena na constituição da economia de muares, que se estabelece quando tropeiros realizam novos caminhos criados entre o Sul e Sorocaba. Segundo alguns autores, houve íntima ligação existente entre a comercialização dos muares, o tráfico e o uso de escravos.[24] Luna,[25] em seu trabalho, também, indica haver um razoável crescimento da quantidade de escravos negros durante a expansão da economia tropeira em Sorocaba.

Embora o açúcar tenha despertado o interesse da economia regional, Sorocaba não conseguiu concorrer com o oeste paulista na sua produção, pois suas terras eram de menor qualidade, se encontrando distribuídas em extensas áreas de campo. Mesmo assim, após 1820, quando da proibição do sistema da arrematação de impostos, muitos dos proprietários de terras buscaram vínculos com a produção açucareira. Todavia, segundo Bacellar não se encontrou dados que demonstrassem quantidades de engenho semelhantes aos presentes em outras regiões, como Itu, embora, Sorocaba, apresentasse um número elevado de escravos nas fazendas. O autor analisa que este fato poderia indicar que tal

---

23 BACELLAR, Carlos de Almeida. *Viver e sobreviver em uma Vila Colonial. Sorocaba - séculos XVIII e XIX*. São Paulo: Annablume/FAPESP, 2001.

24 CATELLI Jr., Roberto. *Poder local consolidação e revolta: Sorocaba - 1823/1842*. Dissertação (Mestrado em História Econômica) – Universidade de São Paulo, São Paulo, 1993

25 LUNA, Francisco Vidal. *Posse de Escravos em Sorocaba (1778-1836)*. Primeiro Seminário do Centenário da Abolição do Escravismo: Da Época Colonial à Situação do Negro na Atualidade. São Paulo, FEA/USP-IPE, 1986.

participação ocorria em outras atividades lucrativas, como as das tropas e a de comércio de gado:

> Em 1772, eram 10 os produtores de açúcar sorocabanos que possuíam 86 escravos, ou 9,3% do total do plantel da vila. Produziram, segundo a lista nominativa do mesmo ano, míseras arrobas de açúcar e 84 camadas de aguardentes, configurando mais uma atividade de engenhocas do que um engenho de porte. Em 1810, havia 18 senhores de engenho, possuidores de 400 escravos, ou 20,4% do total do plantel da vila. Passados 42 anos, a riqueza era mais evidente pela maior concentração de escravos e pela média de escravos possuídos, que subiu de 8,6 per capita para 22. Não obstante, a produção global desses engenhos permanecia diminuta: 1. 666 arrobas de açúcar e 272 canadas de aguardente.[26]

As atividades econômicas que se ampliam na região acabam por estender a fronteira econômica e a exigir mais escravos para realizarem a riqueza. É nesse sentido, também, que o sertão se destaca, não somente como lugar da expansão econômica e de terras, mas também onde escravos fugidos de Sorocaba se refugiavam, sendo ainda palco de contínuos ataques indígenas que procuraram reconstituir seus territórios.

O sertão parece ter exercido uma atração especial sobre os negros, livres ou foragidos, que aí buscavam a liberdade e se sentiam distantes do controle dos senhores e das autoridades de São Paulo, bem como de outras localidades mais antigas e mais policiadas. Devido à baixa densidade demográfica, associada aos campos naturais de Itapetininga e Itapeva, e à mobilidade que se associa ao comércio de animais, a região será espaço de escravos em fuga, de São

26 BACELLAR, *Op. cit.*, p. 122.

Paulo, Itu, Sorocaba, Porto Feliz, Tietê, e até mesmo do Rio Grande do Sul, por todo o resto do período escravista.[27]

Segundo Nogueira, desde 1700, chegam os primeiros escravos pretos a Itapetininga, vindo a igualar-se aos indígenas, em número, em 1740, para superá-los na segunda metade do século, antes mesmo de sua elevação à categoria de vila. O autor mostra que a violência da ocupação terá como contrapartida assassinatos de senhores por escravos, demonstrando que a resistência à escravidão é fundada como paradigma da sociedade que se constrói em Itapetininga, como demonstra o autor no século XIX:

> Em 1843 falece, assassinado por questões de terra, Américo Aires do Amaral, neto de Paulino Aires de Aguirre e bisneto de Salvador de Oliveira Leme (O "Sarutaiá"), que, no ano anterior, aderira, em Itapetininga, à revolução sorocabana. Américo era natural de Sorocaba, sendo filho legítimo do sargento-mor Américo Antônio Aires e de sua mulher, dona Francisca do Amaral Gurgel...É justamente na luta contra os posseiros e intrusos das terras que considera seu domínio, que Américo encontra a morte. Extensas como são as terras por êle deixadas, aos antigos posseiros, entre os quais já se contam alemães, chegados na leva de imigrantes de 1827, outros se juntarão, com o decorrer do tempo, assim como serão equiparados aos intrusos e como tal tratados os descendentes dos escravos que êle próprio contemplou em seu testamento.[28]

---

27 NOGUEIRA, Oracy. *Família e Comunidade (Um Estudo Sociológico de Itapetininga).* Rio de Janeiro: Inep/MEC/Centro Brasileiro de Pesquisas Educacionais, 1962.

28 NOGUEIRA, *Oracy, Op. cit.*, p. 76 e 77.

Os desdobramentos desses embates envolvendo ação de despejo contra moradores de favor da viúva e herdeiros de Américo Aires do Amaral seguem com a expulsão das comunidades negras da Capela Velha (Guareí), estas que tinham permanecido nas terras após a morte do senhor e tiveram que sair com a venda da fazenda:

> Os negros ficaram. Êles foram aconselhados a não sair. Tinham o apoio de Heliodoro Pinheiro, homem valente e sem instrução; de Francisco Ruivo, cunhado de Heliodoro, casado com sua irmã; de João Kern, cujo neto veio a ser o coronel Aníbal Castanho; e de Salvador Mineiro, homem revolucionário, que foi cabeça de revoltas em Taquari, na Capela Velha e no Boqueirão.[29]

Tendo perdido a causa, os negros tinham que sair, não saíram; foram, então, enviados oficiais de justiça, mas eles foram recebidos à bala: "O prêto Liberato esfaqueou um soldado, mas a faca resvalou e fincou na areia. O alferes atirou no prêto na cabeça. A preta Teresa deu uma foiçada na cabeça de um soldado".[30] Essa revolta termina com a fuga dos pretos, que sumiram, deixando as terras:

> Os soldados iam pondo fogo em tudo – chiqueiros, casas, tudo! Davam coices de carabina em tudo, matando uns pares deles (negros)! Eram tropas de linha de São Paulo. Corria boato que era dos pretos. Consta que esconderam os documentos para ganhar a demanda. O povo arrenegou. Os pretos tiveram um prejuízo louco! Paiol cheio de milho! Até capado gordo chegaram a queimar! Coisa horrorosa! Era uma doação feita para eles!

29 NOGUEIRA, Oracy, *Idem*, p. 81 e 82.

30 NOGUEIRA, Oracy, *Ibidem*, ps. 82-84.

A organização de quilombos durante a escravidão, conforme indicou Moura,[31] não foi algo esporádico, tendo esses movimentos existido em diversos locais. Assim, também, as autoridades itapetininganas procuravam sufocar as rebeliões utilizando de violência contra as sublevações e desconsiderando qualquer condição de acesso pré-existente à terra.

Consta ainda que, em 1893, na localidade chamada Boqueirão, um cidadão de Sorocaba, o Sr. Bento Loureiro, casado com descendente de Américo Aires do Amaral, realiza uma medição das terras, utilizando-a para a expulsão dos posseiros. Segundo Nogueira, apesar das sucessivas derrotas sofridas pelos posseiros, nas lutas contra os proprietários e os "grileiros", muitos se fixaram em condição de posse, tanto em Itapetininga, quanto na região circunvizinha.[32]

Destacamos a seguir que Boqueirão aparece como espaço de acontecimentos que vão definir ligações diretas com as famílias possuidoras de escravos, cujos herdeiros, no século XIX, efetuaram as doações de terras aos quilombos Fazenda Pilar e Cafundó.

Do Boqueirão ao Campolim: A constituição dos quilombos do Cafundó e Fazenda Pilar

A partir de documentos levantados em cartório pelo Sr. Deodato de Almeida Caetano[33], pudemos construir elos que ligam a fazenda Boqueirão aos territórios reivindicados pelo quilombo Fazendinha Pilar e Cafundó. Como não conseguimos obter a localização exata da fazenda, indicaremos apenas que ela se

31 MOURA, Clóvis. *Rebeliões da Senzala.* 3a. ed. São Paulo: Livraria Editora Ciências Humanas, 1981.

32 NOGUEIRA, Oracy Nogueira, *Op. cit.*, p. 85.

33 Líder mais velho do quilombo Fazenda Pilar, sendo considerado memória viva.

encontrava entre o antigo sertão, entre Botucatu e Itapetininga,[34] formando uma grande extensão de terras.

A sesmaria do Boqueirão foi concedida ao Capitão Antônio de Almeida Leite Penteado, na data de 12 de junho de 1815. Segundo o Repertório de Sesmarias, o capitão foi morador do local situado na então villa de Sorocaba, e sua extensão territorial alcançava: "Tres léguas de terras de testadas, no rumo de Itapetininga, na paragem chamada Boqueirão, principiando a testada da sesmaria do Capitão mor Fabiano de Madureira, rio Claro acima, até preenchê-la e o sertão da légua da parte de cima para o ribeirão Turvo e da parte de baixo para o rio Tietê".[35]

É possível dizer que as terras do Boqueirão foram divididas em várias propriedades destinadas, principalmente, a herdeiros. É o caso de Antônio de Almeida Leite e Salvador de Almeida Leite, irmãos proprietários de terras que foram doadas à Fazenda Pilar e a do Caxambu, respectivamente. Desse fato, acreditamos que a proximidade das terras de ambos teria favorecido, também, a interação intensa entre as famílias de escravizados, incluindo possíveis casamentos, pois, uma parte das terras do tenente se desdobraria na propriedade de José de Almeida Lara, a que viria a originar o quilombo - Fazendinha dos Pretos, que estava muito próximo

34 Ver: Repertório das Sesmarias. Secretaria de Estado da Cultura. Departamento de Museus e Arquivos. Divisão de Arquivo do Estado. Edição fac-similar. São Paulo, 1994, p. 32-33. PUPO, Trajano Carlos de Figueiredo; CIACCIA, Paulo Pinheiro Machado. As Primeiras Fazendas da Região de Botucatu. Edição Comemorativa aos 150 anos de Emancipação Político Administrativa (1855-2005) e 162 anos de Fundação de Botucatu (1843-2005). Mapa C1 (c1821). Disponível em: <http://www.historiadebotucatu.com.br/livros/primeirasFazendas/c/c1.htm> Acesso em: 11 mar. 2022.

35 Repertório de Sesmarias, *Op. cit.*, p. 33.

ao de Fazendinha Pilar. Neste mesmo local, o Capitão Jesuíno Cerqueira César, um sesmeiro vendeu terras a José Joaquim de Camargo, em 1874, territórios reivindicados hoje pelo quilombo dos Camargos. Sobre esse ponto, a reportagem com o ex-presidente da Associação Quilombola José Joaquim de Camargo, José Fernandes, revelou haver escritura de compra das terras, bem como indica também proximidades geográficas entre os quilombolas.[36] Para Andrade Filho, contudo, as primeiras divisões de terras do Boqueirão teriam permanecido em poder de proprietários da mesma família, e só depois foram se fragmentando nas compras e vendas para outras pessoas; dos dados anteriores e dos testamentos inferimos que as doações às comunidades foram realizadas pelas gerações mais próximas à abolição da escravidão.[37]

Segundo o RTC da Fazendinha Pilar, a localidade Fazenda dos Pretos teria sido território formado pelos escravos de Maria Vieira Santana, a esposa do tenente, a qual os libertou, em 1843. Nesse sentido, dois grupos distintos de escravos se formaram no bairro do Campo Grande. Um que se constituiu com a herança do tenente Almeida, o outro pela herança de sua esposa. Após a morte desta, as terras teriam entrado, posteriormente, no inventário do tenente.[38]

---

36 Família se espalhou e terras foram invadidas. 16/03/14 | Equipe Online - online@jcruzeiro.com.br. Disponível em: <https://www2.jornalcruzeiro.com.br/materia/536792/familia-se-espalhou-e-terras-foram-invadidas> Acesso em: 10 abr. 2022.

37 ANDRADE Filho, Sílvio Vieira de. *Um Estudo Sociolinguístico das Comunidades Negras do Cafundó, do antigo Caxambu e de seus arredores*. Sorocaba, SP: Gráfica e Editora Paratodos Ltda, 2000, p. 97.

38 RTC da Fazendinha Pilar, 2007, p. 36 a 38.

Boqueirão se apresenta, assim, como espaço onde a Fazendinha Pilar e Cafundó e outros territórios negros surgiram no mesmo período e na mesma localidade. Uma maior conclusão, contudo, dependerá de outras pesquisas e de estudos sobre a história da formação territorial regional que revelem mais detalhadamente esse processo. Todavia, essa hipótese no permitiu pensar que um extenso território negro se constituiu do Boqueirão até o atual Bairro Campolim, em Sorocaba conforme o croqui desenhado pelos Camargos que se encontra no capítulo 1. Poderíamos expressar essa extensão imaginada por uma cartografia da memória (Figura 02), que não corresponderia necessariamente ao que se tem definido pelos relatórios técnicos científicos como base para a regularização fundiária.

Mapa 01

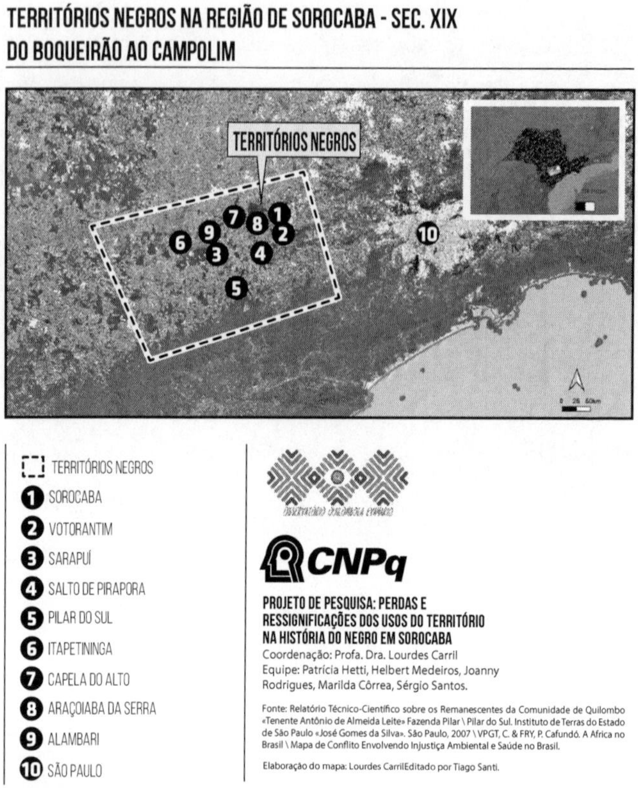

Fonte: Elaborado por Lourdes Carril e editado por Tiago Santi

Assim, as famílias ao constituírem sesmarias e escravizados, em Sorocaba, Itapetininga, Sarapuí, Salto de Pirapora, e Pilar do Sul, serão responsáveis, também, por produzir riquezas que se voltaram para outros setores econômicos no século XIX. Como veremos, cada vez mais elas foram integradas às forças econômicas que atuaram no sentido da fragmentação das terras, acarretando, inclusive, disputas entre herdeiros, bem como entre estes e escravos que recebiam terras dos donos em testamento, envolvendo troncos familiares, cujos casamentos e mortes, se desdobraram nas heranças das terras aos escravizados como veremos mais à frente (*Mapa 01).*

Mapa 02

TERRITÓRIOS DE SESMARIAS, DE COMPRAS, VENDAS E HERANÇAS NA REGIÃO DE SOROCABA - SÉCULOS XVIII - XIX

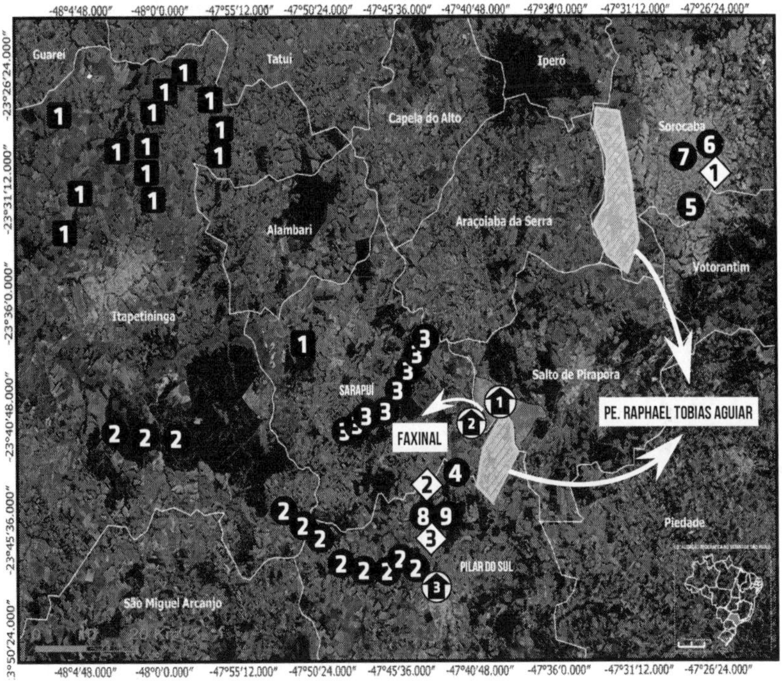

1 SESMARIAS SÉCULO XVIII

SESMARIAS SÉCULO XIX

- 2 FAZENDA DO BOQUIRÃO - AD. PELO CAPITÃO ANTÔNIO ALMEIDA LEITE - 1815
- 3 MANOEL FABIANO MADUREIRA
- 4 CLAUDIO MADUREIRA CALHEIROS
- 5 TERRAS NO BAIRRO ÁGUA VERMELHA AD. POR ANTÔNIO ALMEIDA LEITE - 1855
- 6 CASA À RUA DA PENHA (SOROCABA) AD. POR ANTÔNIO ALMEIDA LEITE - 1859
- 7 CASA À RUA GERTRUDES (SOROCABA) AD. POR ANTÔNIO ALMEIDA LEITE - 1859
- 8 TERRAS LAVRADAS, VENDIDAS POR POR ANTÔNIO ALMEIDA LEITE - 1860
- 9 PROPRIEDADE DE 500 BRAÇAS QUADRADAS É VENDIDA NO BAIRRO PILAR A FAMILIARES DE ANTÔNIO ALMEIDA LEITE

TERRAS HERDADAS

- 5 CHÁCARA NO BAIRRO ÁGUA VERMELHA - SOROCABA HERD. POR BÁRBARA M. DO ESPIRITO SANTO -1860
- ◇1 TERRAS NO JD. PAULISTANO - SOROCABA - HERD. POR JOÃO CAMARGO (IGREJA DO BOM JESUS DO BOMFIM DAS ÁGUAS VERMELHAS CAPELA DE JOÃO DE CAMARGO) DE SUA SENHORA EMÍLIA MARIA BARROS
- ◇2 CAPUAVINHA - INVENTÁRIO DE JOSÉ DE ALMEIDA LARA E MANOELA DE ALMEIDA - 1878
- ◇3 FAZENDA JOÃO RODRIGUES, DE PROP. DE D. EMÍLIA MARIA BARROS (EX-ESCRAVO JOÃO DE CAMARGO)

OUTROS ATRIBUTOS

- 1 QUILOMBO CAFUNDÓ
- 2 MONTE CAXAMBU
- 3 FAZENDINHA PILAR DO SUL

CNPq

PROJETO DE PESQUISA: PERDAS E RESSIGNIFICAÇÕES DOS USOS DO TERRITÓRIO NA HISTÓRIA DO NEGRO EM SOROCABA
Coordenação: Profa. Dra. Lourdes Carril
Equipe: Patrícia Hetti, Helbert Medeiros, Joanny Rodrigues, Marilda Côrrea, Sérgio Santos.

Fonte: Relatório Técnico-Científico sobre os Remanescentes da Comunidade de Quilombo «Tenente Antônio de Almeida Leite» Fazenda Pilar \ Pilar do Sul. Instituto de Terras do Estado de São Paulo «José Gomes da Silva». São Paulo, 2007 \ VPGT, C. & FRY, P. Cafundó. A Africa no Brasil \ Mapa de Conflito Envolvendo Injustiça Ambiental e Saúde no Brasil.

Projeto Geografia Afrobrasileira (Projeto GEOAFRO)-CIGA-UnB. Produção Cartográfica: Geog: Mateus Jesus. Editado por Tiago Santi. Brasília - Distrito Federal - Brasil. 2021.

Fonte: ANJOS, R.S.A. Quilombos: Geografia Africana - Cartografia Étnica – Territórios Tradicionais. Mapas Editora & Consultoria, Brasília, 2010 \ ANJOS, R.S.A. Boletim Paulista de Geografia, 2021

Segundo Nogueira,[39] as sesmarias começam a ser distribuídas em Itapetininga, próximo ao ano de 1726, sendo que "Até 1820, cerca de 230 concessões se efetuam, a maior parte datando, porém, do último quartel do século XVIII", havendo um declínio das concessões no final do século. A chegada dos tropeiros torna a vila de Sorocaba sede de estabelecimentos rurais cujos proprietários se tornam negociantes ou invernistas de animais, e em menor escala, criadores de animais. No *Mapa 01*, anteriormente, é possível visualizar algumas sesmarias que englobam, entre outras, as terras das famílias ligadas a Salvador de Oliveira Leme e Mathias de Madureira Calheiros. A partir das heranças feitas por esses sesmeiros aos seus descendentes, se constituem outras propriedades, como as de Cláudio Madureira Calheiros e Salvador de Oliveira (Figuras 03), personagens que nos auxiliam para o esquadrinhamento da malha fundiária e familiar do período.

Figuras. 03.

Mathias de Madureira Calheiros (1690-1739) x Gertrudes de Almeida

Cap. José Pires de Almeida (1730-1810) x Izabel Maria de Madureira (1734-1810)	Antonio de Madureira Calheiros x Izabel Maria do Espírito Santo	Thomásia de Almeida	Maria de Madureira	Cláudio de Madureira Calheiros x Ângela de Siqueira Aranha	Gertrudes de Almeida Madureira	Gregório Dias de Madureira	Hieronyma de Almeida	Ignacio Ferraz lemos x Gertrudes Maria de Camargo

Antônio de Almeida Leite Penteado x Antônia de Almeida Pedroso	Ten. Francisco de Paula Penteado (1768-1833) x Maria Magdalena de Camargo	José Pires de Arruda	Manoel Pires de Arruda	Maria Pires de Arruda	Anna Pires de Arruda	Francisca Pires de Arruda	Isabel Pires de Arruda	Manoela Pires de Arruda	João Pires de Arruda

Fonte: Elaborada pelos autores.

O Cap. Antônio de Almeida Leite Penteado e o Ten. Francisco de Paula Penteado são filhos do Cap. José Pires de Almeida (1730-1810) e Izabel Maria de Madureira (1737-

39 Nogueira, Oracy. *op cit.*, p. 73.

1810). Ele se casou, em 1804, com Antônia de Almeida Pedrozo (filha de João de Almeida Pedroso e Isabel Caetana do Pilar). Seu cunhado, José de Almeida Pedroso, adquiriu terras próximas ao Córrego Faxinal,[40] localidade que pode ser encontrada no *Mapa 01*. Próximo às terras morava também o seu tio, Cláudio de Madureira Calheiros, citado por Bacellar[41] como exemplo de grande negociante de animais. Tendo duas fazendas de criação de equinos e bovinos em Itapetininga e Itapeva (Faxina), comerciante de fazenda seca, possuía ainda um sítio onde produzia açúcar e aguardente, com 32 escravos.[42]

Salvador de Oliveira Leme, "O Sarutaiá", é um personagem importante no processo formador de riquezas. Já viúvo, casou-se com Anna Maria do Rosário Leme. Falecido no dia 5 de julho de 1802, foi sepultado na Capela de Nossa Senhora do Rosário dos Homens Pretos, em Sorocaba. Do casamento nasceram cerca de 5 filhos, mas, para nossos interesses, destacamos sua filha, Anna Maria de Oliveira Leme,[43] e seu marido, o Tenente Coronel Paulino Ayres de Aguirre. A filha deste casal, de nome Maria Perpétua Ayres, veio a se casar com o seu primo-irmão, Antônio de Oliveira Prestes.[44] O importante

40 VOGT, Carlos; FRY, Peter. *Cafundó*. A África no Brasil. São Paulo: Companhia das Letras, 1996, p. 55.

41 BACELLAR, Carlos de Almeida Prado, 2000, *Op. cit.*, p. 100.

42 LEME, Luiz Gonzaga da Silva. Genealogia Paulistana. Título Botelhos. Parte IV. São Paulo: Casa Duprat, 1903, p. 136. Disponível em: < http://www.arvore.net.br/paulistana/ABotelhos_4.htm> Acesso em: 28 mar. 2025.

43 Ver: Genealogia Itapetiningana. José Luiz Nogueira. Disponível em; http://jlnogueira.no.comunidades.net/genealogia-itapetiningana Acesso em: 07 dez 2022.

44 Genealogia Itapetiningana. *Op. cit.* Disponível em: <http://jlnogueira.no.comunidades.net/paulino-ayres-de-aguirre> Acesso em: 18 fev. 2023.

é que este último casal nasceu Joaquim Manoel de Oliveira (o doador das terras ao Quilombo do Cafundó), conforme *Figura 04*, abaixo:

Fig. 04.

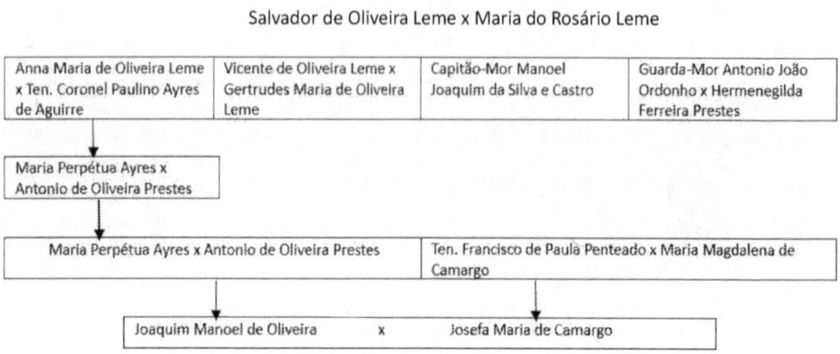

Fonte: Elaborada pelos autores.

Do rol de famílias abastadas, surge um nome importante que nos leva ao quilombo Fazenda Pilar: o Alferes Pedro de Almeida Lara, pai de Salvador de Almeida Leite e o Ten. Antônio de Almeida Leite.[45] Ele se casou com Josefa de Barcelos Leite, em 1786, filha de fazendeiros de gado em Itapetininga.[46] Nascem deste casamento 12 filhos, entre eles Antônio de Almeida Leite, que herda em testamento os escravos: Zeferino, Rita, Antônio da Nação, Rosa de Nação, Bento, Francisca e Catarina. O Alferes Pedro de Almeida Lara (*Figura 05*) deixou

---

45 Que deixou as terras ao Quilombo Fazenda de Pilar, no seu testamento em 02/09/1869, conforme o blog do quilombo. Ver: "Quilombo do Pilar. A verdadeira história do quilombo de Pilar do Sul", 10 de dezembro de 2012. Disponível em: <http://quilombodopilar.blogspot.com/2012/> Acesso em: 07 dez. 2022.

46 Ver o Blog *Caminhos do Sertão*, de Luiz Antônio de Proença. Disponível em: <http://caminhodosul.blogspot.com/2011/12/tenente-antonio-de-almeida-leite.html> Acesso em: 18 fev 2023.

também para o tenente e seus irmãos sítio e terras no Bairro Sarapuí, divisa com as propriedades de Manoel Paulino, das terras de Joaquim Manoel de Oliveira, do Mosteiros S. Bento, Bento José da Silva, do cap. Vicente Ferreira da Silva, Luiz Camargo de Barros e José Paes, em 26/03/1856.

Fig. 05.

Alferes Pedro de Almeida Lara x Josefa de Barcelos Leite

Antonio de Almeida Leite (1786-1843) x Maria Vieira de Santana (1790-)	Francisco Lara (1798)	João de Almeida Leite	João de Almeida (1802), segundas núpcias com Manoela de Almeida	Salvador de Almeida Leite (1804-1879)	Gertrudes de Almeida Leite	Salvador Lara (1806)	Manoel de Almeida Leite	Joaquim Lara (1808)	Francisco de Almeida Leite	Luzia Leite de Almeida (1as. núpcias com Joaquim Camargo Leite e 2ª. com Pedro de Oliveira Leite Leme

Elaborada pelos autores.

O tenente Antônio de Almeida Leite vendeu suas terras da Fazenda Pilar, distrito e freguesia de N. Sra. das Dores de Sarapuí, a José de Almeida Lara, seu irmão.[47] Em 25/05/1855, o tenente adquire uma propriedade no bairro Água Vermelha, em Sorocaba, do capitão Joaquim Manoel Pedroso.[48] Ele se casou com Maria Vieira de Santana (filha de Bento Vieira de Brito e Ana Francisca).[49]

Segundo o RTC da Fazenda Pilar[50], o casal foi morar na Fazenda Pilar, entre 1815 e 1842, que foi comprada do tenente-coronel Bento Gonçalves de Oliveira, morador de Sorocaba.

47 Segundo o *Livro de Notas* 01, fls. 30-v, de Sarapuí (1860), 1º Cartório de Notas de Itapetininga. Ver: http://caminhodosul.blogspot.com/2011/12/tenente-antonio-de-almeida-leite.html.

48 Livro de Notas 01, fls. 30-v, de Sarapuí (1860). Ver Blog do Quilombo Fazenda Pilar. Disponível em: <http://quilombodopilar.blogspot.com/2012/> Acesso em: 18 fev. 2023.

49 VOGT, Carlos; FRY, Peter. *Op. cit.*

50 RTC da Fazenda Pilar, *Op. cit.*, p. 18, 19.

Ao ficar viúvo, em 1843, ele herdou terras e alguns escravos de sua falecida esposa, conforme testamento ditado em 1842, mais o sítio do Pilar, então, termo da Vila de Itapetininga, comarca de Itu, além de móveis e objetos do sítio (espingarda, rosário de ouro, esporas de prata, forno de ferro), animais, e cartas de alforria a todos os escravos mencionados no testamento. O casal não tinha filhos.

O testamento do Tenente Antônio de Almeida Leite data do ano de 20/01/1866, embora tenha falecido apenas em 01/12/1870.

> Deixa a fazenda do Pilar, situada na freguesia de Sara pui, município de Itapetininga, para seus escravos, tendo que obedecerem as seguintes recomendações, os que casarem fora da Fazenda nada terão. Os escravos não poderão vende-la, pois esta e para eles criarem os seus filhos e netos. Deixa-lhes também algumas criações. O testamenteiro vendera uma parte da fazenda para custeio das despesas cartoriais e os escravos deverão receber livre a Fazenda. No testamento, ele aproveita também e da liberdade aos seus escravos, que são os seguintes; Rita, Lourenço, Eva, Cristina, Olímpia com sua filha, Francisca, Veríssimo, Salvador, Manoel, Manuel, Isidoro, Francisco, Antonio, Procópio, Catarina, Ana e Tereza, Francisco Vieira nada terá na Fazenda.[51]

No testamento, aparecem ainda terras localizadas no Bairro da Água Vermelha, que são deixadas para a sua sobrinha, Bárbara Maria do Espírito Santo.[52] Essa área, provavel-

51 Livro de Notas 03, da extinta comarca de Sarapuí. Blog da Fazenda Pilar, 2012. *Op. cit.*

52 Conforme o documento pesquisado no Blog de Pilar do Sul onde estão publicados diversos documentos históricos, inclusive, o próprio testamento do Ten.

mente, tem alguma ligação com a Capela de João de Camargo – A Capela do Bom Senhor Bonfim da Água Vermelha (ou somente da Água Vermelha, nome contíguo e como era chamado o atual Bairro Vergueiro [53], conforme citado no capítulo 3.

Em entrevista, o Sr. Deodato Caetano[54] nos diz que as terras da Chácara da Água Vermelha ficaram com Salvador de Almeida Leite, após 1870. Contudo, consta a passagem dessa propriedade, no testamento do Tenente, ao marido da Sra. Bárbara Maria, no ano de 1875, o que também pode ser vinculado às terras de João de Camargo, pois, possivelmente está ligado à família do quilombo dos Camargos (ver mapa 2). Entre as diversas pesquisas sobre a vida dele se encontra o fato de pertencer como escravo do Sr. Luís de Camargo de Barros, na Fazenda dos Camargo de Barros, localizada no Cocais.[55] Esta localidade, assim, parece estar ligada ao ribeirão de Cocais, próxima aos demais territórios quilombolas.

Antônio de Almeida Leite.

53 Ver site da Capela Senhor do Bonfim de João de Camargo: <http://www.joaodecamargo.com.br/> Acesso: em 04 de jun. 2022.

54 Entrevista realizada com o Sr. Deodato Caetano e Marcos Caetano, *online*, em 04/02/21, às 15h50.

55 A localidade aparece como quilombo próximo a outros, em alguns momentos: Fazendinha dos Pretos, Cafundó, Fazenda Pilar, Carmo São Roque e Cocais. Ver: http://mapadeconflitos.ensp.fiocruz.br/conflito/sp-quilombolas-descendentes-de-jose-joaquim-de-camargo-lutam-para-garantir-o-direito-a-posse-de-suas-terras/. Provavelmente, via narrativa do Sr. Avelino (ex-presidente da Associação Afro-brasileira de Salto de Pirapora: "Para enfrentar os desafios históricos de luta por uma vida digna, os descendentes de José Joaquim de Camargo fundaram a Associação Afro-Brasileira abrangendo todas as comunidades Camargo: Fazendinha dos Pretos, Cafundó, Fazenda Pilar, Carmo São Roque e Cocais".

O mapa mostra, também, a proximidade geográfica entre as fazendas dos doadores da Fazendinha Pilar, as terras do Quilombo do Cafundó, Caxambu e a Fazenda Pilar. Um aspecto interessante nos relatos do Sr. Deodato foi o de que as terras do tenente Almeida Leite eram extensas, e chegavam até os limites da Fazenda de Joaquim de Oliveira, proprietário e doador de terras no Cafundó. Observamos também que em terras próximas à localidade do Boqueirão, como Cocais, que juntamente à Fazenda Pilar, Caxambu e Cafundó, se encontram no mesmo perímetro.

Consta que o Tenente Antônio de Almeida Leite, através de seu procurador Antônio Bueno de Camargo, vende terras lavradias da Fazenda do Pilar, distrito e freguesia de *Nossa Senhora das Dores de Sara pui*, pelo valor de 250$000. O adquirente foi José de Almeida Lara, conforme os documentos. Em 26/02/1862, José de Almeida Lara, tio do tenente, comprou terras (aproximadamente 2000 alqueires). Em 1868, o Ten. Almeida Leite vendeu mais 600 alqueires para seu sobrinho, José Rodrigues de Paula, casado com Benedita Maria de Almeida. Outras doações após a morte do tenente foram feitas à Igreja do Bonfim e à cidade de Pilar do Sul, sendo por isso considerado seu fundador. Além disso, deixou a familiares as casas que aparecem no *Mapa 1*, na Rua da Penha e na Rua Santa Gertrudes, localizadas na cidade de Sorocaba, além de uma terra lavradia próxima ao seu sítio onde morava.[56] Ele deixa terras a seus escravo: Calixto de Almeida, que se casou Maltires; Matheus de Almeida Leite e Cristina de Almeida Leite, tendo como filho Manoel Paulo

56 No livro 04, folhas 23 da extinta comarca de Sarapuí. Ver: Blog da Fazenda Pilar, *Op. cit.*

de Almeida; Antônio de Almeida, Ana de Almeida, Teresa de Almeida, Manoel de Almeida, Rita, Eva de Almeida casada com Lourenço de Almeida, Salvador de Almeida, Antônio de Almeida, Veríssimo de Almeida e Francisco de Almeida.

Segundo Nogueira,[57] Rodrigues e Benedita Maria tiveram 2 filhos: Antônio Rodrigues de Paula e Rosalina Maria de Almeida (1920-2001). Rosalina casou-se com Adelino Adão Caetano (1919-1990), sendo estes os pais do Sr. Antônio Deodato Caetano. Antônio Francisco de Paula casou-se com Maria Francisca de Almeida, nascendo: Percília Maria de Paula Almeida, que se casou com Joaquim Gomes Vieira, os pais de D. Rosalina. Os pais do Sr. Adelino: Nicolau Adão Deodato e Maria Madalena de Proença. Segundo o Sr. Deodato Caetano, as terras do tenente têm relação com José Rodrigues de Paula, que seria avô de José Guilherme de Paula, pai de José Jordão de Paula, este casado com Julieta Batista Jordão, sendo sobrinho do tenente Almeida.

O Sr. Deodato Caetano Almeida nos confirma que é filho de Adelino Adão Caetano e Rosalina Maria de Almeida (casados em 18/11/1938). O Sr. Adelino é filho de Nicolau Adão Caetano e Maria Madalena Vieira, [58]mas segundo o Sr. Deodato, o nome dela seria Maria Madalena de Proença. Adelino e Rosalina tiveram os Deodato de Almeida Caetano, Maria Madalena Caetano de Paula, Fernando José de Almeida Caetano, Dolores de Almeida Caetano, que se casou com Enoc Amâncio da Silva, João Wanderley de Almeida Caetano, Cecília de Almeida Caetano e Pedro Climério Vieira.

---

57 NOGUEIRA, Oracy, *Op. cit.*

58 NOGUEIRA, Oracy, *idem.*

Fig. 06.

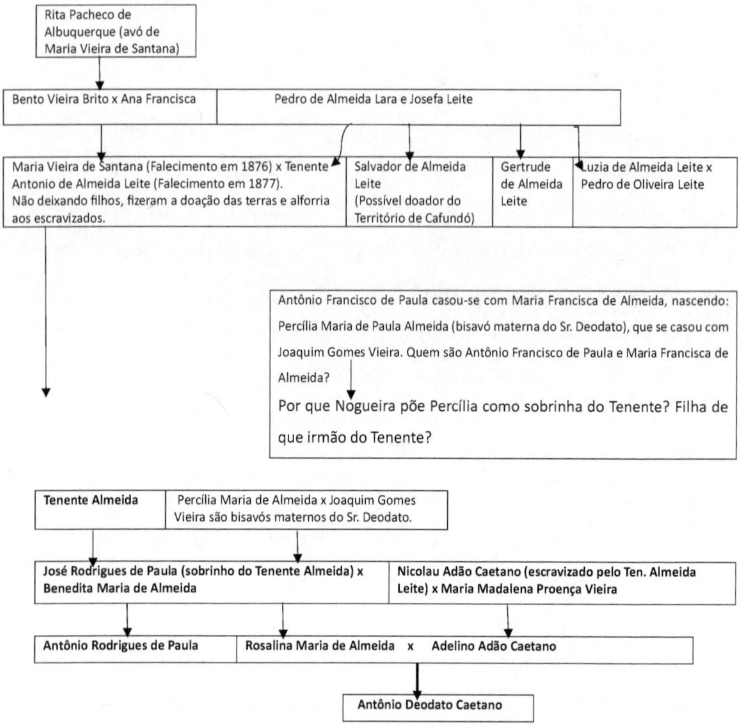

Elaborada pelos autores.

Sobre o quilombo do Cafundó, consta o casamento de Joaquim Manoel de Oliveira com Dona Josefa Maria de Camargo, filha do Ten. Francisco de Paula Penteado e Maria Magdalena de Camargo. Portanto, o pai de D. Josefa era irmão do Capitão Antônio de Almeida Leite Penteado, o que o torna tio de Dona José Maria de Camargo. Aqui, conseguimos evidenciar ligações familiares a que aludimos anteriormente, as quais se relacionam às terras futuramente conquistadas pelos quilombolas.

D. Josefa, também, deixa um inventário após a sua morte, em 1876, para o marido, em que lhe deixa os escravos: Joaquim Congo, Ricarda e seus filhos pequenos, Maria Márcia e Faustina. Outros ficaram com herdeiros diferentes, pois o casal não teve filhos. Ignacio (12 anos) foi recebido por João Manoel de Oliveira e Antônia, por Leopoldina Ayes de Oliveira e seu marido, Joaquim Leme de Campos (filha e genro da falecida). Quando do falecimento de Joaquim Manuel de Oliveira, um ano após ao da sua mulher, em 1877, o casal, Joaquim e Ricarda, passou para o rol de propriedade de José Manuel de Oliveira.Vogt e Fry obtiveram em suas pesquisas por meio de narrativa da comunidade (Dita Pires) que a escravizada, Antônia, fora levada por Leopoldina quando de seu casamento com Joaquim Leme, sucedendo-se que este teve com Antônia 2 filhos, relatos que levaram os autores à hipótese de que o doador das terras seria Joaquim Leme ou mesmo Joaquim Manoel de Oliveira. Antônia e Ignacio receberam sua liberdade de Joaquim Leme 3 meses antes da abolição. Nesse momento, 460 escravos foram alforriados por vários senhores. Em 1855, Joaquim e Ricarda se casaram.[59]

Segundo Vogt e Fry, a comunidade não estaria nas terras herdadas por Joaquim e seus irmãos, sendo ainda pouco provável que estivessem no sítio de moradia de Joaquim Leme, na "barra", em 1881. Os autores sugerem que os antigos proprietários da terra do Cafundó parecem ter sido herdeiros de Pedro de Almeida Lara com base em história contada pela comunidade de que "Joaquim Congo teria trocado a terra recebida de seu senhor por aquela do Cafundó, que

59 VOGT, Carlos; FRY, Peter, *Op. cit.* p. 42-50.

fora herdada por uma tal de Maria de *Almeida*".[60] Localizado ao lado de Cafundó encontrava-se o extinto quilombo de Caxambu, cuja doação fora ao escravizado por Salvador de Almeida Leite, irmão do Ten. Antônio de Almeida Leite, ambos, filhos de Pedro de Almeida Lara. A história da doação das terras do Caxambu é contada por Emiliano (antigo membro da comunidade) a Vogt & Fry e confirmada pelos autores conforme a leitura do testamento de Salvador de Almeida Leite, que consta no Cartório do Primeiro Ofício Cível da Cidade de Sorocaba). Salvador deixa as terras e a liberdade aos escravos sob a condição de não a vender, nem alienar o sítio e as terras, nem lhes serem tiradas por dívida, podendo ser arrendadas, depois de subdividido o sítio (outro ponto em comum com os demais territórios que, também, receberam as terras de forma condicionada).

Fig. 07.

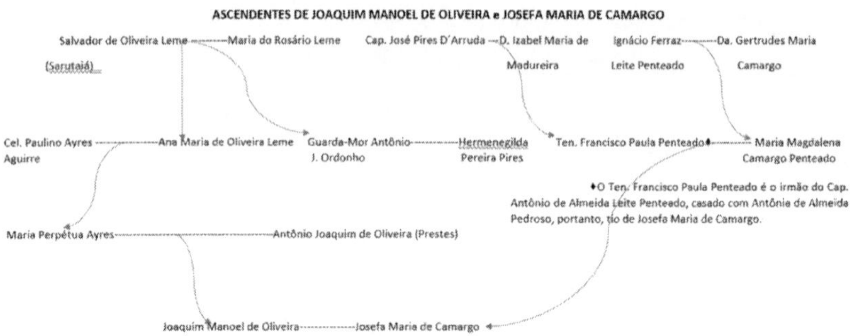

Elaborada pelos autores.

60 VOGT, Carlos; FRY, *idem*, p. 54.

Vogt e Fry[61] analisaram que, apesar de haver uma linha genealógica ligando a doação a duas irmãs, Antônia e Efigênia, escravas de Joaquim Manoel de Oliveira, a comunidade, possivelmente, fez uma troca das terras no passado, entre Ricarda e Rafael Teixeira (casado com Maria de Almeida). Este teria comprado terras no local chamado Faxinal, que aparece no *Mapa 2*, localizado entre o Monte Caxambu e o Cafundó, e barganhado com o avô (Joaquim Manoel de Oliveira ou Joaquim Congo), marido de Ricarda; Joaquim Congo e Ricarda tiveram duas filhas: Antônia e Efigênia, herdeiras das terras.[62]

Fig. 08.

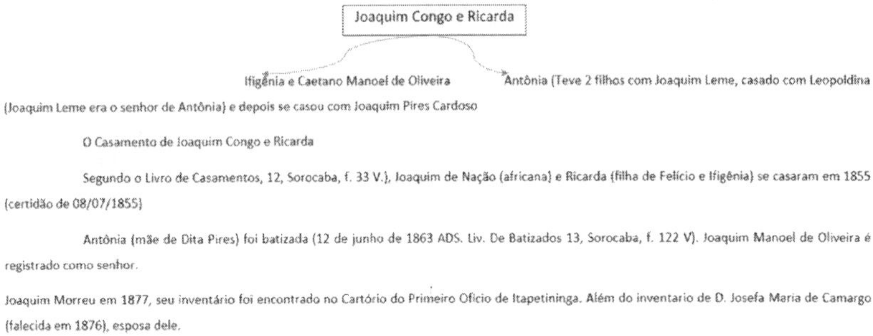

Elaborada pelos autores.

61 VOGT, carlos; FRY, Peter, *Op. cit*.

62 A história da doação das terras foi confirmada pelos testamentos registrados no Cartório do Primeiro Ofício Cível da Cidade de Sorocaba, por Joaquim Manoel de Oliveira e Salvador de Almeida Leite, conforme documento publicado no Blog do Quilombo do Pilar, de 06 de abril de 2013. Disponível em: <http://quilombodopilar.blogspot.com/2013/04/relatorio.html> Acesso em: 04 dez 2022.

Mapa 03

TERRITÓRIOS DE SESMARIAS, DE COMPRAS, VENDAS E HERANÇAS NA REGIÃO DE SOROCABA - SÉCULOS XVIII - XIX

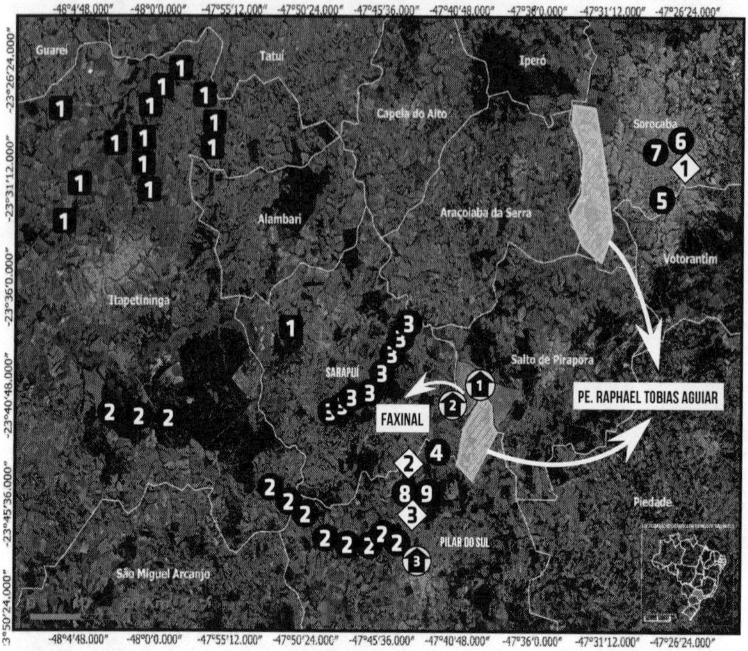

1 SESMARIAS SÉCULO XVIII

SESMARIAS SÉCULO XIX

- 2 FAZENDA DO BOQUIRÃO - AD. PELO CAPITÃO ANTÔNIO ALMEIDA LEITE - 1815
- 3 MANOEL FABIANO MADUREIRA
- 4 CLAUDIO MADUREIRA CALHEIROS
- 5 TERRAS NO BAIRRO ÁGUA VERMELHA AD. POR ANTÔNIO ALMEIDA LEITE - 1855
- 6 CASA À RUA DA PENHA (SOROCABA) AD. POR ANTÔNIO ALMEIDA LEITE - 1859
- 7 CASA À RUA GERTRUDES (SOROCABA) AD. POR ANTÔNIO ALMEIDA LEITE - 1859
- 8 TERRAS LAVRADAS, VENDIDAS POR POR ANTÔNIO ALMEIDA LEITE - 1860
- 9 PROPRIEDADE DE 500 BRAÇAS QUADRADAS É VENDIDA NO BAIRRO PILAR A FAMILIARES DE ANTÔNIO ALMEIDA LEITE

TERRAS HERDADAS

- 5 CHÁCARA NO BAIRRO ÁGUA VERMELHA - SOROCABA HERD. POR BÁRBARA M. DO ESPIRITO SANTO - 1860
- 1 TERRAS NO JD. PAULISTANO - SOROCABA - HERD. POR JOÃO CAMARGO (IGREJA DO BOM JESUS DO BOMFIM DAS ÁGUAS VERMELHAS CAPELA DE JOÃO DE CAMARGO) DE SUA SENHORA EMÍLIA MARIA BARROS
- 2 CAPUAVINHA - INVENTÁRIO DE JOSÉ DE ALMEIDA LARA E MANOELA DE ALMEIDA - 1878
- 3 FAZENDA JOÃO RODRIGUES, DE PROP. DE D. EMÍLIA MARIA BARROS (EX-ESCRAVO JOÃO DE CAMARGO)

OUTROS ATRIBUTOS

- 1 QUILOMBO CAFUNDÓ
- 2 MONTE CAXAMBU
- 3 FAZENDINHA PILAR DO SUL

Fonte: Relatório Técnico-Científico sobre os Remanescentes da Comunidade de Quilombo «Tenente Antônio de Almeida Leite» Fazenda Pilar \ Pilar do Sul. Instituto de Terras do Estado de São Paulo «José Gomes da Silva». São Paulo, 2007 \ VPGT, C. & FRY, P. Cafundó. A Africa no Brasil \ Mapa de Conflito Envolvendo Injustiça Ambiental e Saúde no Brasil.

Projeto Geografia Afrobrasileira (Projeto GEOAFRO)-CIGA-UnB. Produção Cartográfica: Geog: Mateus Jesus. Editado por Tiago Santi. Brasília - Distrito Federal - Brasil. 2021.

CNPq

PROJETO DE PESQUISA: PERDAS E RESSIGNIFICAÇÕES DOS USOS DO TERRITÓRIO NA HISTÓRIA DO NEGRO EM SOROCABA
Coordenação: Profa. Dra. Lourdes Carril
Equipe: Patrícia Hetti, Helbert Medeiros, Joanny Rodrigues, Marilda Côrrea, Sérgio Santos.

Fonte: ANJOS, R.S.A. Quilombos: Geografia Africana - Cartografia Étnica – Territórios Tradicionais. Mapas Editora & Consultoria, Brasília, 2010 \ ANJOS, R.S.A. Boletim Paulista de Geografia, 2021

O processo de constituição dos quilombos contemporâneos, necessariamente, nos leva a buscar compreender, a seguir, a dinâmica econômica colonial que propiciou a formação de riquezas pelas elites proprietárias de sesmarias e escravos nos séculos seguintes, pois com a abolição e a modernização regional, configuraram-se desafios para as titulações das terras e à autonomia das comunidades, numa etapa do avanço da urbanização pressionando ainda mais os territórios quilombolas.

Economia, Terra e Abolição

Mecanismos de manutenção dos bens patrimoniais nas famílias parecem estar regularmente presentes no universo social dos séculos passados, em Sorocaba. Assim, heranças, casamentos endogâmicos, vendas de partes das terras a familiares, poderiam bem se vincular ao regime patrimonial que se constituiu no país. Em suas investigações sobre a formação das famílias do Oeste Paulista, Bacellar[63] analisa que o matrimônio poderia expressar os comportamentos, compromissos e valores da sociedade. Na decisão de se casar, os indivíduos precisavam levar em conta os fatores relacionados a bens, patrimônios, status social e privilégios e não apenas os sentimentos e as relações de convivência. Neste trabalho, foi possível verificar a realização de casamentos inter e intra familiares, heranças e processos de fragmentação de terras a fim de contemplar as famílias. Muitas das vendas e transferências de propriedades ocorreram no seu interior. Poderiam as doações e a consequente alforria aos escravizados das famílias do Cafundó e Fazenda Pilar, na região

63 BACELLAR, Carlos de Almeida Prado. *Os senhores da terra*: família e sistema sucessório entre os senhores de engenho do Oeste paulista, 1765-1855. Campinas: CMU UNICAMP, 1997, p. 60.

estudada, ser analisadas a partir dessas práticas? Preservar a terra para uso futuro, sobretudo, próximo à abolição estaria nesse horizonte? O não reconhecimento pelo Estado de certidões de doações facilmente encontradas nos cartórios da região fortaleceria essa hipótese? Essas e outras indagações não serão tratadas aqui, pois dependem de mais pesquisas. O que elas sugerem, na verdade, é que a propriedade da terra estava no centro das riquezas familiares, sendo de grande importância para entendermos as particularidades da economia colonial e as mudanças advindas com a nova legislação que regerá o acesso à terra.

Segundo Costa e Pires,[64] o modelo econômico colonial escravista-mercantil em que terras e escravos foram fundamentais para o funcionamento global da economia capitalista, auxilia o entendimento, tanto acerca do sentido da terra, quanto da escravidão, à sociedade colonial, numa economia que não reproduz a grande exploração para exportação, como é o caso.

O que nos parece válido para analisar a luta quilombola na região de Sorocaba é que desde sempre ela está ligada ao âmbito das forças econômicas que o capitalismo organizou, desde aquele período, posto que séculos de expropriação de terras indígenas, escravização da força de trabalho e diversificação de atividades econômicas, constituíram condições fundamentais para o desenvolvimento industrial que se processou em Sorocaba Vinculado às condições de estabilidade dadas pela legislação de terras no que ela representou para a solução do fim da escravidão e da apropriação de extensas quantidades de terras em mãos de proprietários que acabaram, esse processo, também, acabou por se desdobrar em investimentos a outros setores da econômicos, o que deu "sen-

64 COSTA, Iraci de Nero da.; PIRES, Júlio Manuel (orgs.). *O capital escravista-mercantil e a escravidão nas Américas.* São Paulo: EDUC/ FAPESP, 2010, p. 13-35.

tido" à lógica do mercado mundial do século XIX à qual a região paulista se inseria cada vez mais.

A linha de raciocínio do particular ao universal nos permite refletir sobre a formação das famílias, riquezas, terras e escravos, na região de Sorocaba. Será pelas articulações entre a realidade própria e específica de uma realidade social e econômica e os termos da totalização social impostos pelo capitalismo, nesse período, que as riquezas auferidas localmente viabilizaram a expansão econômica até o momento presente. As características do desenvolvimento colonial em Itapetininga e Sorocaba nos mostraram a evolução da riqueza no âmbito de um modelo que não se coadunava com o da grande exploração comercial, baseada na monocultura e em grande volume de escravos, como ocorreu em outras regiões de São Paulo. Isto não significa, como já apontamos, presença marginal à economia colonial, posto que intentamos evidenciar seus laços de integração regional e as possibilidades de acumulação que se efetivaram, permitindo o desenvolvimento econômico referido.

Por esse caminho, veremos que Sorocaba não constituiu condições para a riqueza do café, apresentando baixo número de escravos; desprovida do modelo da plantation, nem por isso, pode ser pensada de forma isolada às regiões consideradas dinâmicas. A historiografia econômica, segundo Costa e Pires,[65] tem discorrido criticamente sobre a tese da colônia como apêndice da economia europeia e colônia de exploração; não nos aprofundaremos no tema, apenas acreditamos ser importante para destacarmos que Sorocaba, não dedicando a sua produção ao mercado externo, por certo período, contudo, promoveu condições para a acumulação

65 COSTA, Iraci de Nero da. PIRES, Júlio Manuel (orgs.), *Op. cit.*

interna, favorecendo a expansão de outros setores econômicos. Segundo os autores:

> A articulação produtiva entre o mundo colonial e a economia central europeia, bem como a acumulação de capital proporcionada pelo capital escravista-mercantil mostraram-se altamente relevantes no processo de acumulação primitiva do capital, ao mesmo tempo em que suas condições de existência estavam intimamente relacionadas ao desenvolvimento do capitalismo em nível mundial.[66]

A sociedade colonial não seria, assim, uma representação imediata da expansão comercial europeia, exibindo relativa autonomia aos propósitos da acumulação endógena. O desenvolvimento do capitalismo constitui-se como cenário à consolidação do capital escravista-mercantil nas Américas e no Brasil. Isto mostra um movimento dialético em que a relativa autonomia se processa no interior da colônia de maneira subordinada à expansão do sistema. As condições existentes para o escravismo colonial mercantil se encontram amparadas em diversas forças que se apresentaram naquele momento histórico. Nesse sentido, o escravismo colonial se desenvolveu devido à presença de um mercado mundial em formação, fossem de bens mercantilizados ou de corpos escravizados. Nesse caso, o corpo do trabalhador, além de render riquezas pelo seu comércio no tráfico, não seria apenas uma propriedade imobilizada, produzindo sobre trabalho e valor, tornando-se mercadoria que produz bens mercantilizados, resultando em capital. O capital escravista colonial, segundo os autores, explica a presença de elementos endógenos e exógenos atuando: a força do capital comercial, o tráfico de escravos e a es-

66 COSTA, Iraci de Nero da. PIRES, Júlio Manuel (orgs.), *Iidem*, p. 7.

cravização tanto de indígenas quanto de negros, terras administradas pela jurisdição metropolitana (Regime de Sesmarias) etc.

Todos esses fatores permitiram a produção de excedentes e a extração de sobrevalor mediante a circulação comercial, resultando em dinheiro/capital para os novos investimentos. Já as limitações do processo são o ponto de sua superação, que se dá a partir da expansão do modelo industrial inglês e das necessidades de ampliação do consumo, no século XIX, o que movimentou as pressões exercidas pela Inglaterra para o fim do tráfico ao Brasil.

Esses aspectos se realçam ao analisarmos aqueles elementos de integração econômica regional, dos quais, a economia tropeira realizou espetacular ação de fomento de riquezas, permitindo às elites investirem em outras atividades, contudo, mantendo certas características coloniais na economia moderna e industrial. No caso do tropeirismo, vimos que favoreceu o transporte, beneficiando outros setores, como os da mineração, da pecuária, do açúcar, e até do café, bem como o do comércio de animais (gado vacum, cavalar e muar), nas feiras de Sorocaba.

Em Sorocaba, encontramos a presença de agricultura de subsistência realizada por não proprietários, aliada à realizada e consumida por cativos e a venda ocasional de excedentes agrícolas por parte de pequenos produtores isolados e sem escravo algum, parece ter sido frequente. As várias formas de usufruto da terra (cessão graciosa, aluguel, aforamento, posse, existência de moradores, agregados, rendeiros, de lavradores mais modestos – os brigados –, da meia, da terça etc.), mediante as quais se tornou possível aos menos privilegiados o acesso à terra, trouxeram o desenvolvimento, portanto, de atividades econômicas não vinculadas, imediatamente, à grande lavoura e desenvolvidas por não proprietários de escravos, contrariando a ideia de um segmento marginalizado em termos sociais e econômicos, inclusive, por constituírem uma parcela expressiva do consumo de bens básicos e apontando a um provável mercado interno. À produção gerida pelos proprietários surge uma parcela devida à iniciativa dos cativos. Quanto à estrutura da posse de escravos, pode ser vista em vários tamanhos de plantel indicando a presença de pequenos e médios proprietários de escravos.[67]

A dinâmica da produção constitui no seu interior a origem étnica dos lavradores, bem como atividades distintas, ocupantes, agregados ou posseiros, que permaneciam nas fazendas enquanto seus proprietários empreendiam novas incursões no sertão. Havia famílias negras, africanas, escravizadas ou quilombolas? É possível tecer a hipótese de que os trabalhadores negros atuaram nas fazendas no cultivo de alimentos, muitas vezes, como escravos, também. Para essa questão, nos esclarece o Sr. Deodato Caetano, de Pilar do Sul, rememorando que seus antepassados cuidavam do gado nas fazendas, cultivando alimentos, também. Uma rede mais extensa de famílias em pequenas unidades produtivas utilizava a mão de obra escrava, conforme Bacellar[68] analisou, que 1 em cada 5 proprietários, em Sorocaba, contava com alguma mão de obra escrava, apresentando um cenário em que o trabalho familiar predominava na maior parte das unidades produtivas agrícolas voltadas para a produção de gêneros de 1ª necessidade. Diversas dessas unidades compunham, segundo o autor, formas distintas de apropriação da terra – roçados volantes e provisórios, sítios, lotes

67 BACELLAR, Carlos de Almeida Prado, *Op. cit.*

68 BACELLAR, Carlos de Almeida Prado, *Op. cit.*, p. 128.

remanescentes de velhas sesmarias, áreas aforadas – garantindo a sobrevivência da grande maioria das famílias sorocabanas.

A economia tropeira trouxe a possibilidade da formação de pequenos produtores na fazenda que eram deixados na ausência do senhor nas terras. Na maioria das vezes, esse negociante deixava nas mãos de lavradores agregados ou ocupantes de suas terras o cultivo e a produção de alimentos. Segundo Piza:

> O Cap. Antônio de Almeida Leite Penteado obteve em 12/6/1815, sesmarias nas cabeceiras do rio Claro, sobre o caminho do Iguatemi. Era, portanto, vizinha (talvez fosse a Fazenda da Prata, que depois pertenceu a Ana Florisbela Machado) ou a mesma fazenda que anos depois pertenceria a Ignacio Apiaí. Penteado partiu em 1816 com camaradas, escravos e animais para estabelecer uma fazenda de criar nos "Campos Novos do Rio Claro". No percurso do bairro do Pinhal (hoje entre Itapetininga e Guareí) encontrou-se com Sebastião Pereira, que foi buscar uma potrada crioula, e deveria juntá-la a outra que estava em Itapeva, para então voltar pela fazenda da Barra (na barra do Guareí no rio Paranapanema, e daí seguir para os ditos Campos Novos, onde dito gado deveria invernar. Apesar de, então recuada data, Penteado já se sentir seguro para empreender a criação de gado nesta região, vemos que anos depois, neste local, tem início o recrudescimento do conflito com os índios".[69]

As incursões do Capitão Penteado na busca por novos campos de criação do gado pelo sertão sorocabano representam avanços sobre a fronteira aberta a oeste. Um ano após obter a sesmaria do Boqueirão, o capitão deixa essas terras e segue com escravos

69 PIZA, João Fernando Blasi de. *Nos sertões de Botucatu. Arquitetura e Território das Sesmarias Pioneiras* às Grandes Instalações Cafeeiras - 1830-1930. Tese (Doutorado em Arquitetura e Urbanismo). FAU/USP, 2015, p. 112.

para outra empreitada, numa região de conflitos entre os indígenas e as frentes de expansão da economia do gado, cuja expressão econômica atraía várias incursões em terras novas. É nessa região que, futuramente, o Cap. Ignácio Apiaí vivenciará o conflito com os Kaigangs, podendo ter ocorrido seu assassinato, em sua fazenda Rio Claro, em 01/07/1838.[70]

A economia escravista colonial constituiu uma dinâmica própria de domínio fundiário, articulada com o sistema central. É possível verificar que no processo de apropriação de terras, muitos proprietários de Itapetininga e Sorocaba demonstravam grande interesse quanto à aquisição de terras por diversos meios. As partilhas, heranças, dotes, ou ainda a eventual comercialização das terras, são acompanhados pelo aumento do tamanho da família, casamentos e pelo nascimento de filhos e netos. Compras e vendas de terras demonstram, dessa forma, que havia mercado antes mesmo da Lei de Terras de 1850 e que elas tinham valor de venda. Não à toa, verificamos casamentos endogâmicos entre aqueles proprietários, o que sugere preocupação com a manutenção da riqueza, pois envolvendo membros familiares, podiam lograr incrementar ou preservar fortunas, envolvendo escravos e terras, como já mencionamos anteriormente.

Conflitos entre sesmeiros e posseiros, também, se evidenciaram. A concessão de sesmarias não era simples, havia-se de comprovar ocupação e capacidade produtiva, o que acarretava conflitos com os posseiros, os quais sempre existiram independentemente de reconhecimento legal. Essa situação sugere a que o avanço da fronteira econômica impulsionava a incorporação de mais terras.[71] A

70 PIZA, João Fernando Blasi de. *Op. cit.*, p. 113.

71 BACELLAR, Carlos de Almeida Prado, *Op. cit.*

formação de engenhos de açúcar, no século XVIII, na região Oeste paulista, para o autor, impulsionou alguns segmentos das elites sorocabanas a aumentarem a extensão de suas terras para ingressarem nesse tipo de negócio. A ocupação e produção da terra era uma determinação régia para justificar a fixação na terra e, eventualmente, a sua concessão. Não raro, devido a este fato, ocorriam conflitos relacionados ao avanço sobre posses já existentes. O Capitão-mor Cláudio de Madureira Calheiros, de Itapetininga, por exemplo, aparece em alguns processos judiciais, por demandar sesmarias que se sobrepunham às terras de posseiros costumeiramente moradores de sítios próximos e por, muitas vezes, obrigar-lhes a vender suas terras ou mesmo por expulsar os antigos ocupantes.[72]

Assim, pequenas posses vão sendo incorporadas pelos senhores, tratando-se de dinâmica conhecida na história da terra no Brasil, envolvendo conflitos entre proprietários e posseiros. Importante ressaltar é que o regime da posse estava presente no interior do sistema de sesmarias, não sendo algo esporádico, também, não passando despercebido pela metrópole. Segundo Diniz:

> [...] a obrigatoriedade do cultivo fez com que muitos sesmeiros preferissem arrendar suas terras a pequenos lavradores, dificultando o cumprimento da exigência do cultivo e da demarcação e, consequentemente, dificultava o controle desses sistemas de distribuição de terras por parte da Coroa, o que estimulou o crescimento da figura do posseiro. Muitos problemas se alastraram ao longo do tempo devido a tais fatores, pois formou-se uma camada de colonos que lavravam a terra, preenchendo assim um requisito básico da colonização, o cultivo. Mas esses colonos não possuíam determinações régias referentes às sesmarias. Em outras palavras, ad-

72 BACELLAR, Carlos de Almeida Prado, *Idem*, p. 7.

> quiriram a terra de forma "ilegal", muitas vezes pagando por ela, o que não era permitido durante o sistema de doações de sesmarias, seja aluguel ou venda. A aceitação do posseiro na legislação sobre sesmarias nas terras brasileiras relacionou-se ao esforço da Coroa em limitar o poder do sesmeiro. O reconhecimento da posse, demonstrou a ambiguidade da legislação de sesmarias. Muitos sesmeiros ocuparam grandes extensões de terras se apossando de terras limítrofes.[73]

A autora analisa que as irregularidades presentes na doação de sesmarias levaram à formulação de ações legais para regularizar o processo. O Alvará de 1795, segundo Diniz, veio a reconhecer o posseiro com objetivo de manter a responsabilidade pela concessão de terras devolutas nas mãos da Coroa. Sua suspensão no ano seguinte: "nos mostra como a realidade da posse e a obrigatoriedade da demarcação e do cultivo faziam parte de uma relação conflituosa entre Coroa, fazendeiros e colonos, enfatizando o poder dos grandes donos de terras".[74]

No século XIX, a economia brasileira e sorocabana incorporou outros elementos relacionados a novas formas de riqueza. A valorização das terras vai ocorrer num contexto de expansão do café e das sucessivas restrições atlânticas ao tráfico de escravos. Concorre para esse fator, em Sorocaba, a construção da Estrada de Ferro Sorocabana, em 1875, por Luís Mateus Maylasky, austríaco e

---

73 Ver: DINIZ, Mônica. Sesmarias e Posse de Terras: Política Fundiária para Assegurar a Colonização Brasileira. Histórica. *Revista Online do Arquivo Público do Estado de São Paulo*. nº. 2. Ano 1. junho de 2005. http://www.historica.arquivoestado.sp.gov.br/materias/anteriores/edicao02/materia03/Sesmarias.pdf Acesso em 02: abr. 2022.

74 DINIZ, Mônica, *Op. cit.*, p. 4.

grande comprador de algodão.[75] Além de impactar o comércio de tropas nas feiras de Sorocaba, os trilhos promoveram um surto de valorização fundiária nas propriedades rurais e urbanas. A urbanização de Sorocaba avançará com a generalização da terra como mercadoria, a abolição da escravidão e a criação de novos setores da economia.

Modernização, Urbanização e Perdas Territoriais

O fim do regime de sesmarias se dá com a independência, em 1822, mas foi somente com a Lei de Terras, em 1850, que se constituiu um novo arcabouço legislativo regularizando a apropriação de terras, no Brasil. Promulgada em 1854, o vazio de ordenamento legal contribuiu para uma maior concentração de terras. Como a lei dispunha que todos os procedimentos para a obtenção da terra seriam regidos sob a forma da compra devidamente registrada, o reconhecimento do proprietário se desligaria da condição efetiva de ocupação e se estabeleceria pelo pagamento, transformando-se em mercadoria. O avanço sobre terras devolutas e posses, territórios quilombolas, indígenas e de outras camadas sociais, trouxe a exclusão da terra e do mercado de trabalho para os negros. Ribeiro[76] analisa que a junção dos processos históricos desse período, como o fim do tráfico negreiro (Lei Euzébio de Queiroz, de 1850), a limitação do acesso à terra, a imigração europeia e a abolição da

75 Consta o fato de Luís Mateus Maylasky ser proprietário de escravos, também, em Sorocaba. Ver: CAVALHEIRO, Carlos. *Scenas da Escravidão. Breve Ensaio sobre a Escravidão Negra em Sorocaba.* Sorocaba, São Paulo: Crearte Editora, 2006, p. 95.

76 RIBEIRO, Anna Lyvia Roberto Custódio. *Racismo Estrutural e Aquisição da Propriedade.* São Paulo: Contracorrente, 2020, p. 20-21.

escravidão, sem indenização aos libertos, constituíram poderosas restrições raciais no acesso à propriedade pelos negros:

> e como essas implicações do passado aliadas ao racismo estrutural explicam a situação socioeconômica da população negra na atualidade sob o aspecto de ausência do acúmulo de capital entre as gerações dos negros que impactam diretamente na ocupação do espaço urbano.

No espaço urbano, ex-escravizados, trabalhadores livres ou imigrantes foram excluídos da propriedade da terra, vindo a formar uma camada social disponível como mão de obra para o capital. Para Martins,[77] a passagem do cativeiro à terra mercadoria representará uma migração da renda localizada no escravo para a terra, uma vez que ela passa a ser oficialmente uma mercadoria, inibindo o acesso livre. Essa mudança possibilitou que a riqueza se movesse para outros bens e transitasse para os imóveis urbanos e ações, capitalizando donos de indústrias em São Paulo. Mas, a abolição não extinguiu totalmente as relações de produção não capitalistas. Segundo o autor, o salário não se tornará ainda a mediação universal. No caso dos escravos, não havia qualquer salário, e no dos imigrantes estrangeiros, a reprodução da família se originava, grande parte, dos pequenos cultivos realizados entre as fileiras de café. Assim, o moderno proprietário, ao produzir com vistas ao lucro, empregando trabalho assalariado ou absorvendo o trabalho imigrante, na figura do colonato, incorpora na sua pessoa, tanto o arcaico quanto o moderno empresário.

Em São Paulo, Sorocaba ou no restante do país, a terra mercantilizada será o balizamento de um processo de produção de negócios. Vimos, contudo, que a mercantilização das terras não foi

---

77 MARTINS, José de Souza. *O cativeiro da Terra*. São Paulo: Hucitec, 1986.

determinada somente pela Lei de Terras. Suzuki[78] analisa a legislação aprovada antes de 1850, as quais vão se sobrepor aos marcos existentes do rossio e do termo de aglomeração. Para o autor, tanto a Lei de 1º de outubro de 1831, definindo a obrigatoriedade do registro dos bens nacionais o título de aquisição, as confrontações, a data de incorporação e o seu preço, quanto a Lei de 12 de outubro de 1833, que tornava os aforamentos de terrenos urbanos em bens perpétuos, poderiam ser uma etapa prévia da Lei de Terras. Tais ordenamentos estariam, nesse sentido, ligados à crise do trabalho compulsório, cujas raízes já estavam calcadas na primeira metade do século XIX.

A ordem socioeconômica urbana expressará as relações envolvidas nas mudanças e organização da produção e da propriedade da terra, ponto de partida para a criação de um mercado de força de trabalho, para os negócios atrelados à indústria, comércio, mas, também, ao próprio mercado de terras urbanas, que caminhará junto com o processo de industrialização sorocabana.

A cidade de Sorocaba presencia uma nova realidade socioeconômica a partir da segunda metade do século XIX. Com a riqueza acumulada em tempos anteriores foi permitido criar outras paisagens urbanas e econômicas, não apenas calcadas no comércio de muares. A presença de uma série de negócios empreendidos pelas elites, que articulados, tornaram possível, juntamente ao comércio de animais, a construção de fortunas e a criação de indústrias.

---

78 SUZUKI, Júlio. "Metamorfoses da expansão urbana na gênese da moderna cidade de São Paulo. Geografias de São Paulo: representação e crise da metrópole". In: CARLOS, Ana Fani A.; OLIVEIRA, Ariovaldo Umbelino de. (orgs.). *Geografias de São Paulo: representação e crise da metrópole* 1. São Paulo: Contexto, 2004, p. 143. Acesso em: 04 dez. 2022."

Embora tenha sido um processo econômico importante, divergimos das interpretações de que a produção da riqueza econômica estava quase toda concentrada na atividade tropeira.81 Vamos ao encontro de Leite82 que assinala o fato de que pouca atenção foi destinada ao produtor rural e a outros ramos existentes ou em ascensão, destacando haver uma supervalorização do tropeiro no imaginário social:

> De fato, o tropeirismo estimulou significativamente a economia, porém, entender a feira como indutora da urbanização é o mesmo que desconsiderar toda evolução urbana antecedente às atividades tropeiras, como, por exemplo, as vastas fazendas e a concentração considerável de trabalhadores rurais.

O fato é que já se constituía uma industrialização em Sorocaba, sobretudo, formada por indústrias têxteis, o que lhe rendeu o título de "Manchester Paulista". Segundo Massari,[79] esse setor incluía, entre outras, a Fábrica Nossa Senhora da Ponte, Votorantim, São Paulo, Santa Rosália e a "[...] a última fábrica têxtil desse período áureo: a Fábrica Santo Antônio, concluída em 1913".[80] Assiste-se ao crescimento de vilas operárias: Vila Carvalho, Vila Angélica, Vila Santana, Vila Rosália, ao norte e noroeste; Vila Hortência, Vila Santa Maria, a sudeste; Vila Independência, Vila Fonseca, a oeste. A indústria fomenta o crescimento da cidade; ruas, bairros operários e eixos novos surgem: ao norte e noroeste (Além Linha), a sudeste e leste (Além Ponte), em função das atividades industriais, haven-

---

79 MASSARI, Marco Antônio Leite. *ARQUITETURA INDUSTRIAL EM SOROCABA: O caso das fábricas têxteis*. Dissertação (Mestrado em Arquitetura e Urbanismo). FAU/USP, 2011.

80 MASSARI, Marco Antônio Leite. *Op. cit.*, p. 65.

do, também, significativo crescimento na direção oeste e sudoeste (Cerrado), para além do Centro.[81]

A fundação da Estrada de Ferro Sorocabana promoveu maior magnitude ao desenvolvimento urbano, num momento em que a cotonicultura e a produção manufatureira, seguida da fabril, carreou mais interesses de investimentos que o próprio comércio de animais. Outros projetos técnico científicos indicam a modernização urbana que se dá em Sorocaba, como a construção da usina em Itupararanga, em 1905:

> Esse momento foi registrado pelo Jornal com entusiasmo, referindo-se, inclusive, ao discurso do sr. Alfredo Maia, ao qual apimentou, ao imaginário progressista local, que à cidade estava destinada a prosperidade industrial, comparando-a com Manchester na Inglaterra (Jornal Cruzeiro do Sul, 11/01/1905, p. 1). Alfredo Maia era, nesse momento, superintendente da Estrada de Ferro Sorocabana e havia ocupado o Ministério da Indústria, Viação e Obras Públicas do governo Campos Sales; adiante, no desenvolvimento industrial em Sorocaba, foi superintendente da subsidiária canadense Light and Power (CRUZEIRO DO SUL, 2005, *ibidem*). A instalação desta empresa provocou uma nova configuração tecnológica no espaço urbano sorocabano...[82]

Esses fatos demonstram o quanto as elites já se encontravam participando ativamente de outras instâncias econômicas e políticas do país. Assim, é necessário também refletir essa dinâmica que envolve Sorocaba e região próxima de forma mais global quanto

81 CELI, Andressa. *Op. cit.*, p. 81.

82 MATOS, Thiago Pedrosa. *Modernização Urbana em Sorocaba (1914-1921)*. Dissertação (Mestrado em Arquitetura, Tecnologia e Cidade). Faculdade de Engenharia Civil, Arquitetura e Urbanismo da UNICAMP, 2017, p. 67.

ao papel das propriedades para os negócios urbanos. O período de intensificação industrial sorocabana demonstra outros agentes presentes como o capital financeiro: bancos de empréstimo e hipotecários, em parte, hipotecas com base em edifícios, terras e patrimônio. Financiamentos da indústria e uma crescente atuação de bancos de créditos impulsionaram o processo de expansão econômica no contexto das mudanças no século XIX.

Exemplo é a Fábrica Têxtil Sorocabana que passou, posteriormente, à propriedade da Votorantim, uma das maiores fábricas têxteis paulistas nas décadas iniciais do século XX – a Sociedade Anônima Fábrica Votorantim, que estava localizada na cidade de Sorocaba. A empresa foi criada, em 1891, pelo Banco União de São Paulo, mas com a sua falência, em 1918, foi arrematada pelo empresário Antônio Pereira Ignácio. Analisam Silva e Costa[83] que, nos vinte anos seguintes, a Fábrica Votorantim alcançou o posto de principal companhia têxtil paulista. Entre 1920 e 1930, inclusive, a razão social da fábrica têxtil e de investimentos paralelos passou a ter a composição de Antônio Pereira Ignácio e José Ermírio de Moraes, favorecida pelo estímulo ao crédito e alguma proteção tarifária que vieram a facilitar a formação de empresas num cenário favorável ao desenvolvimento industrial brasileiro.

A história do Banco União de São Paulo nos mostra a atuação como banco de emissão de São Paulo, também hipotecário e comercial, tendo destinado a maioria dos seus recursos a hipotecas urbanas e ao desenvolvimento de negócios industriais:

---

83 SILVA, Gustavo Pereira da.; COSTA, Armando João Dalla. "Fábrica Votorantim e o setor têxtil paulista (1918-1939): os caminhos que levaram o grupo da falência à liderança industrial". *Nova Economia, [S. l.]*, vol. 28, nº. 2, 2017. Disponível em: <https://revistas.face.ufmg.br/index.php/novaeconomia/article/view/3448> Acesso em: 5 dez. 2022.

> Com relação às garantias, os imóveis hipotecados consistiram principalmente em casas/prédios e seus terrenos (55,8%), terrenos sem construção (22,1%), sítios e chácaras (11,2%), oficinas e fábricas (5,2%), olarias (1,7%), fazendas (1,5%) e armazéns (1,7%).[84]

Esses dados indicam o caráter urbano de Sorocaba e a importância deste setor imobiliário junto ao crescimento das hipotecas, sendo que os recursos levantados neste segmento se destinaram a áreas de investimento urbano. Além disso, é possível perceber que os negócios urbanos não estavam separados da propriedade fundiária. Nessa transição econômica, em julho de 1891, o Banco União de São Paulo, por exemplo, adquiriu terras na localidade paulista de Sorocaba:[85]

> A região era o principal centro algodoeiro de São Paulo e nas terras compradas situava-se uma cachoeira de nome Votorantim (no Rio Sorocaba).[11] Essa queda d'água possibilitou ao banco solucionar uma questão-chave no funcionamento de sua Fábrica de Chitas Votorantim,[12] unidade têxtil formada em 1891 e que passou a funcionar no ano seguinte, quando a pequena usina hidrelétrica construída pelo banco também foi concluída e passou a alimentar os teares e fusos da fábrica.[13] Os dois empreendimentos foram complementados pelo banco que, a fim de viabilizar a chegada de matéria-prima e o escoamento da produção, engendrou uma ferrovia – a Estrada de Ferro Votorantim – a qual, apesar de sua extensão de somente oito quilômetros, servia para interligar o nascente distrito de Votorantim à cidade de

84 MARCONDES, Renato Leite; HANLEY, Anne G. Bancos na Transição Republicana em São Paulo: O Financiamento Hipotecário (1888-1901). *Est. econ.*, São Paulo, 40(1): 103-131, jan. mar. 2010, p. 118.

85 SILVA, Gustavo Pereira da.; COSTA, Armando João Dalla., *op cit.*, p. 584.

> Sorocaba, onde se encontrava com os trilhos da Estrada de Ferro Sorocabana unindo o mercado local ao estadual.

Vê-se que a mesma empresa unifica diversos setores, como financeiro (banco), terras (produção algodoeira), transporte (ferrovia) e produção industrial. No início do século XX, a região de Sorocaba toma a liderança no setor algodoeira, correspondendo a 80% da produção de algodão paulista; nesse momento, o sócio da Votorantim, Antônio Pereira Ignácio, também, fornecia algodão descaroçado por meio de sua empresa, a Fábrica de Óleos Santa Helena, situada em Sorocaba (SP).[86]

Segundo Marcondes,[87] a transição do Império à República caracteriza-se por grandes transformações, marcadas, principalmente, pelo crescimento da imigração estrangeira, pela expansão cafeeira e por reformas monetárias, conduzidas pelo governo central. A principal política econômica do período foi o "Encilhamento", caracterizando uma expressiva expansão monetária. Analisando as atividades dos bancos no segmento de crédito hipotecário na cidade de São Paulo, de 1888 a 1901, o autor destaca o Código Comercial de 1850, institucionalizando as práticas mercantis e os instrumentos de crédito pessoal utilizados no mundo dos negócios, formalmente pelos bancos. Na passagem para o trabalho livre escravos eram aceitos pelo Banco do Brasil como garantia de empréstimos, que somente o deixou de aceitar como *colateral das hipotecas, em 1884*.[88] Sendo considerado um fator de maior liquidez do que a terra, o escravizado facilitava a execução dos bens hipotecados. A per-

86 CARONE, Edgard, 2001, p. 93 *apud* SILVA; COSTA, 2018, *Op. cit.*, p. 585.

87 MARCONDES, Renato Leite; HANLEY, Anne G., *Op. cit.*

88 MARCONDES, Renato Leite; HANLEY, Anne G., *Idem*, p. 108.

da desta possibilidade de garantia conduziu à necessidade de aceitar os outros bens para as transações.

Quanto à consideração da transição para o trabalho livre e à cafeicultura, em expansão, bem como a política imigratória que caracterizou essa fase, podemos asseverar que na urbanização paulista a demanda de crédito foi intensa, inclusive fortalecendo-se a importância do registro das propriedades, tornando obrigatória a sua inscrição. Fator que será extremamente importante para uma sociedade em modernização.

Assim, a cidade de Sorocaba, no alvorecer do século XX, já se apresentava como centro polarizador regional, adquirindo centralidade em relação aos demais municípios e áreas dos arredores, por concentrar indústrias, mercado, crédito e investimentos. Todavia, o que vimos, anteriormente, é que nesse período, da mudança de trabalho escravo a trabalho livre, as questões relacionadas às propriedades ainda se encontram, sobremaneira, mal resolvidas, dadas as questões relacionadas à aprovação da Lei de Terras de 1850 e seus desdobramentos sobre quem era proprietário e não.

Perdas territoriais quilombolas de Fazenda Pilar, Caxambu e Cafundó

No momento de expansão econômica e urbanização, se iniciam vários conflitos com as comunidades quilombolas, acarretando perdas territoriais importantes que se estenderam ao longo do século XX, motivando as demandas pelo reconhecimento territorial, na atualidade.

O quilombo Fazendinha Pilar vê suas terras serem subtraídas, no início de 1872, quando a Câmara Municipal decidiu que todos os proprietários de terrenos na vila fossem cercados e, consequentemente, apresentassem os seus documentos num prazo de setenta dias, pois o não cumprimento dessa solicitação acarretaria a perda da terra que retornaria ao município. Os moradores da comunidade não cercaram seus terrenos, que ficavam dentro dos limites da vila, bem como não impediram qualquer pessoa de usar as terras já que parte delas não estavam servindo para moradia ou plantação pelas famílias.[89]

Segundo o RTC da Fazenda Pilar,[90] em 1939, a Secretaria da Fazenda do Estado fez um processo de Discriminação de Terras, no 3º. Perímetro de Apiaí, que engloba a cidade de Pilar. Nesse processo, a Câmara Municipal figurava no rol de ocupantes do bairro Campo Grande, possuindo, cerca de 94 alqueires. É publicada a informação de que: "esta área está ocupada por diversas pessoas pobres que ahi tem seus casebres e os campos são aproveitados por diversas pessoas para pastagem de gado".[91] Além dos moradores quilombolas e da família Vieira[92] aparecem outros proprietários: a Câmara Municipal,

89 RTC de Fazenda Pilar, *Op. cit*, p. 42.

90 RTC de Fazenda Pilar Pilar, *idem*.

91 RTC de Fazenda Pilar, *Ibidem*, p. 42.

92 A história remete à divisão de dois grupos distintos de escravos, por sua origem e período de aquisição. Um dos grupos que se formou a partir de escravos que o Ten. Almeida tinha mais aquele que herdou com a morte de seu pai, grupo que permaneceu escravo até 1870. Outro grupo de escravos pertencia a Maria Vieira de Santana (esposa do tenente), a qual recebeu de seu pai quando se casou, e foram libertados em 1843, os Vieiras. Quando da morte da senhora, eles ficaram nas terras, formando-se um bairro de negros, localizado no Bairro do Campo Grande, chamado pelos moradores antigos de Fazenda dos Pretos. Essa terra foi vendida pelo tenente para José de Almeida Lara, mas os ex-escravos permaneceram nas terras quando da morte deste. Os dois grupos permaneceram morando no Campo Grande, em lugares opostos, e apesar de ter havido matrimônio en-

Gabriel Válio, o Pe. Caetano Jovino, Euzébio Moraes da Cunha, Alice Rosa Batista, esposa de José Batista, ex-presidente da Câmara Municipal.

Várias pessoas se apresentaram como proprietárias das mesmas terras, desconsiderando, assim, a herança deixada pelo Ten. Antônio de Almeida Leite ao quilombo. A Fazendinha Pilar perde parte dos territórios, nesse processo. Concorre para isso o fato de que membros dos Vieiras, outro grupo legatário de terras por parte da esposa do tenente, Maria Vieira de Santana, vende parte das terras à Câmara Municipal. Nas décadas de 1970 e 1980, a cidade avançou ainda mais sobre seus territórios a ponto de eles serem totalmente engolidos pelo tecido urbano. Dessa forma, a comunidade se tornou um quilombo urbano, já que como vários outros territórios quilombolas no Brasil, suas terras foram incorporadas pela expansão urbana.

O quilombo do Caxambu que aparecia nas fronteiras com o Cafundó desapareceu, sendo que muitos de seus membros foram morar naquela comunidade. Na sua pesquisa Vogt & Fry[93] descobriram mediante relatos de membros da comunidade que parte das terras de Caxambu acabou nas mãos de Francisco Ortiz mediante um truque cartorial. Conforme um dos entrevistados, Emiliano, elas foram vendidas a Luís Fioravante, dono de uma companhia de ônibus em Sorocaba, por Silvino Belo, enquanto este se encontrava doente. Assim, é possível dizer que Caxambu resistiu até meados da década de 1940, quando grande parte das

---

tre eles, não se veem como grupo unido. Em 1899, Christina de Almeida Leite acompanhada de seu marido Matheus de Almeida Leite vende sua parte da terra para a Câmara Municipal, contrariando o desejo do tenente Almeida de que nunca fossem vendidas. (*Ibidem*, p. 36-38).

93 VOGT, Carlos; FRY, Peter. *Op. cit.*

terras foram perdidas para fazendeiros. Os descendentes do grupo, também, relataram aos autores que seus pais pensaram estar assinando um contrato de arrendamento de terras, mas, na verdade, era um contrato de venda, e só descobriram depois:

> Ao longo dos anos, a partir das doações e na medida em que o valor das terras ia aumentando, Caxambu e Cafundó foram sendo alvo da cobiça de fazendeiros vizinhos, que pouco a pouco ocupavam as áreas adjacentes a esses sítios. Mas esse processo contou frequentemente com a conivência de um ou outro dos moradores desses lugares. De quando em vez vendiam parcelas da terra. Negócios desse tipo, que pareciam de interesse dos vendedores, eram, quase sempre, feitas no interesse dos quem compravam. Por várias vezes esses compradores aproveitaram de seu maior domínio das artimanhas cartoriais para ludibriar suas presas analfabetas. Parece-nos que foi assim que Caxambu deixou de pertencer aos negros definitivamente.[94]

O RTC de Cafundó[95] mostra que, dos 80 alqueires, restaram apenas 7,75. Em 1999, cerca de 8,6 alqueires eram terras nas mãos dos quilombolas. A ação dos fazendeiros e de grileiros foi a principal responsável por essa redução. Segundo Vogt e Fry,[96] determinadas práticas de exploração do trabalho rural foram implementadas junto aos quilombolas de Cafundó, que trabalhavam na plantação do algodão. Honório de Almeida seria o empregador da mão-de-obra existente na comunidade, sendo também, comprador do algodão de boa parte dos sitiantes estabelecidos ao redor de

94 RTC do Cafundó, *Op. cit.*, p. 18.

95 RTC do Cafundó, *Idem.*

96 Vogt, Carlos; Fry, Peter. *Idem.*

suas terras. Segundo entrevistas feitas pelos autores com moradores do quilombo, o algodão também era, muitas vezes, pago com vales a serem trocados, exclusivamente, por mercadorias no armazém de Elizário de Almeida, filho de Honório. O local era onde também funcionava a máquina de descaroçar algodão, desativada em 1935. O sistema de barracão consiste em promover uma dependência absoluta do empregado frente ao empregador, realizando-se como um prolongamento da escravidão, pretensamente abolida de nosso país. Havia, nesse sentido, transações em que os trabalhadores quilombolas pagavam as contas pendentes no armazém com a safra futura, ou seja, antes de começarem a plantar; dessa forma, já tinham gastado o seu "salário" ainda por receber. Ao que tudo indica mesmo com a decadência da produção algodoeira, este tipo de relação de trabalho continuou vigente:

> A família Almeida Caetano relata, ainda, pelo menos um caso de compadrio estabelecido entre eles e a família de Honório de Almeida. Contudo, os descendentes atuais da parentela evocam tal relação já desmistificada de uma aura de simetria. Adauto Rosa de Almeida conta que sua avó, Ifigênia, incentivava o plantio nas áreas que, embora cercadas pela família de Honório de Almeida, ela sabia pertencerem à comunidade. Segundo Adauto, Elizário sempre lhes dizia: "pode plantar que a terra é vossa". Mas, à noite, soltava sua criação para destruir as roças dos cafundoenses. "Vovó Ifigênia passava noite tocando o gado de Lizário para fora das roças", diz Adauto. Esta prática de destruição das lavouras da comunidade por meio da soltura do gado era, aliás, uma ação recorrente, tanto no Cafundó quanto no Caxambu. Significava, de maneira concreta, uma absoluta coerção dos direitos de uso da comunidade sobre suas terras - principalmente se levarmos em conta o fato de que

> não havia possibilidade de reação eficaz contra esta situação – e gerava ao menos dois tipos de consequências, ambos negativos para o grupo em questão: 1) impedidos de levar adiante sua produção de subsistência, aos cafundoenses não restava alternativa que não submeterem–se a trabalhar para os fazendeiros e 2) como as terras que lhes pertenciam iam ficando vazias, sem vestígio de ocupação, era mais fácil que os vizinhos fazendeiros mudassem as cercas e registrassem em cartório as terras da comunidade como suas. Como as terras da região do Cafundó sempre foram particulares, e a doação de terras já referida não está documentada, a permanência dos cafundoenses dependeu da permissão dos proprietários, só concedida porque os primeiros, pressionados, submetiam-se ao trabalho em regime de parceria. Por sua vez, esta relação de trabalho impediu que os cafundoenses pudessem adquirir autonomia material suficiente para a produção econômica e para o seu bem-estar. Em linhas gerais, é patente a relação de proximidade empreendida por dominadores e dominados na história do Cafundó. Todavia, para efeito analítico, é preciso ater-se aos aspectos deletérios dessa relação para que possamos entender até que ponto a própria proximidade é responsável pelo excesso de credulidade e boa-fé dos cafundoenses que, alheios ao mundo das regras formais e dos pressupostos jurídicos que legitimam a propriedade privada, permaneceram enredados nas artimanhas espúrias de seus finórios vizinhos, responsáveis pela espoliação de suas terras.[97]

Destacamos neste texto que a expropriação de territórios quilombolas se dava no mesmo momento em que a urbanização de Sorocaba avançava, impactando os modos de vida e a sobrevivência. Na atualidade, vê-se que muitos quilombolas trabalham fora de seus territórios, seja no caso das

97 VOGT, Carlos.; FRY, Peter, *Ibidem.*, p. 22-24.

mulheres, como empregadas domésticas, homens, nas áreas da construção civil etc. A urbanização como síntese da totalidade social, se apresenta sob diferentes formas: condomínios fechados e agronegócio, o turismo e estruturas técnico científicas, implicando em conflitos com a presença das comunidades quilombolas e suas demandas. Passa-se às perdas de direitos e inseguranças e à violência que se impõe às lutas sociais contemporâneas, trazendo como dinâmica central o enfraquecimento de direitos conquistados.

O processo de expropriação de territórios negros se constitui em meio à ideologia da modernidade, cujas práticas buscaram eliminar os vestígios do atraso do passado, como a própria escravidão. Da escravidão à invisibilidade e intolerância à presença do negro no espaço urbano sorocabano, a tendência a apartar os negros nos territórios periféricos, hoje, é um processo concreto. Processo este de aceleração da urbanização, relativo à criação da região metropolitana sorocabana, que tem curso após a reestruturação produtiva ocorrida a partir da metrópole paulista, quando ocorreu a migração de indústrias para Sorocaba, na década de 1990. A região passa, então, a comportar de forma desigual "territórios plurais": industriais, especulação imobiliária, condomínios fechados, municípios ruralizados, territórios cada vez mais dispostos aos vetores, tanto metropolitanos paulistas, quanto internacionais, concorrendo com territórios quilombolas, indígenas, periféricos etc.

Os processos econômicos e mercadológicos avançam com a criação da Região Metropolitana de Sorocaba, provocando mudanças e pressões sobre os territórios a ela integrados. Vale lembrar a análise que Moraes realiza sobre as formulações de Milton Santos a respeito do papel que a cidade assume como representante do "capital geral", e que na etapa da construção de regiões metropolitanas, equivaleria a "entender as regiões metropolitanas como respostas à necessidade de ampliação do capital".[98]

O modelo condomínio fechado, automóvel e periferia, hoje, domina as paisagens urbanas, suprimindo territórios negros sorocabanos, restando a bairros nascidos dessa longa história apenas o nome pouco lembrado de famílias negras, como é o caso do Campolim, na zona oeste de Sorocaba e da capela Nhô João de Camargo. Com a atratividade imobiliária e valorização das terras urbanas, o bairro não somente atrai investidores e incorporadores, mas o interesse de ampla classe média pelas vantagens de morar num espaço urbanizado e beneficiado pelas políticas urbanas. Contudo, é notório que restam poucos moradores das famílias negras que viveram nessa localidade entre o final do século XIX e início do século XX, num processo de branqueamento espacial. As periferias crescem em Sorocaba, e a exemplo de outras cidades e metrópoles brasileiras, mostram a concentração de famílias negras (*Mapa 03*).

98 MORAES, Antônio Carlos Robert de. *Território na Geografia de Milton Santos.* São Paulo: Annablume, 2013, p. 76.

Mapa 04 – A segregação socioespacial e racial em Sorocaba

PORCENTAGEM DE COR OU RAÇA PARDA E PRETA POR SETORES CENSITÁRIOS NO MUNICÍPIO DE SOROCABA, 2010.

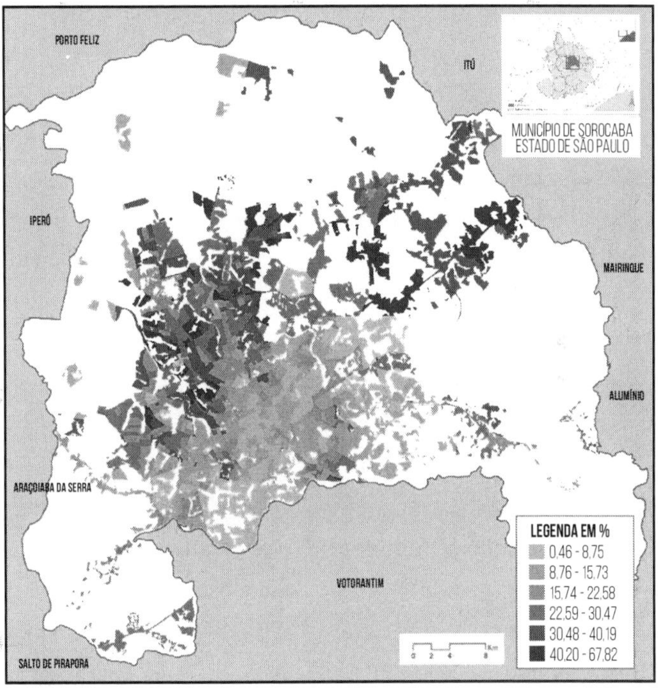

CNPq

PROJETO DE PESQUISA: PERDAS E RESSIGNIFICAÇÕES DOS USOS DO TERRITÓRIO NA HISTÓRIA DO NEGRO EM SOROCABA
Coordenação: Profa. Dra. Lourdes Carril
Equipe: Patrícia Hetti, Helbert Medeiros, Joanny Rodrigues, Marilda Côrrea, Sérgio Santos.

Fonte: Relatório Técnico-Científico sobre os Remanescentes da Comunidade de Quilombo «Tenente Antônio de Almeida Leite» Fazenda Pilar \ Pilar do Sul. Instituto de Terras do Estado de São Paulo «José Gomes da Silva». São Paulo, 2007 \ VPGT, C. & FRY, P. Cafundó. A Africa no Brasil \ Mapa de Conflito Envolvendo Injustiça Ambiental e Saúde no Brasil.

Bases Cartográficas Utilizadas: Limites Municipais - IBGE, 2010; Base Urbana - Martines, 2015. Elaboração Roberto Martines. Editado por Tiago Santi.

Fonte: MARTINES, Marcos. In: CARRIL, Lourdes de F. B.; BURGOS, Rosalina. "Espaço público e lugares de memórias negras: (des) encontros entre sujeitos e o patrimônio histórico urbano". In: *Boletim Paulista de Geografia*, nº 104, jul-dez. 2020.

O mapa mostra uma porcentagem maior de famílias moradoras na zona norte de Sorocaba, região periférica urbana, enquanto as áreas centrais em amarelo, se concentram famílias brancas. Nesse sentido, o bairro Campolim/Jd. Vergueiro, onde se localiza a Capela João de Camargo, é, hoje, uma região extremamente valorizada, sendo buscada cada vez mais pelos segmentos de classe média e alta, beneficiados por lojas e outros estabelecimentos comerciais, bem como edifícios residenciais de alto padrão. Fica no passado o período em que lá viveu João de Camargo, próximo ao que no passado foi local de refúgio para os negros da região. Sendo também, o espaço onde Quiló construiu seu empreendimento que passou para a próxima geração, mas foi incorporado pela valorização das terras urbanas e transformado em bairro nobre.

Sorocaba, hoje, conta com uma população estimada, em 2021, de aproximadamente, 695. 328 pessoas, sendo alçada à Região Metropolitana, em 2014. Nessa cidade se estabeleceram setores produtivos como o já consolidado distrito industrial do Éden, desde os anos 1970, sendo acompanhado por investimentos recentes em torno do Parque Tecnológico e da multinacional Toyota no extremo noroeste da mancha urbana do município. As periferias urbanas, assim, são uma face recente, caracterizando-se como segregação social, espacial e racial.

Considerações para finalizar

Boqueirão a Campolim, assim, vem a significar uma cartografia negra dos ganhos e das perdas territoriais num longo período. A fragmentação do espaço tempo no turbilhão da modernidade envolve desde os séculos passados as famílias quilombolas, na região de Sorocaba. Dessa forma, pensar a formação da propriedade da terra e do capital colonial paulista, nos séculos que se sucedem à entrada para a "Boca do Sertão", é considerar que o conflito passa a existir mobilizando a luta pelo território.

As riquezas coloniais são produzidas frente à expropriação de territórios e à exploração, tanto do indígena, quanto do negro. A frente de expansão constituída pelas diversas concepções de usos dos recursos, caracterizando tempos desiguais, promoverá territorialidades e conflitos que até o presente momento se encontram presentes na região de Sorocaba.

Sendo assim, é necessário destacar que o processo de reconfiguração da riqueza escravista e colonial vai se transmutar da renda baseada em escravos para a renda da terra, na crise da escravidão. Nesse processo, famílias, posseiros, quilombolas, indígenas, mamelucos, mestiços, se verão frente ao mundo da mercadoria, desprovidos de acesso à propriedade. A valorização das terras, o crescimento dos negócios de ações, da indústria e a especulação imobiliária, amplia e reproduz o urbano numa outra sociabilidade.

Quando se dá a metamorfose da renda escravista em renda urbana, Sorocaba constitui um centro urbano industrial, no momento em que as propriedades serão regulamentadas pela criação da Lei de Terras de 1850, a qual transformará a terra em bem mercantilizável. Ocorre, assim, uma inflexão nas possibilidades de reprodução dos territórios quilombolas, muitos dos fluxos populacionais que, anteriormente se dirigiam ao sertão, passaram a se dar para as cidades. As perdas territoriais, pela pressão urbana, grilagens e expulsões ou até mortes, demonstram às comunidades quilombolas a necessidade de construírem suportes de resistência desde a promulgação da Constituição federal de 1988.

O território pode ser assim pensado na dinâmica do conflito, o qual demanda estratégias em face da ameaça à vida, cultura, linguagens, identidades e ancestralidades. Os quilombos têm na oralidade e na memória dos mais velhos as riquezas guardadas no momento da demanda territorial. Barth,[99] contudo, alerta para não pensarmos a cultura de forma estática, mas de forma elástica, pautando fechamento e abertura, incorporação e exclusão, podendo contrastar quem é de fora com que é de dentro, assim, construindo, desfazendo e reconstruindo as fronteiras. O território tem relação com essa dinâmica, sendo a territorialidade a expressão das aberturas e fechamentos.

Sob o signo do neoliberalismo, as exclusões aumentam e a totalidade social constituída pelo território da nação é subsumida no processo. Frações de exclusões, gestão dos recursos do território, mercado, disputam na ordem social moderna que contempla as vicissitudes, lutas e conquistas no território, enquanto amparado pelos dispositivos políticos, jurídicos, sociais e econômicos. Assim, o Estado-Nação é capacitado ao reconhecimento dos direitos sociais; é, no entanto, na incompletude da democracia brasileira que se encerram e se ampliam os diversos conflitos envolvendo tantos sujeitos e seus territórios perdidos e reivindicados.

Essa condição é agravada numa realidade em que as periferias urbanas brasileiras apresentam um número elevado de famílias negras, e as distâncias e a precariedade de transportes os separam do patrimônio afro-brasileiro localizado na região central, configurando o fenômeno da segregação urbana e racial.

É assim que na Sorocaba contemporânea, a capela de João de Camargo representa um território negro, cujo passado histórico

---

99 BARTH, Fredrik. *O guru, o iniciador e outras variações antropológicas*. Rio de Janeiro: Contracapa, 2000.

é relembrado de diversas maneiras e vivenciado por ampla gama de pessoas, do Brasil e do mundo, pois ficou conhecida internacionalmente. Em termos territoriais, a capela define um percurso que abriga o lugar da memória da população negra nesta cidade. Em termos temporais, remontam capítulos da história social e territorial de Sorocaba e região, podendo-se considerar que, para além de sua inserção num heterogêneo conjunto social, constitui um conjunto articulado de práticas socioespaciais e sujeitos concretos que criaram e seguem produzindo lugares de memórias negras numa cidade e sociedade hegemonicamente branca.

Finalmente, identificar as aquisições e fragmentações de terras e territórios na região de Sorocaba se apresenta como caminho para entender, tanto as doações de terras a escravos, quanto às perdas que continuam a ocorrer à medida em que o mercado de terras e a urbanização são fundamentos centrais para a reprodução da riqueza social e territorialmente concentrada.

REFERÊNCIAS

ALMEIDA, Aluísio de. Memória histórica de Sorocaba (I). *Revista de História*, [S. l.], vol. 29, nº. 60, p. 335-353, 1964. DOI: 10. 11606/issn. 2316-9141.rh. 1964. 123156. Disponível em: <https://www.revistas.usp.br/revhistoria/article/view/123156>. Acesso em: 21 abr. 2022.

ANDRADE Filho, Sílvio Vieira de. *Um Estudo Sociolinguístico das Comunidades Negras do Cafundó, do antigo Caxambu e de seus arredores.* Sorocaba, SP: Gráfica e Editora Paratodos Ltda, 2000, p. 97.

AZEVEDO, Aroldo de. "Vilas e Cidades do Brasil Colonial". (Ensaio de geografia urbana retrospectiva)". Geografia, Espaço & Memória. In: *TERRA LIVRE —AGB São Paulo* | p. 23-78 nº 10 janeiro-julho 92.

Disponível em: <file:///C:/Users/Lenovo/Downloads/terralivre,+Journal+manager,+TL_N10-2%20(9).pdf> Acesso em: 18 nov. 2022.

BACELLAR, Carlos de Almeida. *Viver e sobreviver em uma Vila Colonial. Sorocaba - séculos XVIII e XIX*. São Paulo: Annablume/FAPESP, 2001.

BARTH, Fredrik. *O guru, o iniciador e outras variações antropológicas*. Rio de Janeiro: Contracapa, 2000.

BELLOTTO, Heloísa Liberalli. *Autoridade e Conflito no Brasil Colonial: o Governo do Morgado de Mateus em São Paulo (1765-1775)*. São Paulo: Alameda, 2007.

BRAUDEL, Fernand. "História e Ciências Sociais". In: BRAUDEL, F. *Escritos sobre a História*. São Paulo: Perspectiva, 2007.

BUENO, Beatriz Piccolotto Siqueira. "Dilatação dos confins: caminhos, vilas e cidades na formação da Capitania de São Paulo (1532-1822)". *Anais do Museu Paulista*. vol. 17. nº. 2. jul.-dez. 2009, p. 259.

BURGOS, Rosalina; CARRIL, Lourdes de Fátima Bezerra. "Espaço público e lugares de memórias negras: (des)encontros entre sujeitos e o patrimônio histórico urbano". *Boletim Paulista de Geografia*. número 104, 2020.

CARLOS, Ana Fani A.; OLIVEIRA, Ariovaldo Umbelino de. (orgs.). Geografias de São Paulo: representação e crise da metrópole 1. São Paulo: Contexto, 2004, p. 143. Acesso em: 04 dez. 2022."

CATELLI Jr., Roberto. *Poder local consolidação e revolta: Sorocaba - 1823/1842*. Dissertação (Mestrado em História Econômica) – Universidade de São Paulo, São Paulo, 1993.

CAVALHEIRO, Carlos. *Scenas da Escravidão. Breve Ensaio sobre a Escravidão Negra em Sorocaba*. Sorocaba, São Paulo: Crearte Editora, 2006

CELLI, Andressa. *Evolução Urbana de Sorocaba*. Dissertação (Mestrado em Arquitetura e Urbanismo). FAU/USP, 2012

CORRÊA, Dora Shellard. *Paisagens sobrepostas. índios, posseiros e fazendeiros nas matas de Itapeva*. Londrina, PR: Eduel, 2013, p. 13.

COSTA, Iraci de Nero da.; PIRES, Júlio Manuel (orgs.). *O capital escravista-mercantil e a escravidão nas Américas*. São Paulo: EDUC/ FAPESP, 2010. p. 13-35.

DINIZ, Mônica. "Sesmarias e Posse de Terras: Política Fundiária para Assegurar a Colonização Brasileira Histórica". *Revista Online do Arquivo Público do Estado de São Paulo*. nº. 2. Ano 1. junho de 2005.

GENEALOGIA ITAPETININGANA. José Luiz Nogueira. Disponível em; <http://jlnogueira.no.comunidades.net/genealogia-itapetiningana> Acesso em: 07 dez 2022.

GOVERNO DO ESTADO DE SÃO PAULO. SECRETARIA DE GOVERNO. Arquivo Público do Estado de São Paulo. Governo Morgado de Mateus em São Paulo (1765-2015). São Paulo, abril de 2015. Disponível em: <http://200.144.6.120/exposicao_morgado/material_apoio/catalogo_morgado_de_mateus.pdf> Acesso em: 09 Jan 2022.

JORNAL CRUZEIRO DO SUL | Equipe Online - online@jcruzeiro.com.br. Disponível em: <https://www2.jornalcruzeiro.com.br/materia/536792/familia-se-espalhou-e-terras-foram-invadidas> Acesso em: 10 abr. 2022.

HOLANDA, Sérgio Buarque de. Caminhos e Fronteiras. São Paulo: Companhia das Letras, 1994, p. 26.

HEINZ, Flávio (org.). *Por outra história das elites*. Rio de Janeiro: FGV, 2006.

LEME, Luiz Gonzaga da Silva. Genealogia Paulista. Título Botelhos. Parte IV. São Paulo: Casa Duprat, 1903, p. 136. Disponível em: < http://www.arvore.net.br/paulistana/ABotelhos_4.htm> Acesso em: 28 mar. 2025.

LUNA, Francisco Vidal. "Posse de Escravos em Sorocaba (1778-1836)". *Primeiro Seminário do Centenário da Abolição do Escravismo: Da Época Colonial à Situação do Negro na Atualidade*. São Paulo, FEA/USP-IPE, 1986.

MAIA, Doralice Sátyro. "A ferrovia nas cidades bocas de sertão. Alterações na morfologia e na estrutura urbana". Dossiê "5º Congresso Brasileiro de Geografia – 100 anos". In: *Terra Brasilis (Nova Série). Revista da Rede Brasileira de História da Geografia e Geografia Histórica* 8 | 2017. Disponível em: <https://www.academia.edu/34608899/Terra_Brasilis2017_A_ferrovia_nas_cidades_bocas_de_sertao> Acesso em: 20 nov. 2022.

MARCONDES, Renato Leite; HANLEY, Anne G. "Bancos na Transição Republicana em São Paulo: O Financiamento Hipotecário (1888-1901)". *Est. econ.*, São Paulo, 40(1): 103-131, jan.-mar 2010, p. 118.

MATOS, Thiago Pedrosa. Modernização Urbana em Sorocaba (1914-1921). Dissertação (Mestrado em Arquitetura, Tecnologia e Cidade). Faculdade de Engenharia Civil, Arquitetura e Urbanismo da UNICAMP, 2017.

MARTINS,José de Souza. Fronteira: *A Degradação do Outro nos Confins do Humano.* 2a. ed. São Paulo: Contexto, 2021.

______________. "O tempo da fronteira, retorno à controvérsia sobre o tempo histórico da frente de expansão e da frente pioneira". *Tempo Social.* Rev. Social. USP, S. Paulo (8).: 25-70, maio de 1996, p. 27.

______________. *O cativeiro da Terra.* São Paulo: Hucitec, 1986.

MASSARI, Marco Antônio Leite. *ARQUITETURA INDUSTRIAL EM SOROCABA: O caso das fábricas têxteis.* Dissertação (Mestrado em Arquitetura e Urbanismo). FAU/USP, 2011.

Memória histórica sobre Sorocaba (II). Revista de História, [S. l.], vol. 30, nº. 61, 1965, p. 76 Disponível em: <https://www.revistas.usp.br/revhistoria/article/view/123305>. Acesso em: 4 dez. 2022, p. 76.

MONTEIRO, Rodrigo Rocha. Territorialidade e Memória Tropeira em São Paulo: o caminho paulista da tropa. Tese (Doutorado em Geografia). Instituto de Geociências e Ciências Exatas. UNESP, Rio Claro, 2013. p. 66.

MORAES, Antônio Carlos Robert de. *Território na Geografia de Milton Santos.* São Paulo: Annablume, 2013.

MOURA, Clóvis. *Rebeliões da Senzala.* 3a. ed. São Paulo: Livraria Editora Ciências Humanas, 1981.

MOURA, CLÓVIS. *Dialética radical do Brasil negro.* São Paulo: Editora Anita Ltda, 1994.

NOGUEIRA, Oracy. *Família e comunidade: um estudo sociológico em Itapetininga.* Série Sociedade e Educação, Coleção Brasil Provinciano. Ministério de Educação e Cultura, Instituto Nacional de Estudos Pedagógicos, Centro Brasileiro de Pesquisas Educacionais. Rio de Janeiro, 1962.

O'DWYER, Eliane Cantarino. *Quilombos. Identidade Étnica e Territorialidade.* Rio de Janeiro: ABA/FGV, 2002.

PIZA, João Fernando Blasi de. *Nos sertões de Botucatu. Arquitetura e Território das Sesmarias Pioneiras às Grandes Instalações Cafeeiras - 1830-1930.* Tese (Doutorado em Arquitetura e Urbanismo). FAU/USP, 2015, p. 112.

REPERTÓRIO DAS SESMARIAS. Secretaria de Estado da Cultura. Departamento de Museus e Arquivos. Divisão de Arquivo do Estado. Edição fac-similar. São Paulo, 1994, p. 32-33. PUPO, Trajano Carlos de Figueiredo; CIACCIA, Paulo Pinheiro Machado. As Primeiras Fazendas da Região de Botucatu. Edição Comemorativa aos 150 anos de Emancipação Político Administrativa (1855-2005) e 162 anos de Fundação de Botucatu (1843-2005). Mapa C1 (c1821). Disponível em: <http://www.historiadebotucatu.com.br/livros/primeirasFazendas/c/c1.htm> Acesso em: 11 mar. 2022.

RIBEIRO, Anna Lyvia Roberto C. *Racismo Estrutural e Aquisição da Propriedade.* São Paulo: Contracorrente, 2020, p. 20-21.

Relatório Técnico Científico sobre os Remanescentes da Comunidade de Quilombo "Tenente Antônio de Almeida Leite" Fazenda Pilar/Pilar do Sul-SP. ITESP, 2007.

STRAFORINI, Rafael. *No caminho das tropas.* Sorocaba, SP: TCM-Comunicações, 2001, p. 23.

SUZUKI, Júlio. "Metamorfoses da expansão urbana na gênese da moderna cidade de São Paulo. Geografias de São Paulo: representação e crise da metrópole". In: CARLOS, Ana Fani A.; OLIVEIRA, Ariovaldo Umbelino de. (orgs.). Geografias de São Paulo: representação e crise da metrópole 1. São Paulo: Contexto, 2004, p. 143. Acesso em: 04 dez. 2022."

VOGT, Carlos; FRY, Peter. Cafundó. *A África no Brasil.* São Paulo: Companhia das Letras, 1996, p. 55.

LINKS

Blog Quilombo do Pilar. A verdadeira história do quilombo de Pilar do Sul. segunda-feira, 10 de dezembro de 2012. Disponível em: https://quilombodopilar.blogspot.com/. Acesso em: 29 out. 2021.

Capela Senhor do Bonfim de João de Camargo. Disponível em: <https://www.joaodecamargo.com.br>Acesso em: 20 abr. 2025.

FIOCRUZ. <http://mapadeconflitos.ensp.fiocruz.br/conflito/sp-quilombolas-descendentes-de-jose-joaaquim-de-camargo-lutam-para-garantir-o-direito-a-posse-de-sua-terras/> Acesso em: 03 abr. 2025.

CAPÍTULO 4

Negros na região de Sorocaba: análise sobre estatuto jurídico, trabalho e historiografia local

Maria Patrícia Cândido Hetti

As produções e estudos sobre a escravidão negra no Brasil são inúmeras e abarcam, cada vez mais, peculiaridades das situações existentes no imenso território nacional. Na região açucareira, nas plantações do café e em regiões que estavam distantes da grande produção agroexportadora, as singularidades destes espaços e seus negócios produziram, apesar da marca do grande modelo escravocrata, questões específicas entre os sujeitos históricos.

Ao pesquisar os quilombolas da região de Sorocaba, inicialmente, procurou-se analisar a história desses grupos e a situação da população negra da região. Os remanescentes dos quilombos vivem, hoje, em propriedades que foram palco das batalhas da comunidade.

As características dos quilombos de Pilar do Sul e Cafundó chamam atenção por terem em comum a história da doação de terras e a memória dessa doação, passada de geração em geração, que foi elemento desencadeador de luta e conquista da terra.

No Cafundó, história registrada com detalhes por Carlos Vogt e Peter Fry na obra *Cafundó: A África no Brasil*[1] a doação feita a

---

1 VOGT, Carlos; FRY, Peter, *Cafundó: A África no Brasil: linguagem e sociedade.* São Paulo: Companhia das Letras, 1996.

duas irmãs, Ifigênia e Antônia, estão na origem das duas parentelas. A história do Cafundó apresenta documentos que confirmam os fatos relatados pela tradição oral e que forneceram dados históricos relevantes das peculiaridades da região. No caso da Comunidade da Fazenda Pilar, encontra-se registrado documento de doação de terras, realizadas pelo tenente Antônio de Almeida Leite em 1868.[2]

Cafundó é o único quilombo da região que tem a posse garantida. Em 1999, o processo de regularização dessas terras foi iniciado pela Fundação Instituto de Terras do Estado de São Paulo "José Gomes da Silva" (Itesp). O procedimento federal para regularizar a área foi aberto em 2004 pelo Instituto Nacional de Colonização e Reforma Agrária (INCRA). Em 2006, o Incra reconheceu o território de Cafundó com 218 hectares e começou a conceder o termo de posse a cada família do local. Em 2009, o presidente Luiz Inácio Lula da Silva assinou decreto reconhecendo o Cafundó como território de interesse social.[3]

A comunidade de Pilar do Sul, em 2007, teve o Relatório Técnico Científico elaborado pelo ITESP, que consta a origem quilombola do grupo e atesta que são remanescentes de comunidade de quilombo conforme as definições que embasam os critérios oficiais de reconhecimento adotados pelo estado de São Paulo. Até 2022, o processo no INCRA não estava finalizado.

A pesquisa sobre a escravidão negra, sobre os quilombos e quilombolas de Pilar e do Cafundó nos permitiu reconstruir uma história apagada e pouco discutida pela população da região. A partir das comunidades de remanescentes de quilombolas surgem dis-

---

2 Escritura registrado no Primeiro Tabelião de Notas e de Protesto de letras e Título da Comarca de Itapetininga, SP, no Livro 4, página 23, da ex-comarca de Sarapuí, 1868.

3 Publicado no *Diário Oficial da União* em 20 de novembro de 2009, p. 8 e 9.

cussões acerca das relações familiares, do cotidiano, das trocas econômicas que tais grupos tinham com o meio urbano e as relações entre as comunidades negras rurais e os trabalhadores negros livres e escravizados. A existência desses quilombos e da população negra escravizada e liberta no século XIX trouxe dimensões e expressões das relações sociais específicas da história dos negros em Sorocaba e cidades dos arredores.

Sorocaba nos séculos XVIII e XIX não se desenvolveu por meio da plantação do açúcar ou do café, portanto, o estudo sobre o trabalho e a escravidão da região difere das inúmeras análises registradas sobre o processo econômico e social das grandes produções exportadoras em São Paulo ou do Nordeste açucareiro. Pesquisar Sorocaba e arredores é tentar compreender como a cidade adquire uma importância econômica fora do eixo da cafeicultura, tornando-se um importante mercado redistribuidor de animais de transporte e local de aparecimento de pequenas manufaturas e de indústrias.

A produção historiográfica de Sorocaba, desenvolvida na primeira metade do século XX, oferece um destaque à centralidade do comércio de muares na cidade. A instalação do Registro de Animais em 1750 e todo desenvolvimento urbano a partir desse evento são contados e recontados pela historiografia local.

Sorocaba no século XVII, desenvolveu o tropeirismo, tornando-se um local de destaque que ligava o Sul a Minas Gerais e a diversas localidades no Brasil central. Bacellar[4] afirma que a importância regional de Sorocaba não foi suficientemente explorada pela historiografia brasileira, ocupando um posto periférico na

4 BACELLAR, Carlos de Almeida Prado, *Viver e sobreviver em uma vila colonial: Sorocaba, séculos XVIII e XIX*. São Paulo: Annablume, 2001, p. 15

produção acadêmica, em razão da sua produção não ser voltada diretamente ao modelo colonial exportador.

Sorocaba por não ter se ligado ao modelo econômico agrícola direcionado ao comércio exterior é pouco mencionada na historiografia brasileira, por outro lado, para Petschelies[5], ao mesmo tempo a historiografia local tenta inserir Sorocaba na economia colonial através de um modelo de análise em que a região se torna essencial ao modelo exportador colonial. Assim, a história local prega a venda do índio como a principal atividade econômica colonial da vila, destacando-a e pregando uma relevância negada pela historiografia nacional.

Segundo o trabalho de Petschelies,[6] a historiografia local constrói um discurso histórico que endossa uma visão pouco fundamentada em dados concretos, apresentando, por exemplo, os povos indígenas de forma vaga e genérica, destituindo-os de sua presença histórica na região. O autor ao analisar como a historiografia local adota essa posição diante da nacional, coloca os indígenas em um papel pouco realista. Os pensadores locais negam o significado da economia da região na própria colônia quando afirmam que Sorocaba vendia indígenas como escravos para a produção agroexportadora.

A ideia de um centro vendedor de mão de obra escrava indígena, parece não se sustentar. O fato que se verifica na historiografia não local sobre Sorocaba é a predominância de lavouras com centenas de indígenas trabalhando para a produção de mercadorias de

5 PETSCHELIES, Erik, "Fragmentos de história: índios e colonos em Sorocaba (1679 –1752)". *Revista de Estudos Universitários, Sorocaba.* SP, vol. 38, nº. 2, p. 279-313, dez. 2012 Disponível em: < http://periodicos.uniso.br/ojs/index.php/reu/article/view/1040/1036>. Acesso em: 11 mar 2021

6 *Ibidem.*

pouco interesse ao mercado atlântico, reforçando a teoria de uma economia paulista voltada para ao abastecimento interno de gêneros alimentícios. Além disso, devemos reforçar a posição da região como lugar de passagem para o centro do Brasil, onde procurava-se novos caminhos através dos sertões para a captura de mais indígenas e na busca de ouro.

Segundo John Monteiro,[7] havia número relevante de indígenas apresados, principalmente, nas missões de Guairá e Barueri, para uma produção agrícola reduzida. A venda de escravos indígenas ocorreu em menor escala, já que o objetivo principal das "bandeiras de apresamento" seria capturar índios, não para a economia agroexportadora, mas para abastecer as fazendas paulistas que produziam e transportavam produtos agrícolas por todo o país, o que aponta para um maior número de índios nas fazendas paulistas.

Monteiro[8] afirma que mesmo que os índios fossem livres pelas leis do reino, eles eram incluídos entre as posses dos colonos em inventários e passados adiante, provando a ocorrência da posse da mão-de-obra indígena nas propriedades. A importância dos índios é realçada quando estes não são apenas citados nos inventários, (onde em determinadas épocas nem poderiam estar porque pelas leis régias não poderiam ser escravizados), mas também nos registros de óbito.

Ao nos debruçarmos sobre as produções locais que se referem à mão-de-obra escravizada e à discussão sobre as relações de

7 MONTEIRO, John M. "Os guaranis e a história do Brasil meridional. Séculos XVI - XVII". In: CUNHA, Manuela Carneiro da (Org.), *História dos índios no Brasil*. São Paulo: Cia. Das Letras/Secretaria Municipal da Cultura/FAPESP, 1992a.

8 *Idem*, *Negros da terra: índios e bandeirantes nas origens de São Paulo*. São Paulo: Cia. das Letras, 1995a.=

trabalho da população negra em, Sorocaba, concluiremos como Petschelies. As relações de trabalho do escravizado e do negro liberto na região são pouco discutidas, em geral, permeadas de um juízo de valor pautado no senso comum, em uma ideologia da democracia racial, em uma objetificação e desumanização do negro ou até, da negação da existência da população negra.

A pesquisa realizada em Sorocaba confirmou a presença de famílias negras que datam do período da escravidão e que permanecem até hoje. A história dos grupos familiares quilombolas de Pilar do Sul e de Cafundó negam a visão clássica da anomia das relações familiares dos negros durante a escravidão e no período pós escravidão e reafirma o novo debate da historiografia sobre as relações sociais no Brasil colonial.

A partir da análise da história dos quilombos da região, surgiu uma pergunta sobre as relações entre brancos e negros em Sorocaba. Como afirmado anteriormente, Sorocaba não estava vinculada ao modelo produtor voltado para a agroexportação, assim a diversidade de produção estabeleceu uma diversidade de relações que devem ser estudadas com mais atenção e cuidado. Os estudos nos levaram a pequenas lavouras, aos trabalhos operários na Real Fábrica de Ferro Ipanema, nas fábricas de chapéus, nas fábricas têxteis, trabalhos realizados em pequenos comércios e uma variedade de relações do trabalho da população negra com estatutos jurídicos diferenciados.

Este texto buscará discutir as questões sobre as produções historiográficas da região de Sorocaba e o papel da população negra escravizada e livre nas obras de alguns importantes historiadores locais.

Além disso, apontaremos as relações complexas de trabalho na cidade de Sorocaba, durante o século XIX, apontando o desaparecimento, na produção local, dos trabalhadores escravizados, escravizadas, libertos, libertas e africanos e africanas livres.

A pesquisa demonstrou existir relações complexas na economia da sociedade sorocabana, no entanto, não se pôde estabelecer como se davam essas relações. Ressalta-se que o contexto da pandemia impossibilitou o recolhimento de documentação e uma pesquisa mais aprofundada, apesar disso, os dados que apareceram revelaram uma sociabilidade na região com múltiplos agentes e, ainda, um caminho de estudo a ser trilhado e revelado.

Instituições brancas e histórias negras

Durante a pesquisa na região de Sorocaba, especialmente sobre as comunidades quilombolas, buscamos referências e estudos para compreender a história da região. Durante as reuniões do grupo, a pesquisadora Marilda Aparecida Correia, nos apresentou relatos de instituições, espaços e lugares de encontros da comunidade negra na cidade de Sorocaba. A partir da fala de Correia e de um texto por ela produzido[9], procuramos buscar dados sobre esta ocupação e sua história. Deparamo-nos com uma vasta produção de historiadores locais e obras conhecidas na região e divulgadas até hoje. Além disso, a circulação das ideias elaboradas pelos historiadores deve-se às instituições organizadas da sociedade civil e financiadoras de debates e de obras destinadas à formulação da memória da cidade. Destacamos duas instituições para análise: O Gabinete de Leitura Sorocabano e o Instituto Histórico, Geográfico e Genealógico de Sorocaba.

9 Segue em anexo o texto produzido por Marilda Aparecida Correia que resume alguns dados recolhidos pela autora.

Em 1867, é realizada a primeira reunião de cidadãos que formariam o Gabinete de Leitura Sorocabano. Os Gabinetes de Leitura tiveram origem europeia, no entanto, tal instituição teve traços próprios de cada região. Os gabinetes tinham a função de alugar livros e estabelecer uma prática democrática de leitura, socialização da cultura e disseminação do conhecimento laico. Para Martins:[10]

> Entre as teocráticas e reclusas bibliotecas dos mosteiros e das universidades, recintos de saber exclusivo da Igreja, e as bibliotecas públicas, *bibliotecas-monumentos,* guardiãs do acervo do Estado, intimidadoras e classificatórias, redutos de eruditos e sábios, emergiu o gabinete de leitura, espaço despretensioso, despojado, em princípio acessível a todos, desde que em condições de pagar o módico aluguel estipulado.

Os gabinetes de leitura, surgidos nos séculos XVII, na Europa, estão vinculados ao mercado livreiro em ascensão. Eram associações que possibilitavam a divulgação e a leitura de periódicos, folhetins e, especificamente, o livro, item de elevado custo, sem que houvesse a necessidade da compra desses materiais.

Inicialmente, eram extensões de livrarias e tornam-se espaços de mediação entre os produtores de obras - livreiros, autores, editores - e os leitores. Permitiram que se ampliasse o público leitor com o aluguel das obras dos mais variados tipos, abarcando muitos gêneros, obras que acabavam de surgir, bem como obras raras. Segundo Paulo Henrique de Oliveira,[11] estes espaços abrigavam bi-

10 MARTINS, Ana Luiza. *Gabinetes de Leitura: cidades, livros e leituras na província paulista.* São Paulo: Editora da Universidade de São Paulo, 2015.

11 OLIVEIRA, P. H. de. Gabinetes de Leitura: origens e multiplicidades históricas de espaços socioculturais. *Anais Eletrônicos do XXII Encontro Estadual de História da ANPUH* - Santos, 2014. Disponível em < http://www.encontro2014.sp.anpuh.org/resources/anais/29/1406573091_ARQUIVO_

bliotecas e tornaram-se recintos da sociabilidade, local de encontros políticos, da prática folhetinesca, do lazer pautado e organizado em discussões literárias.

Sorocaba, a cidade de tropas, vivia seus últimos dias e já se conformava como núcleo urbano, com suas manufaturas e a chegada da ferrovia. Um dos centros urbanos destacado na província de São Paulo, no século XIX, teve o seu Gabinete iniciado sob a liderança de Luís Matheus Maylasky, o qual juntamente com Manoel Lopes de Oliveira, Roberto Dias Baptista, Francisco Ferreira Leão, Antônio Lopes de Oliveira, plantadores e beneficiadores de algodão da época, bem como grandes negociantes, buscam apoio da população local para investimento na Companhia Sorocabana de Estrada de Ferro. Segundo Baddini,[12] esse mesmo grupo fundou, em 1870, o periódico, *O Sorocabano*, para convencer a população de que era necessária a modernização da região por meio do desinvestimento na feira de animais e aplicações de capital na ferrovia.

Os estatutos e documentos, analisados por Martins,[13] esclarecem acerca da finalidade da Sociedade. Segundo artigos 5° e 6° do regimento:

> Art. 5° - A Sociedade tem por fim a instrução e recreio de seus membros; procurará divulgar o gosto pela leitura e os conhecimentos que os conhecimentos que possam ter interesse mais próximo com as indústrias locais. Art. 6° - Para atingir esse fim, a sociedade adquirirá uma biblioteca, assinará jornais em diferentes línguas e promoverá a leitura de assuntos literários e científicos.

GabinetesdeLeituraOrigenseMultiplicidadesHistoricas.pdf> Acesso em 08 de abril de 2022.

12 BADDINI, C. *Sorocaba no Império: comércio de animais e desenvolvimento urbano*. São Paulo: Annablume:Fapesp, 2002, p. 172.

13 MARTINS, *Op. cit.*, p 13.

A presença desses homens tanto no periódico, *O Sorocabano*, quanto na fundação do Gabinete de Leitura, demonstra como as instituições foram importantes para um grupo econômico que intervinha na política local. Baddini[14] aponta várias instituições relevantes nos eventos políticos e econômicos do período. A Loja Maçônica Constância, Loja Maçônica Perseverança III, Club Germania – base para a fundação do Gabinete de Leitura-, Sociedade Progresso Sorocabano, Sociedade Musical Euterpe Artística, União Sorocabana. Segundo a autora,[15] todas essas associações eram formadas pelos mesmos membros, portanto, havia um grupo com interesses comuns para atingir aspectos diferentes da organização social, política e econômica de Sorocaba.

O Gabinete de Leitura Sorocabano, a partir de 1870, busca aliar novas frentes de atuação às primeiras finalidades. Empenham-se no objetivo de educar para a libertar com ações que visaram a instrução para a população desvalida. A instituição passou a atuar, juntamente com a Loja Maçônica Perseverança III, para a divulgação da instrução popular, para expandir o projeto republicano. Segundo Martins[16] a relação entre educação e progresso torna-se imprescindível. Em 1872, o Gabinete abriu suas portas àqueles que não tinham possibilidade de comprar livros ou pagar uma assinatura.

A relação entre educação e progresso tornou-se um projeto, tornando-se condizente com o ideário liberal do século XIX. No entanto, o debate referente à escravidão adquire uma característica peculiar, não sendo completamente coerente com o liberalismo. Os agentes de Sorocaba adotam um duplo caminho na questão sobre

14 BADDINI, *Op. cit.*

15 *Ibidem*, p. 177.

16 MARTINS, *Op. cit.*

a abolição: uma posição emancipacionista, partidários da extinção lenta e gradual da escravidão, e os abolicionistas, que propunham a libertação imediata dos escravizados. Martins[17] cita as diferentes posturas adotadas pelos participantes do Gabinete de Leitura. O abolicionista radical Júlio Ribeiro e o emancipacionista Maneco Januário representam a conduta geral dos participantes liberais do gabinete.

Atualmente, no Gabinete de Leitura Sorocabano, também encontramos um lugar agregador e de associação da comunidade local. No entanto, ao reler a história do país, mais do que um local de reunião, os gabinetes no nosso território caracterizaram-se como espaço que reafirmava o poder de figuras da elite econômica local, de membros da igreja, dos altos funcionários públicos, representantes da cultura letrada e outros membros vinculados a essas categorias. Verifica-se uma atuação dos agentes participantes dessas instituições na vida cultural das cidades e na formação de um pensamento moderno, científico e progressista. Tal peculiaridade se repete nos gabinetes do Brasil e é confirmada na região de Sorocaba.

O Gabinete de Leitura Sorocabano, ainda hoje, é um espaço de encontros e eventos. Segundo informações da entidade, é uma organização sem fins lucrativos mantida por associados que pagam uma mensalidade de R$30,00[18], não existe vínculo ou contribuição de dinheiro público. A administração é feita pela diretoria que é eleita pelos próprios associados a cada 2 anos. Conta com acervo de cerca de 20 mil livros e diversos periódicos dos séculos XIX e XX, mantendo a guarda de documentos, fotos, obras, jornais e revistas. Nesta instituição, a procura de fontes sobre a escravidão e sobre os negros na região fez-nos deparar com um acervo

17 *Ibidem.*

18 Valor informado em janeiro de 2022.

enorme, mas pouco organizado e pouco preservado. A falta de tratamento especializado e técnico impediu-nos de realizar buscas apuradas por dados específicos sobre a história do negro, mesmo que o grupo de pesquisadores tenha sido acolhido com grande receptividade pelos funcionários do Gabinete de Leitura. Pareceu-nos que a especificidade da questão da população negra do país ainda não recebeu um tratamento adequado na instituição.

Vale ressaltar que há inúmeras dificuldades enfrentadas para o trabalho mais detalhado e mais técnico no tratamento do acervo que diz respeito, não diretamente ao Gabinete de Leitura, mas a uma cultura sobre o patrimônio documental existente em nosso país. Assim, a organização documental e sua divulgação ficam prejudicadas em todos os temas específicos da história da região.

No entanto, a instituição que se destacava como reduto da elite e divulgadora do pensamento moderno, hoje mantém-se como espaço de sociabilidade e de referência cultural para a cidade. Ainda encontramos lançamentos de livros e alguns debates, mas a entidade de formação de ideias e dos cidadãos perdeu espaço para outros grupos, como por exemplo, para faculdades, universidades e, no nível local, para o Instituto Histórico, Geográfico e Genealógico de Sorocaba (IHGGS).

O IHGGS apresenta como objetivo inúmeras atividades culturais e atua também para a preservação e divulgação da história da região. Na sua sede, funcionam o Museu da Imagem e do Som de Sorocaba (MISS) e o Museu Sorocabano de História Militar (MSHM). Segundo o site[19] da instituição, o Instituto Histórico, Geográfico e Genealógico de Sorocaba, empossando a abreviatura I.H.G.G.S., fundado em 3 de março de 1954, ano do III

19 Disponível em https://ihggsorocaba.negocio.site Aceso em 20 de janeiro de 2022.

Centenário, na cidade de Sorocaba, é uma sociedade cultural de duração ilimitada, sem fins econômicos.

O Instituto destaca-se por ter grande acervo privado, segundo informações da instituição[20], trata-se de uma instituição privada, sem fins lucrativos, que obteve o caráter de utilidade pública Municipal (Lei 476, de 28.02. 1957), Estadual (Lei 8.175 de 19.06. 1964) e Federal (Decreto 92,343, de 28.01. 1986). Mediante comodato, ocupa a Casa de Aluísio de Almeida (Lei Municipal 4. 487, de 27.02. 1994). Em consequência do comodato, segundo Adilson Cezar[21], hoje totalmente defasado, dispõe de vínculo com a Secretaria Municipal da Cultura de Sorocaba.

A Casa de Aluísio de Almeida - patrimônio histórico tombado -, pertence ao Município e é utilizada pela instituição. Sediado na Rua Dr. Ruy Barbosa, nº 84, em imóvel que pertenceu ao Monsenhor Luiz Castanho de Almeida. Juntamente ao prédio tombado foi construído um edifício que abriga salão de exposição, auditório, biblioteca, arquivo, apresentando uma arquitetura completamente moderna, de forma a criar contraste entre a Casa de Aluísio de Almeida.

A Prefeitura de Sorocaba cede funcionários, que segundo o presidente Adilson Cézar, "infelizmente com qualificação não específica". Com tal cessão, pode-se mantê-la aberta ao público em geral. O Instituto mantém parte de custos de manutenção geral, visto que grande parte do patrimônio não histórico é propriedade dessa entidade. Os valores necessários para essa manutenção e a elaboração de algumas atividades culturais são

20 Dados recebidos por e-mail do IHGGS em 15 de janeiro de 2022.

21 Presidente da IHGGS em 2022.

obtidos através dos associados, que pagam sua trimestralidade. Segundo Adilson Cézar, "muito baixa por sinal".

Como ocorre no Gabinete de Leitura, percebemos a repetição do problema referente à manutenção e conservação do acervo. No caso do IHGGS, a ajuda da prefeitura permite maior organização e controle do material. Tal percepção deve-se à visita das pesquisadoras em loco e à organização das documentações, periódicos e obras, bem como as afirmações do próprio presidente da entidade.

As atividades culturais, boletins organizados e divulgados pelo IHGGS e pelo incentivo às publicações dos historiadores locais são fatos que se destacam dentre as atividades da instituição. Cabe salientar os dois boletins publicados pelo IHGGS: *O Paulista* e *Fornovo*.

O Fornovo é periódico informativo eletrônico do IHGGS e da Academia de História Militar e Terrestre do Brasil/São Paulo Gen. Bertholdo Klinger",[22] atualmente, tem como editor responsável o jornalista Reinaldo Galhardo de Carvalho e o coordenador Vitor Augusto Dantas Mascarenhas Moreira. O boletim *O Paulista* apresenta a mesma configuração e os mesmos responsáveis.

Ao analisar estes periódicos, tivemos acesso a poucos exemplares, sendo dois números de O Paulista e um número do *O Fornovo*. Apresentar uma análise completa das ideias e perspectivas históricas desenvolvidas nos períodos, portanto, será impossível. No entanto, cabem algumas considerações baseadas nessas leituras. Assim, a análise é restrita a poucas edições e poderá ser esquadrinhado com acesso a um número maior das publicações.

---

22 Pertencente à Federação das Academias de História Militar Terrestre do Brasil (AHIMTB/SP)

O Fornovo acessado de 2021, número 06, inicia com a mensagem do presidente do IHGGS, Prof. Adilson Cezar. O Título, *Sorocaba a caminho do bicentenário da independência,* destaca a necessidade de compreender "itens básicos de nossa história". Evidencia a proximidade do bicentenário da independência e conclama a interpretações necessárias sobre o evento e a importância da região para o fato. No boletim, expõe os principais pontos econômicos dos antecedentes da independência, como a agricultura, o tropeirismo e a indústria. Informa sobre como o "trabalho agrícola determinava a mão de obra - escrava".[23]

O autor exalta o cosmopolitismo e a educação como fatores que rompiam com as barreiras coloniais. Segundo Cezar:

> Cosmopolitismo - Apesar de todas as barreiras coloniais, a sociedade sorocabana do século XIX estava mais aberta à integração do que as suas congêneres, visto a que aqui reunião pessoas do sul do país com outras das demais regiões, que aqui se encontravam para a realização do intenso comércio das tropas. O interesse em estabelecer aqui a indústria siderúrgica trouxe grupos de estrangeiros como suecos e alemães. Lembramos que muitos professavam o luteranismo e lhes foi permitido o exercício de suas religiões.
>
> Educação - Infelizmente, nesse mesmo período (início do século XIX) estava bastante sofrível, visto que a escola mantida pelos Beneditinos se encontrava fechada, por falta de acordo entre o povo e essa Ordem. Mesmo com essas dificuldades, lembramos que tínhamos entre nós acesso a expoentes culturais dessa época.[24]

23 *O Fornovo*,2021, p. 2.

24 *Ibidem*, p. 3.

No *Boletim*, não há nenhuma menção à contribuição da população negra ou indígena e parece destacar a importância da presença estrangeira branca na região. Outro artigo do Prof. Cap. Adriano Pires Ribas, citando o General Villas Boas, enfatiza a importância da Amazônia para o sentido de grandeza do país e a importância do trabalho do exército na região amazônica.

Os eventos destacados no periódico referem-se à solenidade de homenagens e às condecorações a personalidades e autoridades de destaque à preservação da história do país. Os eventos referem-se à comemoração da Revolução Constitucionalista de 1932, Semana Brigadeiro Rafael Tobias de Aguiar, Revolução Liberal de 1842, Noite de Seresta, inauguração do Projeto Raízes Históricas, Homenagem à 10ª Região Administrativa Judiciária e Solenidade da Ordem Militar e Hospitalar de São Lázaro de Jerusalém.

No boletim *O Paulista*, nº 05 de setembro de 2021, como no outro periódico, inicia com a mensagem do presidente. O artigo de abertura refere-se ao "O Espírito militar – uma constante na História de Sorocaba e região". O autor afirma que a separação entre o civil e o militar é um mero artifício de operacionalização. "Ambos subsistem na personalidade de cada um de nós".[25] Para que o leitor tenha uma explanação mais didática, o autor recorre a uma ilustração com um organograma ligando diferentes personagens e fatos históricos do nosso país. São pontos numéricos que se ligam em forma de um círculo em espiral, tendo o número 01 no centro da espiral e finalizando no número 17 na parte mais externa da figura. A exposição sinaliza o "processo histórico evolutivo" do caminho dos indígenas à elevação do agrupamento humano à Povoação de Nossa senhora da Ponte de Sorocaba à condição de Vila. Assim, se-

25 *O Paulista*, 2021, p. 1.

gue os inúmeros acontecimentos, personagens e passagens que de maneira "perceptível", segundo Adilson Cezar, evidencia o espírito voltado ao militarismo, mas sem deixar de ser civil.

Novamente, temos um segundo artigo do prof. Cap. Adriano Pires Ribas. O título *A farsa Yanomam* (sic). O autor discorre sobre o exagero das reservas indígenas e parques nacionais nos territórios brasileiros. O texto ainda afirma que tal política atende "ao lobby de ONGs que por lá atuam em ações de espionagem[26], na biopirataria no interesse de governos[...]"[27] Após apresentação de mapas e ratificando o interesse externo sobre a região, enaltece a riqueza de nosso solo e a necessidade de domínio nacional sobre a mesma. O trecho final do artigo, parece conduzir o leitor a questionar a preservação das áreas indígenas e a necessidade de incorporação dessas populações.

> No passado o constante declínio das populações indígenas era considerado como inevitável, porém de acordo com François-Michel Le Tourneau, uma espécie de "revolução copernicana" aconteceu, "começamos a considerar a transformações sociais em curso nos grupos indígenas não como uma degeneração, mas como um processo de adaptação às novas circunstâncias, um fenômeno compartilhado por todas as culturas do mundo, dominante ou não: a partir daí, podemos considerar que os atuais índios e não como relíquias de um passado misterioso, mas como nossos contemporâneos".[28]

O terceiro artigo de Vitor Mascarenhas Moreira reproduz seu discurso de posse no IHGGS. O autor escolhe "Dom João

26 *Ibidem*, p. 7.

27 *Ibidem*, p. 7.

28 *Ibidem*, p. 9.

VI, o clemente" como seu patrono. Por meio da biografia, enaltece a figura real e afirma a importância de aprendermos com o personagem a colocar "o interesse do bem maior acima do individual, a manutenção da ordem acima do orgulho próprio".[29]

Em seguida, o boletim mostra acontecimentos de destaque para a instituição. Vale destacar a homenagem, ocorrida em setembro de 2021, no Núcleo Feminino de Apoio, do IHHGS, exaltando as mulheres. Tal evento indicou algumas mulheres que "pelo seu desprendimento, abnegação, operosidade, tornaram-se dignas de destaque e exemplo a ser seguido"[30] para receberem a medalha de mérito. A denominação da medalha "Ana Terra" foi escolhida, pois:

> Não poderíamos ter sido mais felizes na escolha dessa imagem fictícia que retrata a paulista de Sorocaba – pois tem por paradigma não a excepcionalidade de um tipo psicológico, mas baseia sim na diversidade da dedicação feminina – tão esquecida pela nossa História.[31]

Parece-nos que a instituição não conseguiu nenhuma mulher real para alcunhar o prêmio.

No Boletim nº 06 de novembro de 2021, permanece a mesma estrutura. A abertura do periódico alude à semana Aluísio de Almeida. Para não alongar a apresentação e descrição das características desse número da revista de divulgação do IHGGS, devemos destacar o encerramento da Semana Aluísio de Almeida. O IHGGS em parceria com o Conselho Maçônico de Sorocaba e Votorantim realizaram a solenidade comemorativa do Primeiro Aniversário do Museu Maçônico de Sorocaba e Votorantim. Afirmam que:

---

29 *Ibidem*, p. 13.

30 *Ibidem*, p. 24.

31 *Ibidem*, p. 26.

> A finalidade principal desse órgão é a de ser um braço cultural da fraternidade maçônica destas duas cidades e, ao mesmo tempo, um espaço formativo, revelando para os cidadãos memórias e singularidades da vida e das ações realizadas pela ordem na região.[32]

Dois artigos devem ser destacados nesse número. O primeiro de autoria de José Benedito de Almeida Gomes sobre *Devoção a São Benedito em Sorocaba* e o segundo de Vinícius Leonardo Ribeiro sobre *O caso Borba Gato e o revisionismo histórico.*

O primeiro trata da devoção a São Benedito em Sorocaba, alertando para a primeira tentativa de erguer a capela, realizada pela Irmandade de Nossa Senhora do Rosário dos Homens Pretos, que fracassa, pois os negros, "sem fôlego para continuar a construção", vendem o terreno a Salvador de Almeida Leme, o Sarutaiá. O autor afirma que as primeiras informações consolidadas acerca da devoção a São Benedito em Sorocaba datam do século XVIII. Segundo o autor:

> A primeira referência em torno da existência por aqui da Irmandade de Nossa Senhora do Rosário dos Homens Pretos, que historicamente em muitas outras regiões do Brasil à época também incorporava ainda a devoção a São Benedito, diante com certeza da cor da pele do santo mouro, data de cerca de 1750, quando seus integrantes edificam a primitiva capela dedicada à Nossa Senhora do Rosário, a poucos metros da Matriz.[33]

Para o autor, a capela inacabada construída pela Irmandade de Nossa Senhora do Rosário dos Homens Pretos e entregue a

32 *Ibidem*, p. 19.

33 *Ibidem*, p. 21

Sarutaiá passou a ocupar nova matriz. A Irmandade dos Pretos, com o dinheiro recebido do Sarutaiá, iniciou uma nova construção da igreja do Rosário. Enquanto isso, Sarutaiá termina a construção da Capela de Nossa Senhora do Rosário na rua São Bento.

A Irmandade dos Homens Pretos não conseguiu levar adiante a sua segunda tentativa de erguer a Igreja do Rosário, "indo aboletar-se em Santo Antônio, já como irmandade São Benedito", fato ratificado, segundo Gomes, por Aluísio de Almeida.

O artigo afirma que em, 1812, há o desaparecimento da Irmandade do Rosário, sendo que tal fato reafirma a conjectura dos historiadores – sem citar qual, mas que inferimos que seria Aluísio de Almeida –, que as irmandades se confundiram com a devoção a São Benedito. O louvor a São Benedito permanece mesmo que as construções não tivessem sido viabilizadas durantes os séculos.

Ao longo do artigo, o autor remete-se a duas fontes, a obra *História de Sorocaba* do Aluísio de Almeida e a obra *Cruzes e Capelinhas: Tradições Sorocabanas que desaparecem*, publicada em 1952, do historiador Antônio Francisco Gaspar. O autor faz o recorte sobre a devoção ao santo e apresenta as irmandades devocionárias. O texto, mesmo que apresente as irmandades negras, as expõe os homens negros sem debate e tornando com que as percepções imaginárias negativas sobre o negro sejam reafirmadas em sua narrativa. Além disso, parece ser uma característica o fracasso desses grupos, suas constantes transformações e adaptações, com as diversas irmandades que se fundem, se transformam e abarcam novas devoções. Parece mimetizar a ideia de miscigenação, transformação e desaparecimento do negro diante das mudanças sociais e culturais.

O segundo artigo do boletim remete à manifestação política, ocorrida em julho de 2021, à queima da escultura do monumento de Borba Gato na cidade de São Paulo. O ato é imediatamente qualificado como crime e o autor apresenta o código penal para suscitar a reflexão sobre o assunto. Imediatamente, em seu texto, relata a história do bandeirante, afirmando que:

> Em uma busca simples, Borba Gato foi considerado racista, quando todos os seus companheiros de bandeira eram mestiços, foi considerado perseguidor de índios, quando sua procura era o minério, inclusive pleiteando na Revolta dos Emboabas a exclusividade da exploração pelos paulistas. Destes, mais adjetivos surgiram, sem o lastro histórico para que se justifique o atentado. Destarte, mesmo que sejam verdadeiras as acusações de crimes, isso retira do personagem a atividade principal como líder paulista e referência na construção da identidade dos nascidos em São Paulo? Não. É preciso ter cautela quando o assunto é a revisão histórica ou a edição da história e de seus personagens, repetir suas atitudes ou mesmo replicar pensamentos fora do contexto pode ser uma propagação de comportamentos fora de tempo, já considerados como ultrapassados e atualmente reprimidos pela sociedade, mas, observar os personagens e analisar suas contribuições, valorando atos de bravura e reconhecendo suas participações no que hoje ainda existe, não é defender figurões, é fazer justiça.[34]

Termina se posicionando contra a violência à memória histórica e enaltecendo a necessidade do debate. Ideia comum e, de alguma forma, consenso para todos. No entanto, apesar do enaltecimento ao debate, o autor reforça a ideia de um atentado à identidade paulista, posiciona-se claro e precisamente contra as manifestações de derrubadas de monumentos que representam o colonialismo, reafirma a posição e a importância

34 *Ibidem*, p. 26.

dos bandeirantes na história da formação de São Paulo. Em nenhum trecho contextualiza a ação ou amplia o debate sobre o conceito de memória e de história.

As ideias apresentadas nos boletins demonstram a posição da instituição diante do debate sobre a história. A menção aos historiadores locais é recorrente e as citações constantes e permanentes ao cônego Aluísio de Almeida reforçam um processo de entropia do próprio instituto.

A produção dos boletins não é a única forma de divulgação da perspectiva histórica do IHGGS. Muitos livros dos historiadores locais recebem a contribuição, incentivo e divulgação da associação.

O principal historiador da região e base para muitas análises históricas é Aluísio de Almeida. Luís Castanho de Almeida, cujo pseudônimo é Aluísio de Almeida, nasceu em Guareí, no dia 6 de novembro de 1904 e faleceu em Sorocaba, na data de 28 de fevereiro de 1981. Filho de um coronel e uma professora, formado em filosofia e teologia, tornou-se padre. Escreveu inúmeros livros, constando 22 editados e obras inéditas que se encontram no arquivo "Casa Aluísio de Almeida". Desde 1981, a Universidade de Sorocaba – UNISO – o torna patrono da biblioteca.

Nome de referência para a cidade e base para muitas produções locais, no prefácio da obra História de Sorocaba, editada em 1969, o autor afirma que a produção começou em 1938, quando descobriu no Arquivo da Prefeitura de Sorocaba os documentos sobre a Revolução de 1842. A partir daí inicia publicações sobre a história local no Jornal Cruzeiro do Sul. O Jornalista Jurandir Baddini Rocha sugere a reunião desses textos em um livro, desencadeando a organização do projeto e a busca de capital para sua publicação. Salienta, ainda, o empenho do Instituto Histórico, Geográfico e Genealógico de Sorocaba à concretização da publicação. Para o autor, esta obra é apenas um resumo, pois todo o seu material elaborado exigiria "dois grandes volumes e um maior trabalho do autor para coordenar o total."[35]Segundo Almeida, a função deste texto, que é um resumo da história de Sorocaba, servirá como base para "escolas de nível não universitário e valerá pelas ilustrações".[36]

A obra foi dedicada a Diógenes de Almeida Marins, professor de Sorocaba. Segundo Aluísio de Almeida, "sorocabano de velha cepa, descendente, por linha materna, do capitão-mor José de Barros Lima, e por linha paterna de Marcelo Martins (sic), aqui chegado por volta de 1720." Tais caracterizações ao homenageado são comuns ao longo da obra, enfatizando a origem grandiosa e ilustre dos homens sorocabanos e a religiosidade e finas qualidades morais das mulheres. A região, para o autor, começa com a ocupação dos colonizadores, enquanto os índios transitavam pela região. Segundo Almeida:[37] "Da passagem de índios dos grupos tupi por Sorocaba, em seu nomadismo, a certeza é completa. Deles restaram os topônimos...."

Aluísio, nessa obra, citará indígenas e negros no Capítulo IV, denominado "Vida Colonial". O autor apresenta a administração municipal e os costumes coloniais relativos à mesma. Prossegue a discussão demonstrando como eram escolhidos os juízes e como a justiça funcionava. Relata brigas, crimes, *mancebias*, devassidão. Cita que havia um pelourinho. "O pelourinho servia para açoitar os escravos ali amarrados, por condenação do juiz e, teoricamen-

35 ALMEIDA, Aluísio, *História de Sorocaba*. Sorocaba: Instituto Histórico. Geográfico e Genealógico de Sorocaba, 1969, p. 11.

36 *Ibidem*, p. 11.

37 *Ibidem*, p. 15

te em tempos mais remotos, até plebeus. Será que houve casos?"[38] Continua o capítulo apresentando a escravidão vermelha (indígena) e a prioriza ao longo do texto.

Sobre o que caracteriza a vida colonial, fica evidente que a escravidão é uma pequena parte da discussão, sendo destacado o trabalho compulsório indígena. Evidente que o tema da formação racial do Brasil fica à cargo deste capítulo e a resume da seguinte forma:

> A distinção entre escravidão justa e injusta desapareceu sob Pombal em 1755. Ainda continuou a distinção dos carijós dos livros da paróquia. No recenseamento de 1780 não se fala em administrados, só que duas ou três casas têm uma dezena de agregados de várias idades, sem menção de estado civil, e que são os restos de índios que ainda continuaram a servindo os velhos donos. Ao mesmo tempo é metade o número de casais que "não têm nada": são os antigos índios agora livres, em ranchinhos nos terrenos dos brancos, em terras devolutas, e são, também, os também os novos casais de gente abonada que ainda não herdaram dos pais. Vê-se a formação do caipira que é índio, caboclo branco que decaiu e raros de raça africana. Porque a sociedade colonial aceitava os caboclos, mas para casamento os brancos procuram os que tinham mestiçagem indígena longínqua, fazendo-se a mestiçagem entre os pobres e fora da lei entre os outros. Os depoimentos de testemunhas identificadas pelo escrivão, aí por 1800 e poucos, ainda dizem: "Fulano, que parece ser branco", "Sicrano, de cabelos corredios, lisos."
>
> Em todo o país, o sertanejo, caboclo, matuto, caipira ou que nome tenha, é o descendente do administrado "índio", que

38 *Ibidem*, p. 81

> às vezes, pela lei de Mendel, revive bonitas barbaças e olhos azuis. Há uma relação constante entre eles e as terras devolutas, vão de sesmarias, posses de latifúndios inexplorados. Têm um rancho e uns poucos móveis e roupas. Em 1739, encontramos já uma proporção de 50 por cento de escravos e 50 por cento de administrados. E de 60 por cento e mais de filhos de pais incógnitos e quase sempre brancos os pais e índias ou escravas as mães, ao que parece. E logo os filhos de escrava e índio, e finalmente os expostos em casa, caso em que o nome da mãe, por ser branco se oculta. O índio desapareceu entre as outras duas raças, por cessar a fonte da escravidão. O que separa o branco do mestiço é o dinheiro, o branca ingressa nas classes populares pela pobreza.[39]

Aluísio de Almeida no restante do capítulo trará outros elementos do cotidiano como a educação, a amostragem das famílias brancas, os escultores locais e suas contribuições para pinturas e monumentos às Igrejas e relatos sobre os cirurgiões da cidade.

A obra *Casas Grandes e Senzalas de Sorocaba*, também de Aluísio de Almeida, traz uma referência explícita a Gilberto Freyre e, consequentemente, faz o leitor inferir que trará uma análise sobre a população negra da região. Ao contrário, a obra arrola os casarões das grandes famílias de Sorocaba. Apresenta a casa grande de Baltazar Fernandes, Manoel Joaquim de Barros, Capitão Chico ou Chácara Quinzinho de Barros, Chácara Amarela, Casa Grande da Aparecida, Sítio da Penha, Casa Gertrudes Aires de Aguirre, Sarutaía, Sarutaía no Pirapora, Capitães - Mores Madureira. A estrutura das casas, móveis e objetos do cotidiano e algumas senzalas são descritas ao longo do folheto de 99 páginas. As senzalas pouco aparecem. Alguns casarões não apresentaram vestígios deste espa-

39 *Ibidem*, p. 81

ço, levando o autor a questionar onde os escravizados se alojariam. No caso onde há resquícios da senzala ou a morada permanece, segundo Almeida,[40] pouco relatada e a coloca como mais um elemento da composição da casa grande. Não é a relação que o preocupa, posto que a grande casa grande é o centro em que faz surgir todas as outras coisas ao seu redor: da capela à senzala.

Produções de outros historiadores apresentam, no geral, uma discussão similar à de Aluísio de Almeida. Na obra *Nascente das Águas*, composto e impresso pela Editora Ottoni, livro de memória, autobiográfico e histórico de Jairo Valio, é um dos exemplos. Conforme apresentação da obra, o autor relata a fundação de Pilar do Sul, sua cidade natal. Segundo o autor, há um enaltecimento das belezas naturais e descrição dos fatos históricos, dados pitorescos, religiosidade de seu povo, os costumes de sua época, suas figuras folclóricas, costumes de época e grandes festas. Relaciona todos esses aspectos da cidade a partir das memórias de sua família.

No prefácio escrito por Geraldo Bonadio, presidente da Academia Sorocabana de Letras, *Nascente das Águas*, testemunha a força dos laços afetivos que unem os escritos às coisas de Pilar do Sul. Bonadio ressalta o trabalho de memória e de respaldo de documentos históricos resgatados por Valio, bem como a posição de membro do quadro associativo dela do prefaciador.

Jairo Valio agradece a inúmeros cidadãos de Pilar, às autoridades e famílias que contribuíram para o relato. No quadro de agradecimentos destaca-se a sua citação aos amigos Hiromi Nagama e Takao Yonemura, figuras representativas que permitiram resgatar a importância dos imigrantes japoneses que se estabeleceram na zona

40 ALMEIDA, A. *Casas Grandes e Senzalas de Sorocaba*. São Paulo, Separata da *Revista Investigações*, Ano 1, Novembro, nº. 11, 1949

rural de Pilar do Sul e trouxeram relevantes progressos em todos os setores da economia do município. O segundo relevo que se faz é referente à família Caetano, especificamente a Deodato, filho de Adelino Adão Caetano. Qualifica a família como zelosa e Adelino como um funcionário da Prefeitura Municipal durante muitos anos. O autor não faz nenhuma referência aos Caetanos como cidadãos negros e pertencentes à Associação dos Remanescentes do Espólio do Tenente Antônio de Almeida Leite, ou Quilombo de Pilar.

Seu livro inicia delineando as características naturais de Pilar do Sul e com o capítulo que dá o título à sua obra: *Nascente das Águas*. Afirma que tal epíteto da cidade é adequado devido à exuberância das águas da região. O livro tem 367 páginas, sendo que este capítulo tem 09 páginas, não merecendo grande atenção por parte do autor, apesar do destaque no título e nas descrições sobre a importância da natureza nos elementos pré-textuais da obra.

Sobre a questão racial afirma que abrirá um parêntese muito especial para uma raça muito importante para o progresso da cidade. Realça as características desse grupo e suas diferenças em relação aos nativos.

> [...]raça que muito contribuiu para o desenvolvimento e enriquecimento da minha cidade, hoje tão arraigada em seus costumes e participando ativamente de toda a vida social, econômica e comercial, sendo partícipes de progresso de Pilar do Sul sofreu após a chegada dos primeiros imigrantes que se instalaram primeiramente no campo, e hoje estão espalhados por todas as atividades que trazem riquezas para o município. Falo da raça japonesa[...][41]

41 VALIO, Jairo. *Nascente das Águas*. Sorocaba: Ed. Ottoni, 2005, p. 279.

Ao terminar o relato sobre os japoneses, o autor afirma que Pilar do Sul tem uma miscigenação de raças, que formaram uma índole de um povo pacífico, amistoso, com todos se entendendo muito bem. Relata:

> As famílias Carvalho, Proença, Antunes, Ferreira, Pereira, Leite, Moraes, Vieira, e outras são significativas pela harmonia em que vivem, pelo progresso que também trouxeram a minha cidade, disseminados em atividades agropecuárias, comércio, profissões liberais e um espírito um tanto caipira é motivo de orgulho, porque carrega junto dele a experiência de vida, honestidade, dignidade, respeito ao próximo, nunca sendo sinônimo de esperteza ou má conduta, mas sim firmeza em princípios moraies vindos de geração em geração. Alguns descendentes de italianos, portugueses e sírios, deram tempero gostoso para que todos os seus habitantes convivam muito bem, sem as intempéries que são comuns em grandes cidades ou hostilidades geradas por ódios entre raças, com observadas em outros países, por princípios religiosos, principalmente.[42]

O autor que apresenta a mesclagem em seu sentido positivo, não cita a população negra e indígena. Ao se referir à família Caetano, especificamente, Adelino Adão Caetano, descendente de escravizados pelo Tenente Almeida Leite, qualifica-o pela profissão e personalidade, não citando sua negritude.

> Falo com extremo carinho do Adelino Adão Caetano, nosso ferrenho vigilante das traquinagens que fazíamos nos jogos de futebol atrás da igreja ou nadando no matadouro, mas ele foi amigo fiel de meu pai quando prefeito, o escudeiro da linha de frente, sempre zeloso no cumprimento de suas obri-

42 *Ibidem*, p. 284

> gações como funcionário público, passando por diversas administrações de prefeito que o mantiveram no cargo pela sua competência. Fazia serviços de rua como funcionário municipal e era encarregado de trocar as lâmpadas que se queimavam nos postes, usando uma longa vara de bambu, com um terminal feito de arame na extremidade, coberto de panos, girando a vara e com isso destarracha a lâmpada queimada, trocando-a por uma nova, fazendo o movimento em sentido inverso.
>
> Foi um músico competente da Corporação Musical Lyra Pilarense, tocando baixo, e sucedeu ao meu pai na regência, quando estava impossibilitado pela doença e pela idade.
>
> Em outubro de 1955, reuniu 50 garotos nas faixas etárias de 11 a 14 anos e conseguiu com o Sr. José Perches Filho um cômodo para ensinar-lhes a maravilhosa arte da música, e com isso futuramente engajarem-se na Corporação Lyra Pilarense, para renovação natural dos ellemnteos que iam saindo, pela idade, doenças e mesmo falecimento, e com isso, dos 50 alunos, 25 tiveram continuidade, alguns dos quais foram para a cidade grande para se aperfeiçoarem e o restante ficaram para reforçar nossa corporação.[43]

Uma publicação do IHGGS que merece destaque, organizada com o Núcleo de Estudos Históricos e Ambientais da Floresta Nacional de Ipanema - ICMBio[44] é a edição Fac-Similar de Frederico Augusto Pereira de Moraes, *Subsídios para a História do Ypanema*[45], organizada por Luciano Bonatti Regalado e Adolfo

43 *Ibidem*, p.

44 ICMBio (Instituto Chico Mendes de Conservação da Biodiversidade)

45 MORAES, F. A. P. de *et al. Subsidios para a história do Ypanema*. Brazil: Ottoni Editora, 2010.

Frioli. Editada por Ottoni em 2010, o texto foi publicado pela primeira vez, em 1858, pela Imprensa Nacional. A publicação em homenagem ao bicentenário da Real Fábrica de Ferro Ipanema é considerada, segundo o prefácio dos organizadores, uma das primeiras fontes de informação da fábrica de ferro. A obra reproduz a *Memória Histórica sobre a Fundação da Fábrica de Ferro São João do Ipanema de 1822*, de autoria do senador Nicolao Pereira de Campos Vergueiro, publicada em Lisboa na tipográfica Rollandiana.

Após o prefácio dos organizadores, segue na obra um segundo prefácio do presidente do IHGGS, Adilson Cezar. Ele reafirma a importância da criação do estabelecimento em Sorocaba, pois este "fecunda da esperança em obter e com isso a independência técnica para o império Português que nessa hora se transformava." (s/p) Destaca o Conde de Linhares, que ao compreender a profundidade do momento, "arregaça as mangas" e busca meios para empreender um novo Império Português". A iniciativa procura oferecer aos "historiadores, pesquisadores em geral e intelectuais curiosos", acesso a fontes primárias, colaborando, assim, com a historiografia nacional.

A obra está dividida em três partes. A primeira é a memória histórica do Senador Vergueiro. A segunda parte o apêndice publicado com essa memória e a terceira um aditamento a esta segunda edição contendo mapas e documentos inéditos. A obra, dedicada ao sogro de Moraes, Frederico Luiz Guilherme de Varnhagen, busca subsidiar a construção da história da fábrica com documentos pertencentes ao arquivo da família. Moraes, na epígrafe, enfatiza que busca provar a importância do engenheiro Luiz Guilherme de Varnhagen, verdadeiro restaurador, ou verdadeiro fundador da Real Fábrica de Ferro de S. João de Ipanema.[46]

46 *Ibidem*, p.

> [...] certos da sua muita importância e utilidade, e que provam ao mesmo passo não haverem sido encarecidos os louvores dados por nacionais e estranhos ao zelozíssimo, e superiormente benemérito engenheiro, Sr. Frederico Luiz Guilherme de Varnhagen, restaurados ou verdadeiro fundador da Real Fábrica de Ferro de São João de Ypanema.
>
> ...Darás, com gloria tua...
>
> Vida a teu nome, qual a fama deu
>
> A muitos que da morte triumpharam.
>
> Ferreira

A reprodução dessa obra nos traz, de fato, um documento histórico riquíssimo. Contém detalhes e dados do processo de implementação da fábrica, legislações, correspondência e inclusive informes sobre o cotidiano, com instruções ordenadas aos trabalhadores livres e escravizados. No entanto, a obra apresenta um detalhe importante que é sutil, portanto, pouco observado: a obra busca resgatar a importância do Varnhagen na concreção do projeto da fábrica. Como na citação afirma, o autor buscou pela memória, triunfar diante da morte.

A produção historiográfica da região, as atividades e periódicos das instituições culturais do município, permite atentar para as percepções e divulgação de uma história da região. Segundo Cássia Maria Baddini[47], em sua dissertação de mestrado no Departamento de História da Faculdade de Filosofia, Letras e Ciências Humanas da USP, a historiografia destaca a

47 BADDINI, 2002.p. 12

comercialização de tropas de muares e o desenvolvimento urbano decorrente desta atividade. Baddini ressalta que os historiadores, no entanto, não realizam "análise das condições locais que permitiram esse reconhecimento, nem os seus efeitos sobre a organização da cidade".[48]

Podemos acrescentar que a historiografia local busca o enaltecimento e a importância de Sorocaba e região na história nacional, destacando grandes personagens e pouco atenta para a população negra da região. Se a história da colonização e do tropeirismo descarta a importância dos trabalhadores negros, o mesmo ocorre quando a investigação se refere ao processo de urbanização e industrialização da região.

Ao analisar obras que não estão vinculadas diretamente ao Gabinete de Leitura e ao IHGGS, podemos perceber análises com objetos e temas compartilhados pela comunidade de historiadores contemporâneos, como a questão da classe trabalhadora, a industrialização e a questão racial. Podemos citar títulos de Geraldo Bonadio, *Sorocaba: a cidade industrial*; Adalbeto Coutinho de Araújo Neto, *Sorocaba Operária* e Carlos Carvalho Cavalheiro, *Notas para a História da Capoeira em Sorocaba, Memória Operária, Nossa Gente Negra, Scenas da Escravidão, Entre as Lendas, a Negação e a História, Esperançosos, Folclore em Sorocaba', Salvadora!, André no Céu, 'Entre o Sereno e os Teares' e 'Vadios e Imorais'*, entre outras obras.

Sem detalhar e estudar profundamente as obras e atentando-se aos temas descritos acima, pode-se falar sobre as novas perspectivas adotadas pelos historiadores locais, pelo menos evidencia-se uma preocupação de trazer à luz novos agentes so-

48 Ibid.p. 13

ciais. Não nos deteremos sobre como os novos temas e objetos são tratados nas obras, posto que questões dessas produções exigem um estudo mais profundo.

Deve-se destacar, entre essa historiografia local mais recente, o nome de Carlos Cavalheiro. O autor, com uma vasta produção, sobressai-se por colocar o negro em cena na história de Sorocaba. Os temas abordados trazem à luz objetos nunca descritos na historiografia local.

Apesar dos esforços do autor, percebemos que a história da população negra em Sorocaba ainda está para ser feita. A falta de estudos sobre a própria história dos quilombos na região e sobre essa população vinculada à terra é um elemento que devemos salientar. Outro exemplo, que se soma ao primeiro, refere-se ao estudo sobre a presença de operários negros escravizados ou não na produção da primeira indústria siderúrgica do país e demais manufaturas e indústrias. Assim, tivemos a formação de operários negros escravizados, livres e libertos nunca debatidos de forma ampla. Os tratados da formação da classe operária no Brasil e em Sorocaba vinculam a construção deste setor, apenas, ao momento da chegada dos imigrantes estrangeiros brancos. Como podemos pensar a história do trabalho no Brasil, sem debater a permanência de negros e negras nas fábricas? A seguir, vamos apontar alguns elementos sobre a população negra de Sorocaba e região durante o século XIX, os indícios de uma população existente no meio rural e no meio urbano, bem como as possibilidades e perguntas que surgiram durante a realização da pesquisa de nosso grupo.

Sociabilidade da População Livre, Liberta, Escravizada em Sorocaba

Famílias Negras e os quilombos

A pouca divulgação sobre a história da população negra na região foi um dado que nos chamou atenção. Ao iniciarmos a pesquisa reforçou-se a tese acerca do silenciamento sobre a população negra no contexto da escravidão e dos pós escravidão. O momento mais impactante foi a realização de um curso de extensão organizado pelo grupo de pesquisa e a secretaria municipal de Pilar do Sul[49], em 2016, com docentes do ensino fundamental. As professoras e professores não sabiam da existência da Associação dos Remanescentes do Espólio do Tenente Antônio de Almeida Leite, ou Quilombo de Pilar. A situação da população negra e seu histórico não tinham sido discutidos ou aventados pelas docentes.

A falta de conhecimento sobre a história negra e, ao mesmo tempo, a reprodução de uma história marcada por heróis brancos, tropeiros e bandeirantes foi apresentada durante as nossas reuniões.

Desconsiderar e desconhecer a história negra torna-se uma ação corrente em nossa sociedade e ganha destaque na região, posto que, os estudos sobre as comunidades quilombolas e sobre a população negra local já ocorriam desde a década de 1950.

---

49 No segundo semestre de 2016, foi realizado um projeto de extensão de um curso de formação de professores numa parceria entre Licenciatura em Geografia/DGTH/PROEX, da UFSCar, campus Sorocaba com a Secretaria Municipal de Educação de Pilar aos professores que compõem a rede. O projeto "Educação Quilombola e a Educação para as Relações Étnicas e Raciais". O curso iniciou com 80 professores inscritos e finalizou com a certificação de 50 formadores, tendo a participação de dois representantes da comunidade quilombola Fazendinha de Pilar.

Oracy Nogueira, por exemplo, em sua obra *Preconceito de marca: as relações raciais em Itapetininga*, intensificou seu trabalho de campo no interior de São Paulo. Trata-se de uma pesquisa que examina as relações entre brancos e negros no município de São Paulo e de Itapetininga, contendo observação direta e dados estatísticos e históricos. Na apresentação da reedição *Preconceito de marca,* Maria Laura Viveiro de Castro Cavalcanti,[50] afirma que o autor, a partir do estudo dessa região, desvenda um padrão de discriminação racial, o preconceito racial de marca, que valeria para todo o país. Segundo Cavalcanti,[51] apesar da grande importância e profundidade, esta obra ficou pouco conhecida, inclusive entre os especialistas da área de relações raciais.

A sistematização do preconceito de marca revelou uma modalidade brasileira de relações raciais a partir do trabalho de campo realizado em Itapetininga, mesmo assim o modelo ideal não está circunscrito aos limites de um estudo de comunidade e alcança a realidade brasileira.

Um outro estudo da região sobre as comunidades negras é o já citado *Cafundó: A África no Brasil* de Carlos Vogt e Peter Fry.[52] Nessa obra, os autores apresentam a história da "descoberta" do Cafundó, que data de 1978. A pesquisa realizada de 1978 a 1988 teve o livro publicado em 1996. O processo de resgate da história oral e a confirmação de dados por meio de documentos cartoriais compõem a organização da história da região. A pesquisa tinha a tarefa de reconstruir a genealogia dos escravos da segunda metade do século XIX e a genealogia dos proprietários de terras. Com

50 CAVALCANTI, M.L.V.C, "Apresentação", in NOGUEIRA, Oracy, *Preconceito de Marca: as relações raciais em Itapetininga*, São Paulo: EDUSP, 1998

51 *Ibidem.*

52 VOGT, C.; FRY, P. *Op. cit.*

as duas genealogias, os autores confirmam, assim, a continuidade da comunidade/parentela no tempo. A genealogia da comunidade quilombola de Cafundó ratifica a tese da estabilidade existente das uniões conjugais da população negra.

O silenciamento sobre a história das comunidades negras em Sorocaba e região é um dado evidente. Ao olharmos as produções acadêmicas citadas acima e os relatórios técnicos científicos produzidos pelo ITESP sobre Cafundó e Pilar do Sul, surgem dados importantes vinculados à luta pela posse da terra. As relações familiares entre os negros escravizados e libertos, a importância dos grupos familiares, tanto nos quilombos do Cafundó e de Pilar do Sul, é um traço perceptível. Nas entrevistas realizadas nos quilombos, a marca de pertencimento a um agrupamento familiar que remonta ao século XIX, aparece nas falas e na memória dos entrevistados. O Sr. Deodato Caetano, personagem importante do quilombo de Pilar, remonta seu pertencimento e as relações com os grupos familiares dos remanescentes do espólio do Tenente de Almeida Leite. Não somente a fala, mas os documentos e fontes comprovam a história do agrupamento. O mesmo fato vale para Cafundó, tanto que a história oral e documental foram elementos importantes para a pesquisa de Vogt e Fry.[53]

As relações familiares ancestrais e a apresentação de um encadeamento genealógico tornaram-se essenciais para esses indivíduos como forma de resistência à expropriação completa de suas terras, além de ser a garantia de manutenção da titularidade da terra. Nesses dois quilombos, os escravizados que tiveram as terras doadas em meados do século XIX, bem como a sua manumissão, a organização familiar já era presente nessas comunidades.

---

53 *Ibidem.*

Este fato colabora com o movimento da historiografia brasileira que reviu a questão da família cativa no Brasil. Segundo Slenes, na sua obra *Na Senzala, uma Flor,*[54] antes dos anos 1970 predominava o debate sobre a anomia das relações entre os negros, ora enfatizando ser um problema da raça, ora uma herança social do escravismo. A imagem dos escravizados anômicos, "perdidos uns para os outros", sem normas familiares aparece nos estudos clássicos nos Estados Unidos e no Brasil até meados dos anos 1960. As pesquisas posteriores que apontam a organização familiar dos negros começam a aparecer no final da década de 1960 e segundo Slenes,[55] em meados da década seguinte a questão adquire consistência.

Além de Slenes, muitas obras analisaram a história da família negra escravizada: Iraci de Nero da Costa, Francisco Vidal Luna, Horário Gutiérrez, Stuart Schwartz, Alida Metcalf, João José Fragoso, Manolo Florentino, José Flávio Motta, José Roberto Góes, Sheila de Castro Faria, Hebe Maria Mattos. Sidney Chalhoub e Christofer Andrews.[56]

Os autores não procuram minimizar os horrores da escravidão e destacam que as famílias permitem uma perspectiva de análise em que se visibiliza as relações comunitárias como resistência à escravidão e paradoxalmente como forma de domínio senhorial.

Se a família de escravizados garante uma possibilidade de ter sua roça e produtos e, por extensão, uma pequena comercialização, garantindo um estatuto melhor do que o escravizado isolado, ao mesmo tempo estabelecia vínculo com o proprietário da

54 SLENES, R. W. *Na senzala, uma flor: esperanças e recordações na formação da família escrava; Brasil sudeste, século XIX*. 2. ed. Campinas, SP, Brasil: Editora da UNICAMP, 2011, p. 47.

55 *Ibidem*, p. 47.

56 *Ibidem*, p. 52.

terra e a impossibilidade de escapar da terra. Salienta-se o incentivo ao casamento como estratégia de senhores para impedir as fugas. Slenes exemplifica tal fato com uma fala de um senhor da região de Campinas: "é preciso casar esse negro e dar-lhe um pedaço de terra para assentar a vida e tomar juízo".[57]

O debate sobre a família de escravizados ganha a condição de estruturante para a manutenção do domínio do senhor, mas também, ao mesmo tempo, constitui uma forma de memória e ligação do grupo de escravizados, pois a família é importante para transmissão e interpretação das experiências vividas.

A família poderia trazer benefícios aos escravizados, na medida em que aumenta o acesso a recursos materiais e ao controle sobre a economia doméstica. Mas, o cultivo nas terras do senhor, não traduz a "bondade" do proprietário ou a benignidade do regime. Ao contrário, o cativo e seus parentes tornavam-se reféns, pois a promessa de que teriam a posse definitiva da terra e a liberdade após a morte do senhor os tornavam prisioneiros para além da legislação.

A tese sobre esses vínculos familiares dos negros sua importância na relação paradoxal que trazia, é corroborada pela história dos quilombos da região e as histórias das doações de terras realizadas pelos senhores. Em Cafundó e em Pilar do Sul com as pesquisas realizadas, o pertencimento a linhagens é reforçado e reafirmado pelos membros das comunidades. A família foi fator essencial na luta pela terra na região.

Nas genealogias de Pilar do Sul e Cafundó há uma continuidade da comunidade/parentela no tempo, ocorrendo a união dentro dos casamentos. O texto de Lourdes Carril, apresentado nesta

57 *Ibidem*, p. 121.

obra, aponta a genealogia das famílias, a estabilidade das uniões e a importância dessa configuração para a luta e conquista das terras.

A produção agrícola escravista ou familiar implica fortes vínculos econômicos e sociais, estabelecidos em nível local. Tendo como base a análise dos quilombos e da economia em Sorocaba, destacamos que o maior grupo de profissionais é formado por lavradores, exploradores de lavouras próprias ou em roças de subsistência em terra alheia, podendo ser de seus próprios senhores, exploradas em trabalho familiar. A agricultura de feijão, milho, algodão, eram voltadas para abastecimento da vila e pressupunha uma família constituída e o acesso à terra.

Sobre as relações sociais na sociedade escravocrata, Hebe M. Castro[58] afirma que não ocorrem ligações próximas dos escravizados com a cultura do senhor, mas que havia uma experiência mais próxima com os variados grupos subordinados.

A economia da região no século XIX, como afirmado anteriormente, não foi caracterizada pela agricultura exportadora. As pequenas lavouras, o tropeirismo e uma crescente economia manufatureira e fabril configurou a região. A partir do estudo sobre Sorocaba e região, os homens e mulheres do século XIX viveram em uma realidade muito complexa que, podemos concluir, vai além das relações nas lavouras entre senhores e escravos.

A diversidade na economia da região, nas relações sociais e nos estatutos jurídicos da população negra, permite inferir, a partir da tese de Castro[59], que a sociabilidade na região se configurou,

58 CASTRO, H. M. da C. M. G. de. *Das cores do silêncio: os significados da liberdade no sudeste; escravista – Brasil século XIX*. 3. ed. Rio de Janeiro: Arquivo Nacional, 2013, p. 77.

59 *Ibidem*.

principalmente, entre a população de livres, libertos e escravizados nas atividades das lavouras, fábricas, comércio e manufaturas. Claro que havia uma verticalidade entre essa população subordinada e uma elite econômica e política, mas parece necessário investigar a sociabilidade horizontal presente na cidade a partir das trocas, negócios, contratos e contatos na diversidade existente.

Trabalhadores Negros no meio urbano: livres e escravizados

Desde o século XVIII, a região de Sorocaba tinha como base a feira de muares e o deslocamento das tropas que ocorriam anualmente. A circulação de muares entre o sul do país e a região das minas, passando por Sorocaba, surge e se intensifica a partir de uma economia de abastecimento de víveres no sistema interno de comércio entre regiões distantes de centros econômicos no território brasileiro. Ao contrário da agricultura, o tropeirismo é caracterizado pela mobilidade sem vínculo à terra.

Os tropeiros necessitavam de vendas de secos e molhados, de pequenas manufaturas e de oficinas artesanais destinadas ao trato dos animais. O crescimento urbano ganha destaque no século XIX com os comerciantes e artesãos locais e visitantes durante o período das feiras. A regularização do espaço urbano durante o século XIX e as legislações e códigos de condutas apontam a preocupação com o espaço. Na segunda metade do século XIX, com a chegada da ferrovia e o declínio do tropeirismo, o caminho da prosperidade seria industrialização.

No final do século XIX, Sorocaba apresenta fábricas de tecidos, chapéus, louças, colchões, massas, licores, cervejas, além da Real Fábrica de Ferro Ipanema.

Nesta configuração urbana, os espaços de sociabilidade ocorrem entre negros livres, escravizados e brancos. Podemos inferir que as relações acontecem de forma horizontal, entre os grupos subordinados, muito mais do que a aproximação com a elite econômica e política. Não temos dados para confirmar tal hipótese, mas podemos verificar que trabalhadores negros das fábricas, manufaturas, pequenos comércios e vendedores circulavam no centro urbano. Não temos, somente trabalhadores brancos imigrantes ou nacionais, mas negros livres e escravizados.

A seguir, apresentamos o censo de 1872, o quadro das profissões existentes na região (*Quadro 01*):

Quadro 01 - Profissões existentes na região segundo o Censo de 1872

Profissões	Encargo/função	Escravizados	Livres
Religiosos			5
Juristas			14
Médicos			3
Farmacêuticos			3
Parteiros			1
Professores e Homens de letras			13
Empregados públicos			15
Artistas			50
Militares e marítimos			20
Capitalistas e proprietários			10
Profissões Industriais e comerciais			351
	Costureiras	286	309
Operários	Canteiros, calceteiros, mineiros e cavouqueiros		18
	Operários em metais homens	14	91
	Em madeira	89	60
	Em tecidos	175	287
	Edificações	24	62
	Couro e peles		55
	Vestuário	9	29
	Chapéus	4	15
	Calçados	6	43

Profissões liberais	Juízes, advogados, notários, escrivães, procuradores, oficiais de justiça		14
	Médicos		3
	Farmacêutico		3
	Parteiras		1
	Homens de letras e professores		13
	Empregados públicos		15
	Artistas		50
	Militares		20
	Capitalistas e proprietários		10
	Manufatureiros e fabricantes		16
	Comerciantes, guarda livros e caixeiro		358
Profissões agrícolas	Lavradores	2. 580	2. 105
Assalariados	Criados jornaleiros	224	686
	Serviços domésticos	427	1. 159
	Total	3. 838	5. 907

Fonte: Dados retirados do censo realizado em 1872, Livro São Paulo, p. 210. O total da população de Sorocaba não coincide nas tabelas apresentadas no censo de 1872. Por exemplo, o total vai de 13. 808, em uma tabela, a 13. 999 em outra. Os quadros sobre a população total localizam-se das páginas 208 a 210.

Em primeiro lugar, deve-se destacar que a partir da segunda metade do século XIX os dados começam a retirar os termos brancos e negros, tendo esses significados respectivamente, livres e escravizados. Assim, não se pode deduzir que na tabela, a coluna da população livre, designa necessariamente branco. Há na população livre, brancos, negros e pardos que não podemos quantificar exatamente.

No entanto, parece correto concluir, em primeiro lugar, que a população livre e escravizada desempenhava, em alguns setores, as mesmas ocupações. Em segundo lugar, que as profissões mais valorizadas eram exercidas, somente por livres, enquanto os trabalhos de base eram compartilhados entre livres e escravizados. A divisão do trabalho se repete, por exemplo, na Real Fábrica Ipanema.

Destacamos a fábrica, posto que, no período, fazendo parte do território da cidade, foi um empreendimento do Estado Imperial, fundada em 1810 e que utilizava mão de obra escravizada, africanos livres e trabalhadores livres. Tal dado, nos chamou atenção para a configuração de uma classe trabalhadora operária na região.

Localizado em Araçoiaba da Serra, a cerca de 20 km de Sorocaba, ficava a Real Fábrica de Ferro, assim grande parte de seus trabalhadores estava fora desse circuito urbano. Além disso, os empregados livres da fábrica tinham alojamento próprio e os escravizados e africanos livres eram arranjados na senzala.

Há inúmeros estudos sobre a fábrica, sobre as relações de trabalho, acerca do cotidiano dos africanos livres na siderúrgica e a respeito do significado dos africanos livres no Brasil.[60] No entanto, não se pensa a relação desses trabalhadores negros inseridos na história do trabalho em Sorocaba.

Na Real Fábrica de Ferro, os números de operários variam ao longo das décadas dos séculos XIX e XX dependen-

---

60 Afonso B. Florence, Alinnie Moreira, Beatriz Mamigonian, Carlos E. M. Araújo, Eduardo F. Tomasevisius, Enidelce Bertin, Jaime Rodrigues, Jorge P. de Souza, Luiz Ferraz S. de Neto, Mariana Alice Pereira Schatzer Ribeiro, Marcos Faciaben, Mario Danieli Neto, Nicolar P. de C. Vergueiro, Nilton P. dos Santos, Osny D. Pereira.

do do contexto político e econômico. No início do empreendimento, o governo investe em mão-de-obra estrangeira. Prussianos e alemães foram contratados, mas os operários estrangeiros abandonaram o trabalho devido à falta de pagamento em dinheiro. Segundo Ribeiro:[61]

> [...] os operários estrangeiros praticamente desaparecem dos ofícios, correspondências e relatórios produzidos pela fábrica depois de 1838. A partir desta data prevalecem as informações correspondentes aos escravos da nação[62], africanos livres e escravos.

Os números de africanos livres e cativos em 1846, eram, respectivamente, de 137 e 246.[63] Conforme Ribeiro,[64] demonstrando a oscilação dos números de trabalhadores africanos livres na siderúrgica, em, 1841, havia 104 africanos livres, em, 1846, passam a 240, já em 1851, contavam com 131. As atividades exercidas pelos africanos livres, na Real Fábrica Ipanema, foram realizadas por décadas, com funções precárias, não existindo incompatibilidade com a escravidão e trabalhos compulsórios fabris. A seguir, demonstra-se o quadro de ocupações.

61 RIBEIRO, M. A. P. S. *Entre a fábrica e a senzala: um estudo sobre o cotidiano dos africanos livres na Real Fábrica de Ferro São João do Ipanema, Sorocaba, São Paulo (1840-1870)*. São Paulo: Alameda, 2017, p. 46.

62 aqueles que pertenciam ao Estado durante o Império

63 A autora Ribeiro, M.A.P.S. (2016) baseou-se na Fonte Arquivo Público do Estado de São Paulo, 8 de dezembro de 1846, Resumo estatístico dos africanos livres e escravos do empreendimento elaborado pelo diretor, o Barão de Itapicuru-Mirim. Ordem nº CO 5216 (1840-1848).

64 *Ibidem*, p. 50.

Quadro 2 - Demonstração das Ocupações/serviços/tarefas

Africanos Livres	
Atividades	**quantidade**
Fundição de forno de alto refino	5
Ferreiro	8
Carreiro	9
Carpinteiro	2
Serviço do mato	48
Moldador	4
Servente	7
Soldador	1
Tropeiro	4
Nos pilões	1
Pedreiro	1
Torneiro	2

Baseado na Fonte: (Fonte Arquivo Público do Estado de São Paulo, julho de 1849, Relação nominal de africanos livres. Ordem nº CO 5215, A lista contém os nomes, serviços dos maiores de 20 anos) p. 74-78

Após o relato sobre a Real Fábrica de Ferro Ipanema, pode-se retomar a descrição sobre os trabalhos e atividades existentes no espaço urbano de Sorocaba. No século XIX, o núcleo urbano apresentou expressivo crescimento demográfico. Segundo Baddini,[65] a população no século XVII contava com 5.000 habitantes, já no século XIX, segundo o censo de 1872, apresentava cerca de 13.000. O desenvolvimento à margem das localidades centrais econômicas contava com comércio decorrente do tropeirismo e com o investimento, após a segunda metade do século XIX, nas manufaturas do couro e nas fábricas de tecidos, impulsionadas pela produção do algodão.

65 BADDINI, 2000, p. 100

Pode-se verificar que o núcleo urbano era constituído de uma diversidade de atividades econômicas, portanto, o centro aglomerava trabalhadores livres, libertos e escravizados em seu cotidiano. A seguir um mapa que aponta as principais fábricas e um traçado de ruas onde eram exercidas as atividades urbanas. O traçado principal das ruas 7 de setembro, rua da Penha, rua São Bento e rua XV de Novembro eram caminhos das tropas de muares que chegavam em Sorocaba. A atual Praça Antonio Farjado era local de parada das tropas para passagem no Registro de Animais. Esses lugares, portanto, concentravam-se no comércio, casas de pousos e pequenas manufaturas que viviam da economia tropeira. Foi nesse caminho que se instalaram as primeiras fábricas do século XIX, excetuando-se a fábrica Ipanema. No primeiro momento da pesquisa, não se conseguiu a localização precisa de todas as profissões, por isso, acredita-se, que teríamos uma mancha central de circulação, trocas e sociabilidade.

Mapa 01

Fonte: Projeto Cartográfico Geog. Rafael Sanzio A. dos Anjos. CREA 15604/D. Projeto GEOAFRO - CIGA - UnB. Produção Cartográfica: Geog. Mateus Jesus. Brasília - DF. 2021 E-mail: cartografia@unb.br

O relato de escravizados nas fábricas é registrado pelo historiador local Carlos Cavalheiro. Segundo o autor,[66] a partir de notícia do Jornal Ypanema, de 26 de setembro de 1874 um escravo perdeu o braço na fábrica de chapéus do tenente-coronel Francisco Ferreira Prestes, quando operava uma máquina de descaroçar algodão.

Em 1723, "a monção de Fernão Dias Falcão, provavelmente, partindo do rio Sorocaba, com destino a Cuiabá, 'foi toda preparada em Sorocaba, indo escravos carpinteiros, ferreiros e até barbeiros'."[67]

A existência dos escravos de ganho e alugados para os mais variados fins são registrados nos jornais de Sorocaba. O aluguel de escravos era anunciado e até mesmo uma denúncia feita no Jornal O Defensor, de 17 de Dezembro de 1852, foi descrita por Cavalheiro.[68] O comércio irregular de tecidos foi realizado em um tabuleiro de uma escravizada.

Cavalheiro[69] discorre sobre inúmeros anúncios de proprietários que demonstram as qualificações de suas propriedades para determinados serviços. As pistas sobre as ocupações destinadas ao tropeirismo são também documentadas pelo historiador.

> Em agosto de 1866, Miguel, escravo de Vicente de Oliveira Lacerda fugiu em sua qualificação era tido como domador de animal. Também Caetano, escravo de Francisco José da Silva, era tido como domador. Joaquim, escravo do tenente-coronel José Manoel da Silva, fugido desde fevereiro de 1864, era considerado

66 CAVALHEIRO, C. C. *Scenas da escravidao: breve ensaio sobre a escravidao negra em Sorocaba.* Sorocaba (Sao Paulo): Crearte, 2006, p. 110.

67 *Ibidem*, p. 111.

68 *Ibidem*, p. 111.

69 *Ibidem*, p. 111-112.

> como tropeiro. Pedro, escravo de Pero Vaz de Almeida, sabia ler e escrever e era bom domador. A história de Fuga de Benedicto, escravo de Francisco Ferreira Prestes, levava a crer que pretendia 'justar-se como camarada em alguma tropa que siga para Minas'. Marcos, escravo de João J. de Araújo Vianna, segundo anúncio de fuga, passa por domador e atende alguma coisa de cosinha. Benedito, escravo de João Candido Gomes, era tido como trabalhador de carapina, serra, é pião, amansador de animaes. José, escravo de Antônio de Marins Loureiro, era considerado bom peão. No bairro de Itavuvu, João de Almeida, liberto, exercia a profissão de domador. Por outro lado, Luiz, escravo de João Raymundo da Silva Junior, da Província do Rio Grande, em anúncio de fuga publicado em Sorocaba, tem evidenciado que ''mão cavaleiro, bom cozinheiro, pedreiro, doceiro, copeiro e entende de alfaiate.[70]

Segundo Moura,[71] "uma das características desse escravismo tardio é o cruzamento de relações escravistas e capitalistas". Tal fenômeno é possível de se verificar na região de Sorocaba, nas relações entre a sua elite e a classe trabalhadora. As qualidades e habilidades da população negra escravizada nos diversos ramos passa a ser desvalorizada. Os negros libertos antes e após a abolição deixam de ser recrutados para várias ocupações e os imigrantes estrangeiros ganham destaque para realização dos trabalhos, assim como tomam o lugar dos trabalhadores negros na historiografia.

---

70 *Ibidem*, p. 113-114.

71 MOURA, Clóvis *Apud* Cavalheiro, p. 2006, p. 100

Algumas considerações sobre os Africanos Livres

O livro *Africanos Livres: a abolição do tráfico de escravos no Brasil*, de Beatriz Mamigonian,[72] trata conjuntamente dos africanos livres e do problema dos escravizados ilegalmente. A autora levantou documentação de 4 mil africanos emancipados pela Comissão mista Anglo-Brasileira, sediada no Rio de Janeiro entre, 1830 e 1845; listas de africanos livres emancipados pela Auditoria da Marinha depois de 1850, registros de falecimentos de 1830 a 1840, listas nominais de africanos livres que trabalhavam em instituições públicas; correspondência dos juízes de órfãos do Ministério da Justiça, curador de africanos livres e arrematantes particulares, petições de emancipação e listas compiladas de 1860 pelo Ministério da Justiça para estatística dos africanos; listagem produzida pelo cônsul inglês no Rio de Janeiro com base em entrevistas com africanos livres.

A autora reconstrói a trajetória de indivíduos e da experiência coletiva. A obra "é uma história da abolição do tráfico no Brasil contada a partir das trajetórias e experiências de africanos livres".[73] O texto é dividido em três partes: na primeira, revisita a abolição do tráfico de escravos; na segunda, volta-se para o exame das consequências jurídicas da aplicação (e da falta de aplicação) da Lei de 1831 e, na terceira, examina o trabalho no Atlântico oitocentista.

Em 1810, o Reino Unido havia obtido de Portugal a assinatura do Tratado de Aliança e Amizade, pelo qual o príncipe regente de Bragança aceita colaborar com o rei Jorge III na abolição gradual do comércio de escravos. No entanto, a

72 MAMIGONIAN, B. G. *Africanos livres: a abolição do tráfico de escravos no Brasil*. São Paulo, SP: Companhia das Letras, 2017.

73 *Ibidem*, p. 21.

interpretação dada pela Royal Navy desencadeou uma em inúmeras embarcações apreendidas entre a Bahia e o golfo de Benin, criando um clima de rejeição aos ingleses e à negociação de indenizações das perdas em 1815. Em 22 de janeiro de 1815, Portugal aceitou banir totalmente o comércio negreiro ao norte do Equador, comprometendo-se a reprimi-lo e mantendo a permissão de traficar no sul do Equador entre possessões portuguesas. Sob pressão inglesa, tribunais bilaterais foram criados na Espanha, Portugal e Países Baixos para julgar navios suspeitos de tráfico. As comissões mistas compostas por dois juízes e dois árbitros, um de cada país signatário, seriam responsáveis pela emancipação dos africanos encontrados a bordo dos navios condenados. Conforme acordos, os africanos ficariam sob responsabilidade dos governos locais, que supervisionariam seu emprego "como criados ou trabalhadores livres" por um determinado período. O estatuto dos africanos resgatados dos navios tinha como base a crença que "os africanos não estavam prontos para usufruir a liberdade plena e precisavam de um período de adaptação aos locais para onde eram alocados involuntariamente, a fim de que pudessem trabalhar pela própria subsistência e que aprendessem o significado de seu estatuto jurídico para proteger a própria liberdade".[74]

O estatuto jurídico sobre os africanos livres foi estabelecido em convenção adicional ao *Tratado de 1815*, como um subproduto das atividades de repressão ao tráfico. *O Alvará de 1818* foi mais preciso na definição do estatuto dos africanos no Império português. *O Alvará de 26 de janeiro de 1818* enquadrou os africanos emancipados na ordem jurídica portuguesa. Eles "ganharam

74 *Ibidem*, p. 36.

o estatuto intermediário de 'libertos', tiveram o tempo de serviço obrigatório fixado em catorze anos e o reconhecimento do direito à emancipação plena após esse prazo".[75]

Eram enquadrados juridicamente como incapazes, sujeitos à tutela do Estado, sob a mesma legislação aplicada aos órfãos: teriam curadores, pessoas de reconhecida probidade a cujo ofício pertencerá requerer tudo o que for a bem dos libertos e fiscalizar os abusos. A emancipação viria quando demonstrassem capacidade de viver autonomamente, após prestar serviços por catorze anos. Mesmo a Constituição de 1824 não concedeu aos libertos africanos nacionalidade brasileira e nem a cidadania política.

Com a Independência, o Brasil não se sentia mais obrigado a respeitar o tratado de 1815 e a Convenção de 1817, fato que levou a Grã-Bretanha a condicionar o reconhecimento da Independência (1825) a um novo tratado de abolição do tráfico, assinado em 1826, além de continuarem a reprimir o comércio de escravos feito com a bandeira portuguesa. O tratado de proibição do comércio de escravos entraria em vigor em 1829. Tal negociação que levou três anos demonstra que a abolição do comércio de escravos estava longe de ser consensual: os debates legislativos defendiam que era uma atividade primordial ao desenvolvimento do país, que a soberania do Brasil estava em jogo com a excessiva interferência externa da Inglaterra. Já, José Clemente Pereira, representante do Rio de Janeiro, apelava para o esclarecimento da população sobre a importância da proibição, para que não virasse letra morta.

Com a instalação do governo regencial, em abril de 1831, as dificuldades para combater o tráfico ilegal continuaram, "a regência punha em discussão projeto que instituía procedimen-

75 *Ibidem*, p. 39.

tos novos, definia claramente os sujeitos culpabilizados e as penalidades para o crime de importação de africanos boçais, para demonstrar que a proibição não era 'para inglês ver'".[76]

O projeto foi aprovado[77] "nas duas casas e proibia a importação de escravos para o país e punia todos os envolvidos na atividade ilegal, da tripulação do navio negreiro ao comprador dos africanos contrabandeados".[78] O primeiro artigo da lei declarava livres todos os escravos trazidos ao território brasileiro vindos de fora e o segundo determinava que fossem apreendidos e mantidos pelo governo até serem enviados de volta à África.

A política de repressão ao tráfico e à reexportação dos africanos livres fracassou, apesar da legislação. O recolhimento dos africanos considerados livres, emancipados por juízes de paz ou pela comissão mista, sofreu uma mudança na política do governo imperial em 1834. O ministro da Justiça, Aureliano Coutinho, estabelece a regulamentação dos serviços dos africanos livres. A manutenção dos africanos na Casa de Correção vinha onerando os cofres públicos que se encontram em depósito. Estabelece-se a autorização de arrematar os serviços dos africanos livres com o intuito de recompensarem o sustento e cuidados dados pelo Estado. Deve-se ressaltar que não houve nenhum cuidado para treiná-los à autonomia, nenhum prazo de utilização do trabalho dos africanos, bem como o pagamento de salário aos africanos inexistia, somente um depósito realizado pelo arrematador a um fundo público. Em 19 de novembro de 1835, para evitar prevenir abusos, as novas instruções sofreram uma emenda.

---

76 *Ibidem*, p. 75.

77 Lei de 07 de novembro de 1831

78 MAMIGONIAN, *Op. cit.*, 79.

> O decreto regulava a concessão de africanos livres a particulares, obrigava os concessionários (agora não mais arrematantes) a pagar um salário (um aluguel, na verdade) por seus serviços, o qual seria usado na reexportação para a África, e listava as razões que justificariam o cancelamento de uma concessão.[79]

A grande maioria dos africanos resgatados era distribuída entre particulares e uma parte era enviada ao serviço público. A Real Fábrica de Ferro de São João de Ipanema recebeu, principalmente, na fase inicial, grande parte dos africanos livres.

Frente à corrupção em torno das concessões de africanos livres e as dificuldades de repressão ao tráfico, se propôs, ao longo de 1834, a revogação da Lei de 1831, mantendo a proibição no mar e anistiando os proprietários que, de "boa fé", tinham adquirido escravos. "A preocupação com o tráfico ilegal, esboçada no começo da década, deixará de ser em relação à liberdade dos africanos e se transformará em debate acerca da proteção jurídica aos donos desses africanos importados ilegalmente".[80] Na verdade, estava em curso um projeto político visando constituir um bloco de defensores da manutenção da escravidão, contrário à repressão ao tráfico e favorável à sua abertura.

A experiência dos africanos livres nas instituições é marcada pelo fato de trabalharem ao lado dos escravizados. Trabalharam para o Estado imperial na Real Fábrica de Ferro, na Fábrica de Pólvora, nos Arsenais de Guerra e de Marinha da Corte. Havia mão de obra estruturada em uma complexa hie-

79 *Ibidem*, 97.

80 *Ibidem*, p. 112.

rarquia que incluía funcionários civis e militares, trabalhadores especializados ou não, brasileiros e estrangeiros. Grande parte do trabalho pesado, recusado pelos trabalhadores livres, era realizado pelos africanos livres, escravos da nação e galés.

Analisar suas experiências é desvelar a política da mão de obra do Estado Brasileiro na primeira metade do século XIX, quando este não adotou o modelo de trabalho livre para os africanos resgatados do tráfico, mas legitimando o princípio da tutela por considerá-los juridicamente incapazes.

No amplo espectro dos arranjos de trabalhos dos africanos livres, a autonomia maior era daqueles que viviam longe dos concessionários.

> Os africanos cujos serviços foram concedidos a partir de 1834 tomaram consciência de seu estatuto jurídico aos poucos e frequentemente adotaram os códigos de resistência e negociação usados pelos escravos".[81]

> As petições, os pedidos de emancipação, são uma prova concreta desta consciência. Depois da Lei de 1831, as dificuldades para os africanos livres fazerem valer seus direitos cresceram. "A conivência com a escravidão ilegal, as considerações de segurança pública e a defesa da ideologia senhorial se sobrepuseram aos direitos dos africanos.[82]

A Coroa britânica, nas décadas de 1820 a 1830, mostrou-se preocupada com a administração dos africanos resgatados do tráfico. Recorria com frequência a relatórios e reavaliações do sistema de aprendizagem. Os funcionários do Foreign Office no

---

81 *Ibidem*, p. 156

82 *Ibidem*, p. 164.

Brasil acompanhavam de perto tudo que dizia respeito à escravidão e ao tratamento dispensado pelo governo brasileiro aos africanos livres. Frente às falhas do sistema de aprendizado e as dificuldades do governo brasileiro em garantir a liberdade dos africanos livres presentes no Rio de Janeiro, o Foreign Office desejou num primeiro momento tomar para si a responsabilidade sobre eles, mas depois desistiu de tal propósito. A comunidade internacional criticou fortemente a atitude inglesa de usar "africanos resgatados do tráfico para suprir a grande demanda por mão de obra nas colônias após abolição".[83] Na visão de muitos contemporâneos, a solução era a de enviar os africanos para África e associar a luta contra o tráfico a um projeto mais amplo de civilizar a África.

No coração da crise de 1850 estavam: a oferta de mão de obra africana; o destino dos africanos apreendidos na futura repressão ao tráfico e o direito dos africanos livres que tinham cumprido o tempo de trabalho compulsório como o estatuto dos africanos mantidos em cativeiro ilegal.

O *Philantropo*, publicado na Corte entre, 1849 e 1852, revela "a existência de um grupo articulado contrário ao tráfico de escravos e crítico da escravidão cuja estratégia de enfrentamento do governo revela relações com os ingleses".[84] O grupo veio a público após a promulgação da Lei de 1850 através da Sociedade contra o Tráfico de Africanos e Promotora de Colonização e Civilização Indígena, mas já atuava desde 1845.

O periódico, a partir de abril de 1849, participou intensamente de uma campanha de formação da opinião favorável

83 *Ibidem*, p. 203.

84 *Ibidem*, p. 210.

à abolição do tráfico e à emancipação gradual. O jornal posicionava-se contra o tráfico e a escravidão ilegal, defendendo a aplicação da Lei de 1831, denunciavam maus tratos e realizavam a defesa dos "infelizes expatriados.

O governo era criticado tanto por não conseguir controlar o tráfico e era pressionado pelos proprietários de escravos, que queriam ver legalizadas as transações de africanos feitas depois da Lei de 1831. Vale lembrar que Eusébio de Queiroz, por ocasião das discussões da Lei de 1850, dera garantia para a propriedade ilegal de escravos adquiridos pós 1831, o que confirmaria a escravização de cerca de 800 mil africanos. Para Mamigonian, "é certo também que as ações clandestinas britânicas de fomentos ao 'partido abolicionista brasileiro', de oferta de promessas aos africanos livres e de proteção aos africanos apreendidos e aos escravos fugitivos em geral completaram, de maneira calculada, a pressão naval e diplomática, e deve ser incorporada à história de abolição do tráfico".[85]

O Estado brasileiro muda a política com a promulgação da Lei de 1850: "o gabinete Saquarema condenou e reprimiu a entrada de africanos novos, enquanto protegia a escravidão ilegal dos chegados até então".[86] Cessava o tráfico e mantinha-se a escravidão.

A notícia do decreto de emancipação foi gradualmente se espalhando e aos poucos acolhidos pelos africanos livres que passaram a lutar por ele, a requerer a liberdade, mesmo sabendo que a tramitação das petições era lenta. Na década de 1860, o destino dos africanos livres entrou definitivamente na agenda política e

85 *Ibidem*, p. 283.

86 *Ibidem*, p. 284

a chegada de Christie trouxe novo fôlego à campanha britânica em defesa dos africanos. O fato é que "o tema do tráfico e dos africanos livres tinha sido indelevelmente 'colado' à crise diplomática".[87] O Governo brasileiro não só acelera a concessão de cartas de emancipação como acaba por declarar a emancipação imediata de todos os africanos livres remanescentes. Após a emissão do Decreto (1864), o Ministério da Justiça divulgou um relatório, uma versão oficial que "tinha o propósito de apresentar informações básicas e introdutórias sobre a existência dos africanos livres no Brasil, como parte da tentativa de formular uma versão oficial da questão que havia ganhado a esfera pública desde o início da década de 1860".[88]

Entre 1864 e 1869, ocorreu uma avaliação sistemática da presença dos africanos livres, que identificou o destino de cerca de 11 mil africanos emancipados desde 1821. Dos dados desse amplo levantamento pode-se inferir que: o Governo utilizou o maior número deles, dificultou a emancipação, principalmente, dos homens e ainda prorrogou o já longo período de tutela, com artimanhas como o recurso às emancipações condicionais, que determinavam novos locais de residência.

Na segunda metade da década de 1860 – promotores, juízes municipais, bacharéis –, passaram a questionar a ilegalidade da propriedade escrava, com consequências sobre o comportamento dos africanos em geral, que passaram a invocar o "sentido amplo de africano livro, isto é, que se reconhecessem como africanos importados, por contrabando com direito à liberdade".[89]

87 *Ibidem*, p. 374 e 381.

88 *Ibidem*, p. 381.

89 *Ibidem*, p. 415.

O Governo Imperial, ao implantar uma matrícula geral, em 1872, visava encaminhar a espinhosa questão da escravidão dos africanos importados por contrabando. "Quem não fosse matriculado, ou 'dado à matrícula' nos termos da época, seria considerado livre".[90]

Mostrar que a Lei de 1831 e o Decreto de 1823 estavam circunscritos aos africanos livres e não aos africanos escravizados ilegalmente foi a estratégia dos Conselheiros do Estado. Para eles, o costume efetivo de escravização anulara o direito dado na Lei de 1831 e no Decreto de 1832 de questionar a importação e requerer a liberdade.

A campanha abolicionista do período teve em Joaquim Nabuco, José do Patrocínio e André Rebouças, aguerridos representantes, que não cansaram de denunciar a escravidão ilegal de africanos e seus descendentes. "Reconhecer o direito à liberdade dos africanos importados depois de 1831 implicaria a emancipação deles próprios e de seus filhos e netos crioulos, mas também causaria abalo às relações entre senhores e escravos em volta, que seriam contaminados pelos suspeita de ilegitimidade da escravidão".[91] A partir de 1883, os abolicionistas passaram a utilizar a matrícula de 1872, em defesa dos africanos ilegalmente escravizados.

A legalidade da escravidão foi muito contestada ao longo da década de 1880, e os registros da propriedade escrava eram alvo de escrutínio. Na década de 1880, o conservadorismo tomou conta do Parlamento e o movimento abolicionista ganhou as ruas, "cobrando dos supostos senhores as provas

---

90 *Ibidem*, p. 427.

91 *Ibidem*, p. 446.

do direito à propriedade".[92] A queima da documentação relacionada com a escravidão, dois anos após a abolição, por ordem do ministro da Fazenda Rui Barbosa, buscava apagar a memória da escravidão.

A sociedade brasileira não conseguiu "a criminalização dos senhores por redução de pessoas livres à escravidão ou a cobrança de indenização por serviços prestados".[93] O discurso de Eusébio de Queiroz que defendia o ministério Saquarema foi responsável pela cristalização da ideia de abolição ter sido uma causa nacional, que chegou a bom termo após superar os conflitos com a Grã-Bretanha e por apagar as articulações abolicionistas daqueles anos, como as atividades do "Brazilian anti slavery party" e a atuação como informante dos ingleses de Leopoldo Augusto da Câmara Lima.

Na obra de Mamigonian, destaca-se a história de cerca de onze mil cativos resgatados do tráfico ilegal e de centenas de milhares que o contrabando conseguiu introduzir no país. Mostra, nesta obra, o quanto a mentalidade escravista estava arraigada no tecido social brasileiro. Mesmo com a proibição do tráfico, com sua fiscalização pela Inglaterra e pelo Império, o comércio ilegal continuou. A denúncia de desembarques ilegais; o descaso do governo brasileiro para cumprir a Lei de 1831, a existência de um grupo articulado no Brasil, contrário ao tráfico de escravos e crítico da escravidão.

A análise minuciosa da Lei de 1831 desnuda tanto a visão da elite política quanto a política de escravidão implantada pelo Estado Imperial. A autora examina a situação dos Africanos livres no Brasil em estreita relação com o contexto internacional.

92 *Ibidem*, p. 454.

93 *Ibidem*, p. 455.

Considerações finais

A ausência da participação do negro na história da região de Sorocaba ganha evidência ao analisarmos a produção dos pensadores locais. A falta de referência a negros e negras na produção local, tanto rural quanto urbana, conduziu-nos a pensar na questão da terra e da propriedade, bem como nas relações sociais da região durante o século XIX. Destaca-se a ausência da população negra na formação do mundo do trabalho e do próprio movimento operário nas produções historiográficas locais e regionais.

A história da região embranqueceu o mundo do trabalho rural e urbano. Essa ausência leva-nos à reafirmação da história marcada pela superioridade cultural e racial dos imigrantes brancos.

Sidney Chalhoub[94] afirma:

> A luta dos escravos pela liberdade na segunda metade do século XIX foi o primeiro capítulo da história do movimento operário no Brasil. Os escravos organizaram-se coletivamente para obter a liberdade, negociaram condições de trabalho, fizeram greves, recorreram à justiça para conseguir alforria se para confrontar os senhores de diversas formas. Enfim, articularam uma cultura política complexa que ajudou a enterrar a sociedade senhorial-escravista. Num contexto de produção historiográfica e sociológica que pressupunha a impossibilidade de cultura política entre trabalhadores escravos, a obra de EP Thompson ajudou na revisão de conceitos e na renovação dos estudos sobre a história da escravidão no país. Ainda assim, pouco se sabe sobre a importância da herança das lutas dos escravos pela

94 Palestra proferida em julho de 2001 no XXI Simpósio da Associação Nacional de Professores Universitários de História (Anpuh), em Niterói RJ,

> liberdade na configuração dos movimentos sociais das décadas posteriores à Abolição.

Ainda hoje, temos pouca informação sobre o legado das lutas dos negros na história do trabalho e dos trabalhadores no Brasil. Se a sociedade brasileira, até o século XIX tinha certeza de que falar em escravo era relacionar ao negro e o estatuto de pessoa livre necessariamente remetia ao branco, tal distinção vai desaparecendo durante o século XIX. Durante o século XIX, o registro da racialidade dos brasileiros trabalhadores vai sendo superada por uma documentação que distingue trabalhadores nacionais e estrangeiros, embora até 1888 o estatuto de livre ou escravizado pudesse ser utilizado. A dificuldade existente entre os historiadores sobre a formação racial dos trabalhadores nas grandes empresas dos diferentes estados do país não impede a construção da história do trabalho e dos trabalhadores negros no Brasil. Podemos encontrar milhares de trabalhadores brasileiros de diversas origens, trajetórias e experiências de ofício, inclusive em fábricas como a fábrica Real de Ferro Ipanema.

As experiências urbanas e rurais dos negros na historiografia são questionadas e apontadas desde a década de 1990. A história dos trabalhadores das pequenas propriedades rurais dos quilombos de Pilar do Sul e do Cafundó, dos empregados do comércio de muares, dos operários das manufaturas têxteis, de chapéus e da Real Fábrica de Ferro, nos permitem descrever uma história que não seja pautada numa classe trabalhadora exclusivamente livre, branca e masculina.

A historiografia não questionou, por muito tempo, sobre o silenciamento referente ao trabalhador negro e escravizado na história brasileira. Da mesma forma, os estudos sobre relações raciais pouco apresentaram a complexidade das relações de trabalho nos mundos da escravidão. Escravidão, trabalho escravo e mundo rural apareceriam em oposição à industrialização, operariado e urbanização. Houve pouco diálogo entre a história da escravidão e a história do trabalho.

Podemos apontar que, em nossa pesquisa, surge uma complexidade nas atividades existentes na região de Sorocaba ,durante o século XIX, e a necessidade de compreender o processo de trabalho e da luta contra a exploração.

Trabalhadores livres, libertos, escravizados e africanos livres conviviam em Sorocaba no Brasil oitocentista. Para autores, como Lara[95], os trabalhadores, com ou sem liberdade jurídica, "defrontavam-se com a inviolabilidade da voz de comando senhorial, num quadro de relações sociais tingidas de paternalismo, mas nem por isso removidas de lutas de classe." Tais trabalhadores recorriam à lei por intermédio de aliados eventuais em setores do governo, mas também percorriam caminhos das leis com ajuda de agentes fora da burocracia estatal, que buscavam romper com o poder privado dos senhores. Segundo Mamigonian,[96] as análises das petições dos africanos livres, também revelam e expõem os argumentos dos africanos livres em busca da emancipação.

A experiência do trabalho manufatureiro e industrial com uso de escravos, assim como a complexidade do trabalho escravo, tanto urbano quanto rural na região de Sorocaba, faz aumentar a população negra. Tal dado permite a emissão de

95 LARA, Sílvia Hunold, "Escravidão, cidadania e história do trabalho no Brasil". *Projeto História*, 16. São Paulo, 1998, p. 81-109.

96 MAMIGONIAN, *Op. cit.*, p. 330.

uma legislação de controle social por meio de posturas municipais, multas e aparato policial. As legislações municipais de 1865[97], 1871[98] e 1882[99], apontam toque de recolher e multas para evitar comportamentos considerados indesejáveis para uma parte da população de Sorocaba.

A passagem do trabalho escravo para o trabalho livre no Brasil foi construída como um processo de transição da escravidão para o trabalho livre como algo naturalizado e evolutivo, que construiu a imagem da substituição da mão-de-obra, ou seja, o Brasil substituiu os negros escravizados por trabalhadores livres, imigrantes e europeus. Enfim, saímos da barbárie e passamos para a civilização, desenvolvimento e progresso. A experiência negra na região de Sorocaba, as experiências fabris dos escravizados e africanos livres, dos trabalhadores escravizados e livres do comércio e do campo devem ser foco e destaque para compreendermos melhor a sociedade local.

97 Lei nº 100, de 28 de abril de 1865, contém o Código de Posturas da Câmara Municipal de Sorocaba.

98 Código de Posturas da Câmara Municipal de Sorocaba publicado em 18 de agosto de 1871 no Diário de São Paulo, p. 1-2. Resolução da Assembleia Legislatica Provincial apresentada por Vicente Pires da Mota, vice-presidente da Província de São Paulo.

99 Resolução Nº 5 da Assembleia Legislativa Provincial de S. Paulo Código de Posturas da Câmara Municipal de Sorocaba de 24 de março de 1882

REFERÊNCIAS

ALMEIDA, Aluísio *História de Sorocaba.* Sorocaba: Instituto Histórico. Geográfico e Genealógico de Sorocaba, 1969.

_____, *Sorocaba: três séculos de história.* São Paulo: Ottoni, 2003

_____, *Casas Grandes e Senzalas de Sorocaba.* São Paulo, *Separata da Revista Investigações,* Ano 1, novembro, nº. 11, 1949.

BACELLAR, Carlos de Almeida Prado, *Viver e sobreviver em uma vila colonial: Sorocaba séculos XVIII e XIX.* São Paulo: Annablume, 2001.

BLAJ, Ilana, *A trama das tensões: processo de mercantilização de São Paulo colonial (1681-1721).* São Paulo: Humanitas/FFLCH-USP/Fapesp, 2002

BONADIO, Geraldo; FRIOLI, Adolfo, *Sorocaba: uma história ilustrada.* Sorocaba: FUA, 2004.

CAVALCANTI, M.L.V.C, "Apresentação", in NOGUEIRA, Oracy, *Preconceito de Marca: as relações raciais em Itapetininga,* São Paulo: EDUSP, 1998.

CAVALHEIRO, Carlos Carvalho, *Cenas da escravidão: breve ensaio sobre a escravidão negra em Sorocaba.* Sorocaba: Crearte, 2006.

CHALHOUB, Sidney, "O primeiro capítulo da história do movimento operário no Brasil". In: XXI Simpósio Nacional de História. *A História no Novo Milênio*: entre o individual e o coletivo. Niterói: ANPUH/UFF, 2001, p. 78. Resumo.

FRIOLI, Adolfo, *Resgate histórico: o curioso arruamento da cidade de Sorocaba.* Sorocaba: Crearte, 2005. (Biblioteca Sorocaba, vol. 1)

FRIOLI, Adolfo, *Sorocaba: Registros Históricos e Iconográficos.* São Paulo: Laserprint, 2003.

GALDINO, Luiz, *Peabiru. O caminho do Peru.* Sorocaba: Crearte, 2005. (Biblioteca Sorocabana, vol. 1)

HASENBALG, Carlos, *Discriminação e Desigualdades Raciais no Brasil.* Rio de Janeiro:Edições Graal, 1979

LARA, Sílvia Hunold, "Escravidão, cidadania e história do trabalho no Brasil". *Projeto História*, 16. São Paulo, 1998, p. 81-109.

MARTINS, Ana Luiza, *Gabinetes de Leitura: Cidades, Livros e Leituras na Província Paulista.* São Paulo: Editora da Universidade de São Paulo, 2015.

MATTOS, Hebe, *Das cores do silencia: o significado da liberdade no Sudeste escravista.* Campinas, SP: Editora da UNICAMP, 2013.

MONTEIRO, John M, "Os guaranis e a história do Brasil meridional. Séculos XVI – XVII". In: CUNHA, Manuela Carneiro da (Org.), *História dos índios no Brasil.* São Paulo: Cia. Das Letras/Secretaria Municipal da Cultura/FAPESP, 1992a.

_____, "O escravo índio, esse desconhecido". In: GRUPIONI, Luís Donisete Benzi (Org.), Índios no Brasil. São Paulo: Secretaria Municipal da Cultura, 1992b.

_____, *Negros da terra: índios e bandeirantes nas origens de São Paulo.* São Paulo: Cia. Das Letras, 1995a.

_____, "Dos campos de Piratininga ao Morro da Saudade: a presença indígena na história de São Paulo". In: PORTA, Paula (Org.). *História da cidade de São Paulo.* São Paulo: Paz e Terra, 2004. vol. 1, p. 21-67

NOGUEIRA, Oracy, *Preconceito de Marca: as relações raciais em Itapetininga.* São Paulo: EDUSP, 1998.

OLIVEIRA, P. H, "Gabinetes de Leitura: origens e multiplicidades históricas de espaços socioculturais". *Anais do XXII Encontro Estadual da ANPUH- SP*, Santos, 2014.

PETSCHELIES, Erik, "Fragmentos de história: índios e colonos em Sorocaba (1679 –1752)", Revista de Estudos Universitários, Sorocaba, SP, vol. 38, nº. 2, p. 279-313, dez. 2012 Disponível em: < http://periodicos.uniso.br/ojs/index.php/reu/article/view/1040/1036>. Acesso em: 11 mar 2021.

SILVA. Rubens, "Dois dedos de prosa: Escravos e Preconceito Racial", Revista do Instituto Histórico Geográfico e Genealógico de Sorocaba, Sorocaba, nº. 1, 1958, p. 8-9.

SLENES, Robert W, *Na Senzala, uma Flor: esperanças e recordações na formação da família escrava*. Campinas, SP: Editora da UNICAMP, 2011.

THOMPSON, E. P. *Costumes em comum: estudos sobre a cultura popular tradicional*. São Paulo: Companhia das Letras, 1998.

THOMPSON, E. P. *A formação da classe operária inglesa, vol. I, A árvore da liberdade* Rio de Janeiro: Paz e Terra, 1987a.

_____. *A formação da classe operária inglesa, vol. II, A maldição de Adão* Rio de Janeiro: Paz e Terra, 1987b.

_____. *A formação da classe operária inglesa, vol. III, A força dos trabalhadores* Rio de Janeiro: Paz e Terra, 1987c.

_____. La sociedad inglesa del siglo XVIII: ¿lucha de clases sin clases? In: *Tradición, revuelta y consciencia de clase: estudios sobre la crisis de la sociedad preindustrial* Barcelona: Editorial Crítica, 1989.

VALIO, Jairo. *Nascente das Águas*. Sorocaba: Ed. Ottoni, 2005.

VOGT, Carlos; FRY, Peter, *Cafundó: A África no Brasil: linguagem e sociedade*. São Paulo: Companhia das Letras, 1996.

VIEIRA, Rogich. Sorocaba não esperou o 13 de maio: A luta pela Libertação dos escravos no interior paulista.Sorocaba: s.n., s.d.

http://mapadeconflitos.ensp.fiocruz.br/conflito/sp-quilombolas-descendentes-de-jose-joaquim-de-camargo-lutam-para-garantir-o-direito-a-posse-de-suas-terras/ Acesso em: 30/03/2021 às 09h49.

CAPÍTULO 5

Memória ambiental e transformações da paisagem em Cafundó

Helbert Medeiros Prado

Introdução

A partir de sua interação com o meio natural, por milênios, povos tradicionais construíram vastos repertórios de conhecimento ambiental e de uso da biodiversidade para diferentes fins. Ainda hoje, a partir de seus conhecimentos do ambiente, populações tradicionais garantem suas necessidades básicas como água, alimento, vestimenta e moradia. Também encontram na biodiversidade matéria prima para a confecção de seus utensílios de trabalho, e as espécies que integram seus saberes farmacológicos e práticas mágico religiosas, entre outros usos.[1]

Na esteira do processo histórico associado ao impacto da modernidade sobre as culturas locais, desde meados do século XX, em âmbito nacional e mundial, perdas consideráveis na diver-

1 ALVES, Ângelo GC, SOUTO, Francisco José B, PERONI, Nivaldo. *Etnoecologia em perspectiva: natureza, cultura e conservação*. Recife: NUPEEA, 2010.
ALVES, Rômulo RN., ALVES, Humberto N. "The faunal drugstore: Animal-based remedies used in traditional medicines in Latin America". *Journal of Ethnobiology and Ethnomedicine*, Vol. 7, Mar., 2011, p. 1-43.

sidade sociocultural e dos saberes locais vêm sendo registradas.[2] Porém, no contexto rural brasileiro conhecimentos ecológicos, assim como práticas locais de curandeirismo, pajelança e crenças mágico religiosas de matriz africana ainda persistem em alguma medida.[3] Estes conhecimentos, por sua vez, podem se apresentar de forma combinada a repertórios e práticas de origem urbana e/ou ressignificados na sua forma, função e sentido no interior dos sistemas cosmológicos locais.

Além dessa esfera sociocultural das transformações nas culturas locais, há também uma dimensão material associada à perda histórica de territórios por populações tradicionais com potenciais implicações negativas para os saberes locais. Subtração de território pode ocasionar perda ou impossibilidade de acessar recursos vitais como alimento e fontes de água, hábitats e espécies de valor utilitário, histórico e cultural pelas populações.[4]

Em Cafundó, importantes transformações sociais têm sido observadas ao longo das últimas décadas. Estas pare-

---

2 GODOY, Ricardo. "Long-Term (Secular) "Change of Ethnobotanical Knowledge of Useful Plants: Separating Cohort and Age Effects". *Journal of Anthropological Research*, Vol. 65, 2009, p. 51-67.

3 De MELO, Maíra Fernanda. T, BARROS, Flávio B. "O mundo segundo os quilombolas do bairro alto (Ilha de Marajó): Cosmovisões acerca da vida e das relações sociedade e natureza". *Aceno*, nº 6, Vol. 3, 2016, p. 120-136.
PAES, Gabriela SM. *A "Recomendação das Almas" na Comunidade Remanescente de Quilombo de Pedro Cubas*. Dissertação (mestrado em História) - FFLCH-USP, São Paulo, 2007.

4 CARRIL, Lourdes de Fátima B. "Quilombo, território e geografia". *Agrária*, Vol. 3, 2006, p. 156-171.
O'DWYER, Eliane. C. (2008). "Terras de quilombo no Brasil: direitos territoriais em construção". *Ariús: Revista de Ciências Humanas e Artes*, nº 1/2, Vol. 14, 2008, p. 9-16.

cem estar associadas à proximidade do bairro em relação ao núcleo urbano de Salto de Pirapora, e pelo próprio processo de urbanização da região metropolitana de Sorocaba. Paralelamente, nos últimos 50 anos, a comunidade também sofreu, via grilagem de terra, significativas perdas e transformações em seu território.[5]

Com início em 1999, após longas disputas jurídicas e processos administrativos junto aos órgãos do Estado, hoje 219,7 hectares (ha) se encontram oficialmente reconhecidos como pertencentes à comunidade. No entanto, as famílias vivem e garantem seu meio de vida e reprodução social em uma área inferior à metade daquela que lhe pertence. Isto porque, devido ao histórico de ocupação e uso irregulares de seu território por antigos posseiros, a área abriga atualmente importantes passivos ambientais com reflexos diretos sobre seus meios de vida.

Nesse sentido, para a elaboração deste capítulo, partimos da constatação de que houve em Cafundó a confluência de dois importantes vetores que desafiam sobremaneira a resiliência dos conhecimentos e práticas tradicionais: transformações socioculturais e perda de território. À luz dessas considerações iniciais, podemos nos perguntar: Como as transformações socioculturais e ambientais se manifestam na memória e nas narrativas dos interlocutores locais, e qual sua relação com o modo de vida atual da população e seus saberes locais? Neste capítulo, tomaremos esta questão como norteadora para uma discussão sobre transformações no território, memória ambiental e saberes ecológicos em Cafundó.

5 VOGT, Carlos., FRY, Peter. *Cafundó, a África no Brasil: Linguagem e Sociedade.* Campinas: Editora da UNICAMP/Companhia das Letras, 1996.

Conexões teórico metodológicas

Para a discussão aqui proposta, este capítulo se baseia em um conjunto de informações oriundas da literatura, somado aos trabalhos de campo executados no âmbito do projeto "Perdas e Ressignificações dos Usos do Território na História do Negro em Sorocaba-SP" (CNPq 433023/2018). Faremos uso de trabalhos técnicos e acadêmicos que reúnem em seu escopo elementos históricos, ambientais e antropológicos, e que lançam luz sobre a memória ambiental em Cafundó. A problematização das informações reunidas também será feita a partir da experiência de campo dos autores, construída ao longo de visitas ao Cafundó, entre os anos de 2016 e 2019, como parte do projeto de pesquisa supracitado.

Após um levantamento dos trabalhos de orientação histórica e antropológica já desenvolvidos em Cafundó,[6] para os objetivos des-

---

6 Da SILVA, Lucas B. *A Construção da Identidade e do Território no Quilombo Cafundó*. Monografia (licenciatura e bacharelado em Geografia) - UNESP/INCRA/Pronera, Presidente Prudente, 2011a.
Idem. "O Quilombo Cafundó e a Disputa Territorial". *Cadernos do LEME*, nº 1, Vol. 1, 2011b, p. 105-116.
Idem. "O processo do reconhecimento territorial e os impactos das políticas públicas no quilombo Cafundó - SP". *Revista GeoNordeste*, Vol. 3, 2014, p. 153-168.
Idem. *A dinâmica da construção da identidade e do território no quilombo Cafundó (Salto de Pirapora - SP)*. Dissertação (mestrado em Geografia) - IPPRI-UNESP, São Paulo 2016.
De OLIVEIRA, Débora Priscila. *O encontro com a história de uma mulher benzedeira*. Dissertação (mestrado em Educação) - PPG Educação-UFSCAR, Sorocaba, 2018.
GUEDES, Aline S. *Sociabilidade e comensalidade de um quilombo remanescente em São Paulo: Cafundó (1999 – 2016)*. Dissertação (mestrado em Hospitalidade) - Programa de Mestrado em Hospitalidade-Universidade Anhembi Morumbi, São Paulo, 2016.
GUEDES, Aline S, BASTOS, Senia R. "Potencialidade de visitação e reflexão acerca da comida e religiosidade como memória e patrimônio imaterial do re-

te capítulo, daremos maior atenção ao Relatório Técnico Científico de natureza sócio-antropológica produzido pelo Instituto de Terras do Estado de São Paulo (ITESP) e assinado por Schmitt e Turatti. Este foi elaborado no âmbito dos processos envolvendo o reconhecimento da ocupação histórica da comunidade na área, a fim de garantir-lhe o direito legal de posse e uso do seu território de origem.[7] Também focaremos nos resultados apresentados por Gomes em sua dissertação de mestrado apresentada junto à Faculdade de Filosofia, Letras e Ciências Humanas da Universidade de São Paulo.[8] Outro trabalho central para a discussão aqui proposta é o de Tezoto, sendo o primeiro estudo dirigido aos saberes etnoecológicos em Cafundó.[9] Esta autora traz uma primeira aproximação sobre a farmacopeia de plantas ainda presentes nas práticas e nos repertórios de saberes da comunidade. Seus resultados suscitam importantes reflexões sobre a dinâmica histórica dos conhecimentos tradicionais nesse contexto etnográfico.

---

manescente de quilombo Cafundó, em Salto de Pirapora-SP". *Cultur: Revista de Cultura e Turismo*, nº 2, Vol., 2017, p. 155-182.
RODRIGUES, Joanny VA. *O conhecimento tradicional no uso de plantas medicinais pela comunidade quilombola do Cafundó, salto de Pirapora-SP*. Monografia (bacharelado em Ciências Biológicas) - CCHB-UFSCAR, Sorocaba, 2019
VOGT, Carlos., FRY, Peter, *Op. cit.*

7 SCHMITT, Alessandra; TURATTI, Maria Cecília M. *Relatório Técnico Científico Sobre a Comunidade de Quilombo do Cafundó/Salto de Pirapora*. ITESP, São Paulo, 1999.

8 GOMES, André Luís. *Uso do território, normas e política: dos compartimentos quilombolas à comunidade Cafundó (Salto de Pirapora-SP)*. Dissertação (mestrado em Geografia) - FFLCH-USP, 2015.

9 TEZOTO, Jaqueline. *Levantamento etnobotânico participativo de plantas medicinais no quilombo Cafundó, Salto de Pirapora - SP*. Monografia (bacharelado em Ciências Biológicas) - Departamento de Ciências Biológicas-UFSCAR, Sorocaba, 2014.

Desse conjunto de estudos prévios, extraímos trechos de falas dos moradores de Cafundó recolhidos pelos referidos autores. Como principais representantes da comunidade e presentes de forma recorrente nos trabalhos acima mencionados, a maior parte das falas aqui reproduzidas são de Marcos Norberto de Almeida (61 anos de idade em 2021), Jovenil Rosa (64 anos) e Regina Aparecida Pereira (62 anos). A seguir, situamos o exercício de síntese proposto neste capítulo a partir de seus três principais eixos teóricos na História Ambiental, na História Oral e na Etnoecologia.

O ambiente no qual se insere uma população humana é dinâmico. As paisagens se transformam, assim como suas características ecológicas e sua disponibilidade de recursos ao longo do tempo. Há, portanto, no ambiente, uma dimensão histórica que, se acessada, pode iluminar nosso entendimento sobre os processos naturais e antrópicos estruturantes das condições vigentes no presente. Nesse aspecto, o presente capítulo faz uso da abordagem em Histórica Ambiental.[10] Esta busca, a partir de dados secundários (arquivos, relatórios técnicos, mapas etc.), constrói narrativas sobre transformações ambientais, em diferentes escalas espaciais e temporais.

Aqui, a abordagem da História Ambiental trará subsídios para a melhor compreensão dos processos de mudanças no espaço que compreende a ocupação histórica e atual em Cafundó, com base na literatura técnica-científica disponível. Veremos, por exemplo, que as drásticas mudanças de uso e ocupação solo no entorno e no interior do território de Cafundó, ao longo da segunda metade do século XX, não podem ser bem compreendidas sem que dinâ-

10 PÁDUA, José Augusto. "As bases teóricas da história ambiental". *Estudos Avançados*, nº 68, Vol. 24, 2010, p. 81-101.
WORSTER, Donald. "Para fazer história ambiental". *Estudos Históricos*, nº 8, Vol. 4, 1991, p. 198-215.

micas econômicas e territoriais operantes no município de Salto de Pirapora e na macrorregião de Sorocaba como um todo também sejam consideradas.

Na escala das populações tradicionais, os indivíduos, enquanto testemunhas oculares e/ou agentes de transformação de sua paisagem imediata, constroem memórias coletivas sobre seu meio em sua dimensão histórica.[11] Através de seus relatos, essas memórias podem ser acessadas por meio da história oral, abordagem metodológica que aqui também estamos mobilizando.[12] Desse modo, em termos epistemológicos, estamos aqui articulando História Ambiental a História Oral, de modo que as narrativas dos moradores de Cafundó, em última instância, sua memória, está aqui sendo considerada como um elemento central para desvelar momentos-chave de transformações do território em questão. Tomamos aqui o conceito de memória não como um conjunto fixo de relatos sobre eventos do passado, mas como 'um tempo vivo' nos termos de Bosi, ou seja, enquanto uma construção coletiva permeada por inclusões, apagamentos e ressignificações moduladas pelas condições do presente.[13]

Como veremos mais adiante, a memória dos cafundoenses sobre seu ambiente natural se revela de forma indissociável dos seus próprios saberes ecológicos, de modo que não poderíamos deixar de interpretar a fala de seus moradores sem os

11 BOSI, Ecléa. *Memória e Sociedade: Lembranças de Velhos*. São Paulo: Companhia das Letras, 1994.

12 GOMES, Ângela de Castro (Org.). *História Oral e Historiografia*. São Paulo: Letra e Voz, 2020.
MEIHY, J. C. S. B.; SEAWRIGHT, L. *Memórias e Narrativas: história oral aplicada*. São Paulo: Editora Contexto, 2020

13 BOSI, Ecléa. *O tempo vivo da memória: ensaios de psicologia social*. 3ª Edição. Cotia: Ateliê Editorial, 2003.

aportes conceituais e analíticos da Etnoecologia.[14] Partindo da concepção de Toledo sobre esses saberes,[15] mas principalmente da perspectiva filosófica de Ingold sobre percepção ambiental e conhecimento,[16] estamos aqui tomando conhecimento ambiental como produto do engajamento dos indivíduos em práticas inseridas em seu meio. Nessa perspectiva, ainda que se reconheça que formas de transmissão oral de repertórios estejam presentes, é o processo de aquisição de saberes e fazeres por indivíduos 'participando do mundo da vida'[17] que está no centro do processo.

Mais do que um empreendimento puramente intelectual no sentido estruturalista, na antropologia,[18] é imerso na paisagem e conectado sensorialmente às suas feições e componentes (aos rios, ao relevo, às plantas, aos animais etc.) que os saberes ecológicos vão sendo formados pelo indivíduo. Como veremos adiante, essa perspectiva acerca dos conhecimentos ambientais terá implicações di-

14 ALVES, Ângelo GC; SOUTO, Francisco José B. "Entoecologia ou etnoecologias? Encarando a diversidade conceitual". In: ALVES, Ângelo GC; SOUTO, Francisco José B; PERONI, Nivaldo (orgs.). *Etnoecologia em perspectiva: natureza, cultura e conservação*. Recife: NUPEEA, 2010, p. 17-39. PRADO, Helbert M., MURRIETA, Rui Sérgio S. "A etnoecologia em perspectiva: origens, interfaces e correntes atuais de um campo em ascensão". *Ambiente & Sociedade*, nº 4, Vol. 18, 2015, 139-160.

15 TOLEDO, Victor M. "What is Ethnoecology? Origins, Scope, and Implications of a Rising Discipline". *Etnologica*, nº 1, Vol. 1, 2002, p. 5-21.

16 INGOLD, Tim. *The Perception of the Environment: Essays on Livelihood, Dwelling and Skill*. London: Routledge, 2000.

17 INGOLD, Tim. *Estar Vivo: ensaios sobre movimento, conhecimento e descrição*. Petrópolis: Editora Vozes, 2015.

18 LÉVI-STRAUSS, Claude. *O pensamento selvagem*. 12ª Edição. Campinas: Papirus, 2012.

retas no modo como interpretamos as transformações e tendências atuais dos saberes ecológicos em Cafundó.

Em síntese, é nessa articulação entre História Ambiental, História Oral e Etnoecologia que propusemos na Introdução dessa obra o termo Memória Ambiental, que talvez melhor expresse a perspectiva epistêmica aqui construída. Nesse sentido, nosso núcleo analítico é tanto histórico quanto antropológico, o que vale dizer que para além de uma historiografia em seu sentido estrito, buscamos problematizar a história ambiental em Cafundó tendo a voz de seus moradores no centro desse exercício.

Aspectos socioeconômicos e culturais em Cafundó

A comunidade do Cafundó localiza-se na cidade de Salto de Pirapora (SP), um dos municípios da região administrativa da cidade de Sorocaba, a 150 km da cidade de São Paulo (Figura 1). Quanto à sua origem, a comunidade quilombola de Cafundó recebeu a doação das terras em meados do século XIX, pelo proprietário Joaquim Manuel de Oliveira ao ex-escravizado Joaquim Manuel de Oliveira Congo.[19] Esta era uma prática comum durante o século XIX, como uma espécie de indulgência pelos abusos cometidos contra pessoas escravizadas. De forma adicional, as doações e promessas de doações dos senhores aos escravizados também funcionavam como mecanismos para garantir a permanência subserviente dos mesmos, sem fugas nem rebeliões, em troca da promessa de posse da terra após a morte do senhor.[20]

19 SCHMITT, Alessandra, TURATTI, Maria Cecília M, *Op. cit.*

20 VOGT, Carlos; FRY, Peter, *Op. cit.*

O bairro do Cafundó é tido como um dos poucos remanescentes de quilombo no Brasil onde ainda se fala algum dialeto de origem africana. Trata-se de um léxico africano de origem banto chamado de cupópia (ou falange), o que já chamou a atenção de linguistas, antropólogos, bem como da imprensa nacional e internacional ainda na década de 1980.[21] Atualmente, entretanto, são poucos os moradores em Cafundó que falam o cupópia. As duas principais expressões religiosas na comunidade são o catolicismo e o protestantismo. O candomblé, importante expressão religiosa de origem africana, aparentemente, deixou de ser praticado no local nas últimas duas décadas.[22]

São pouco mais de duas dezenas de famílias, com uma população entre 120 e 130 pessoas. Quanto aos serviços públicos, há um posto de saúde no bairro, e a maioria das crianças estudam em escolas públicas do município de Salto de Pirapora.[23] O modo de produção principal é a agricultura orgânica (arroz, feijão, milho, batata doce, mandioca amendoim, entre outros cultivos), voltada para a subsistência e comercialização, além da criação de animais (principalmente galinhas). Os moradores locais também se empregam em atividades fora da comunidade, especialmente como diaristas (pedreiros, jardineiros, caseiros de chácaras, cortadores de eucalipto, entre outras atividades). Até o início dos anos

---

21 SCHMITT, Alessandra, TURATTI, Maria Cecília M, *Op. cit.* VOGT, Carlos; FRY, Peter, *Op. cit.*

22 GUEDES, Aline S, BASTOS, Senia R, *Op. cit.*

23 Da SILVA, Lucas B. (2011a), *Op. cit.*
Idem (2016), *Op. cit.*

2000, as moradias eram todas de pau-a-pique.[24] De acordo com Guedes e Bastos, em 2017, as casas já eram todas de alvenaria, com exceção de uma.[25]

Transformações no território e memória ambiental

O território do Cafundó, atualmente, dividido em quatro áreas (ou glebas), apresenta uma complexidade fruto do processo de grilagem sistemática ocorrida especialmente a partir da década de 1960.[26] As glebas somam, aproximadamente, 220 hectares, classificadas em Gleba A, com 20 hectares (ha), Gleba B (36 ha), Gleba C (35 ha) e Gleba D (130 ha) (*Mapa 01*). O processo de regularização do território Cafundó foi iniciado com o relatório técnico/antropológico produzido pelo ITESP em 1999, sendo continuado pelo Instituto Nacional de Colonização e Reforma Agrária (INCRA), a partir de 2003, e concluído em 2012. A seguir, apresentaremos alguns fragmentos da história e memória ambientais em Cafundó, organizando essas narrativas temporais pelas categorias espaciais das glebas acima mencionadas, iniciando pela Gleba D.

24 SCHMITT, Alessandra, TURATTI, Maria Cecília M, *Op. cit.*

25 GUEDES, Aline S, BASTOS, Senia R, *Op. cit.*

26 Da SILVA, Lucas B. (2011a), *Op. cit.*

Mapa 01. Território de Cafundó, seu entorno e suas glebas A, B, C e D.

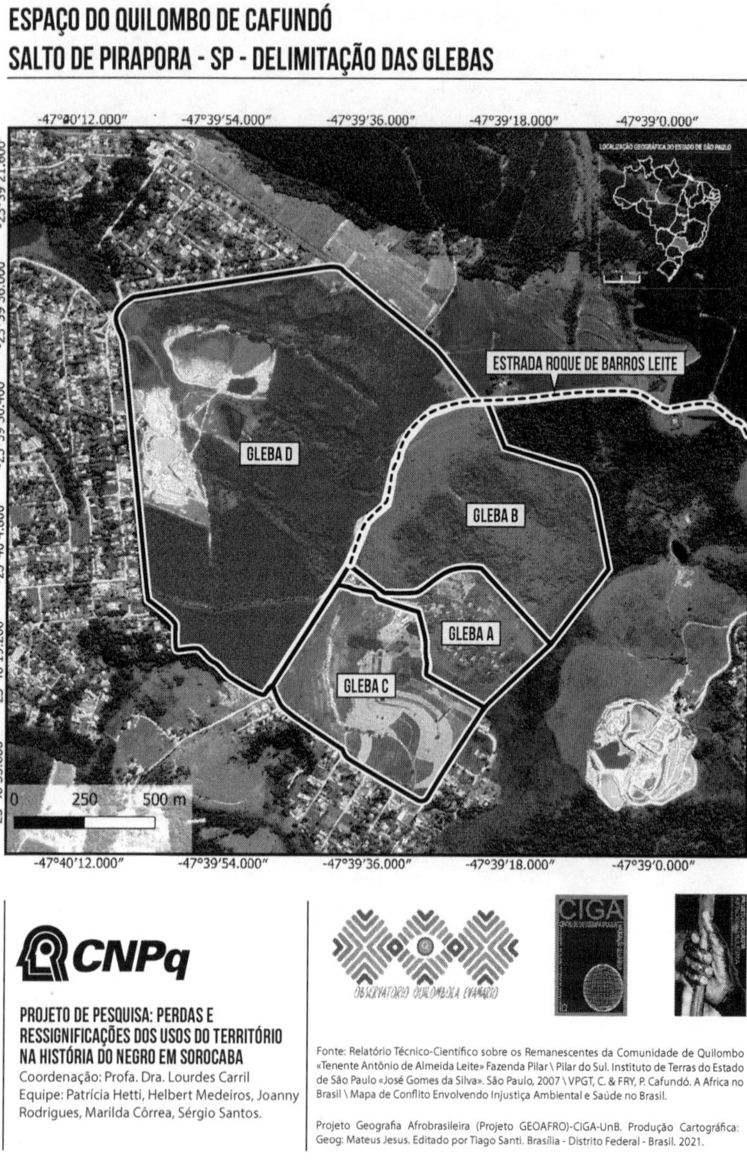

Fonte: ANJOS, R.S.A. Quilombos: Geografia africana, Cartografia étnica, Territórios tradicionais. Mapas Editora & Consultoria, Brasília, 2010. Atualização: Projeto GEOAFRO, Brasília - DF. 2021.

Da mata enterrada ao eucalipto: transformações na gleba D

A gleba D, com seus 130 ha talvez seja a mais impactada ambientalmente dentre as demais. Ali, o antigo fazendeiro que se dizia proprietário, arrendou 50 ha para a empresa Mineradora Ouro Branco em 1998, a qual estabeleceu nesta área um porto de areia. Essa exploração foi abandonada, em 2017, configurando-se em um importante passivo ambiental na localidade. Em 2001, uma área de 250 m² também foi arrendada para a instalação de uma torre de telefonia. O mesmo fazendeiro viria a arrendar em 2004 outros 63 ha para a Companhia Suzano de Papel e Celulose, estabelecendo ali uma monocultura de eucalipto, ainda presente na Gleba D. Entre 2004 e 2010, houve inclusive o funcionamento irregular na área de um posto de combustível em uma área de 7. 189 m². Este adicionou novo passivo ambiental na área decorrente dos métodos impróprios de armazenamento e destinação dos rejeitos ali produzidos. A seguir concentramos nossa análise sobre as transformações ambientais de maior monta na Gleba D, relativas à mineração e ao plantio de eucalipto.

Conforme o histórico apresentado no relatório do ITESP,[27] com base no mapeamento em campo do território de Cafundó elaborado pela Superintendência de Desenvolvimento do Litoral Paulista (SUDELPA), em 1985, o Conselho de Defesa do Patrimônio Histórico, Arqueológico, Artístico e Turístico do Estado (CONDEPHAAT) tombou em 1990 as glebas A, B e C, sem nenhuma justificativa para o não reconhecimento da gleba D, a qual também era reivindicada e ocupada historicamente pelas famílias de Cafundó. Inclusive, relatos locais recolhidos por Shmittt & Turatti dão conta de que nas primeiras décadas do século XX ainda havia nessa porção do território algumas moradias antigas de seus ante-

27 SCHMITT, Alessandra, TURATTI, Maria Cecília M, *Op. cit.*

passados. De acordo com esse mesmo relatório, a partir do referido mapeamento de 1985, a área da Gleba D passou a ser cercada, proibindo o acesso dos quilombolas às suas nascentes de água, às áreas de extração de lenha para uso doméstico, e outros recursos naturais conforme exemplificado no trecho abaixo:

> Antes disso, ela [gleba D] era usada pela comunidade para fazer roças, mas também como reserva natural, donde retiravam lenha e frutos como indaiá, gabiroba, tapicuru, fruta de perdiz e pitanga do mato, além de utilizarem as nascentes de água. A comunidade relata que, nas primeiras décadas deste século, encontravam-se também na Gleba D algumas das antigas moradias de seus antepassados.[28]

Nesse período, era o Sr. Pedro Latorre que ocupava essa porção do território, se declarando proprietário dessa terra (Fazenda Eureka). Fato é que tal situação se perdurou ao longo dos anos de 1990, ganhando contornos mais sensíveis quando em 1998, o mesmo Sr. Latorre arrenda 50 ha da Gleba D para a empresa Mineradora Ouro Branco, estabelecendo ali uma mina de exploração de areia. Sobre este episódio, Gomes recolheu significativos depoimentos dos moradores de Cafundó, como o diálogo entre o autor (André Luís Gomes) e o Sr. Marcos Norberto de Almeida abaixo nos mostra:

> André: Mas antes dele plantar eucalipto o que tinha ali? Marcos: Ah, ali tinha muita coisa nativa. O campo ali tinha muita fruta nativa, andiroba, indaiá, itapicuru, fruta-de-perdiz, rixicu, um monte de coisa [...] tinha os capão de mato grosso, os capão levantado aqui agora [...] ali foi entupido muita coisa. O que foi entupido de madeira ali, "nossa se-

28 *Ibidem*, p. 41.

> nhora" é indiscutível, de madeira ali. André: De eucalipto? Marcos: Não, madeira nativa [...] tinha capão grosso de madeira assim [...] aí, foi entupido tudo. André: Como assim, entupido? Marcos: A máquina fazia buraco, cortava e enfiava lá dentro [...] quando foi implantada a mineradora. André: Então, quando foi implantada a mineradora, ali onde foi feita a cava era essa mata, então? Marcos: Era mata. Ali queimou muitos litros de óleo diesel de queimar madeira [...] cortava aquelas madeiras nativas, aqueles troncão, ia picando tudo, fazia aquele carreirão, daí jogava aquele monte óleo diesel em cima e metia fogo [...] o que eles não queimavam eles faziam aquele "valetão" com a máquina, aquela vala assim e empurrava com a máquina lá e jogava terra em cima [...] aí, vinha a [polícia] florestal lá; ia no escritório e ficava uma meia hora de tempo lá, daí ia embora e continuava a "derrubação" da mata.[29]

Na passagem acima é possível perceber que o entrevistador (André), ao iniciar esse trecho do diálogo fazendo referência ao período anterior ao plantio de eucalipto na Gleba D, interpreta, num primeiro momento, a fala de Marcos como se a área tivesse sido 'entupida' de eucalipto. Dúvida que logo se desfaz quando Marcos explica que ali existia uma mata que fora derrubada, picada, queimada e enterrada em valas ('entupida') para a instalação da mineração. Chama atenção nesse trecho a ênfase que Marcos dá a esse evento. Interessante também notar que sua fala sobre as plantas nativas que ali ocorriam parece ter funcionado como catalisadora mnemônica do episódio que culminaria na destruição da mata.

Passados cerca de 20 anos após sua instalação, a mina foi desativada e abandonada, em 2017, legando um importante passivo ambiental na área (*Foto 1*). Por volta de 2014, havia uma previsão

29 Trecho extraído de GOMES, André Luís, *Op. cit.*, p. 330, a partir de entrevista realizada em 1/12/2014.

de avanço da área de mineração para além dos limites previstos na licença de uso emitida pela CETESB, inclusive adentrando o plantio de eucalipto que a esta altura (como veremos adiante) já estava sob usufruto da associação quilombola de Cafundó. Diante dessa situação, uma das falas de Marcos recolhida por Gomes parece dar o tom do que representa para os moradores locais o valor produtivo dessa terra após ter sido explorada pela mineração:

> [...] eu num pedi pra desapropriá a terra e vortá a terra num precipício, uma coisa imprestável... não dá nada, não faz nada, não planta nada. Eu tava querendo a terra, não to querendo desapropriá um precipício [...][30]

Alguns anos após o início da exploração de areia acima comentada, o mesmo fazendeiro viria a arrendar em 2004 outros 63 ha da Gleba D para a Companhia Suzano de Papel e Celulose, estabelecendo uma monocultura de eucalipto na área (*Foto 2*). O primeiro corte desse eucalipto se daria no ano de 2011. Porém, com a assinatura do Contrato de Concessão de Direito Real de Uso Coletivo entre o INCRA e a associação de quilombo Kimbundu de Cafundó em, 02/08/2012, a segunda safra (de rebrota), cortada em 2018, já fora comercializada pelos próprios cafundoenses. Mediante esse mesmo contrato, a associação de moradores de Cafundó também passou a receber uma fração do faturamento gerado da exploração da mina de areia na área, a qual seria desativada em 2017, como mencionado acima.

---

30 Trecho de entrevista concedida a GOMES, André Luís, *Op. cit.*, p. 339, em 01/12/2014.

Foto 1 - Mina de extração de areia na gleba D, território de Cafundó.

Foto de autoria de André Luís Gomes em 22/07/2012.

Foto 2 - Plantio de eucalipto na gleba D, território de Cafundó.

Foto de autoria de André Luís Gomes em 11/10/2013.

A presença do eucalipto no território de Cafundó e seu entorno está longe de ser um caso isolado, na medida em que reflete uma tendência geral de avanço dessa cultura no estado de São Paulo e no município de Salto de Pirapora em particular, entre os anos de 1990 e 2000. Gomes mostra que entre, 1996 e

2008, a área total coberta por reflorestamento de eucalipto no município quase que dobrou, de cerca de 3. 600 ha para aproximadamente 6. 700 ha.[31] Hoje, em 2021, são aproximadamente 4.000 ha de área plantados em Salto de Pirapora, mostrando um decréscimo dessa cultura nesses últimos 10 anos. Ainda assim, o município detém um dos maiores plantios de eucalipto no estado de São Paulo em termos proporcionais à sua área, com cerca de 16% de seu território coberto por essa cultura (Biota - SEMA, SP). Outras formas importantes de uso do solo no meio rural em Salto de Pirapora são as pastagens (braquiária) para gado e o cultivo de milho.

Cabe aqui um breve parêntese sobre a situação atual da cobertura de vegetação nativa do município, no sentido de uma maior compreensão do contexto ambiental no qual a comunidade de Cafundó se insere. Originalmente, a cobertura vegetal da região era composta principalmente por Floresta Estacional Semidecidual (ou Mata Atlântica do Interior) e Cerrados. Atualmente, o território de Salto de Pirapora apresenta significativas perdas em sua vegetação nativa, como, por exemplo, a ausência completa de floresta primária na área. Toda sua área com alguma cobertura florestal é formada ou por matas secundárias (cerca de 10% do território) ou por plantios de eucalipto.

Os remanescentes de mata nativa secundária do município se distribuem em forma de médios e pequenos fragmentos, com grau mediano de conectividade entre si. Cerrados que ocorriam originalmente na região praticamente inexistem no município atualmente (Biota - SEMA, SP). Ademais,

---

31 GOMES, André Luís, *Op. cit.*

com base em mapeamento dos cursos de água no território de Salto de Pirapora, Pires e colaboradores registraram que cerca de 17% da área do município corresponde a Áreas de Proteção Permanente (APP), das quais apenas cerca de 50% apresentam alguma cobertura vegetal, ameaçando a segurança hídrica de sua população.[32]

Perda e reocupação das glebas B e C

De acordo com o Relatório Técnico Científico do ITESP sobre a comunidade de Cafundó, a gleba B (36 ha), assim como as demais, era local de antigas roças cultivadas pelas famílias, as quais se tornaram cada vez menos viáveis a partir do início da década de 1970, quando fazendeiros vizinhos passaram avançar suas cercas para o interior dessa porção do território.[33]

No início dos anos de 1980, uma porção de mata nativa da gleba B foi substituída por uma plantação de eucalipto pelo fazendeiro/posseiro Armando Landulpho, suposto dono da chamada Fazenda Paraná. Fato é que essa alteração na paisagem local reduziu sobremaneira o fluxo de água de importantes nascentes nessa porção do território, culminando no quase desaparecimento do córrego usado pelos cafundoenses e que corria pela divisa entre a gleba A e a Fazenda Paraná. Após esse episódio, atividades como pesca e obtenção de água para fins domésticos não foram mais possíveis nessa

32 PIRES, Valquíria RO, GARCIA, Maria Alice, MARTINES Marcos R, TOPPA Rogério H. "Identificação de Conflito de Uso da Terra em Áreas de Preservação Permanente no Município de Salto de Pirapora, SP". *Ambiência*, Guarapuana, Vol. 12, 2016, p. 953-962, 2016.

33 SCHMITT, Alessandra; TURATTI, Maria Cecília M, *Op. cit.*

localidade. Os moradores passaram então a acessar água em pontos mais distantes, seja no rio Sarapuí, ou nas nascentes da gleba D.

Interessante notar este primeiro precedente relativo à pressão da atividade do eucalipto sobre a área, a qual viria a se amplificar no início dos anos 2000 na gleba D, conforme discutimos acima. Atualmente, observa-se na gleba B a presença de pastagem artificial com algumas cabeças de gado, além de uma APP (Área de Preservação Permanente) com aproximadamente 10 ha de Floresta Atlântica Estacional (Mata Atlântica do Interior) (*Foto 3*). Conforme nos lembra Gomes:

> Embora tenha sofrido o impacto do uso pelo fazendeiro Armando Landulpho, essa área ainda pode ser considerada a mais preservada do quilombo, pois quase metade dela é ocupada por matas e capoeiras protegendo quatro nascentes que alimentam o córrego que faz a divisa entre a Gleba A e a Fazenda Paraná. Nesse córrego, foi feito um pequeno represamento que serve principalmente de fonte de água para alguns animais criados pelos quilombolas.[34]

34 GOMES, André Luís, *Op. cit.*, p. 349.

Foto 3 - Equipe de pesquisa e moradores locais em uma visita à Gleba B, com a mata da Área de Proteção Permanente (APP) ao fundo.

Foto obtida pelos autores em 27/09/2019.

A gleba C, por sua vez, teve seu acesso proibido aos moradores de Cafundó, em 1978, quando da ocorrência de um embate físico por conflito fundiário que resultaria na morte de Benedito de Souza. Este último, a mando do fazendeiro Fuad Marum, tentava avançar com o cercamento nessa porção do território quando do ocorrido. Segundo relatos dos cafundoenses recolhidos por Shmittt e Turatti, o mesmo Benedito de Souza teria assassinado o líder de Cafundó Benedito Norberto Rosa de Almeida 12 anos antes, também pela posse de terras na região. Outra suposta tentativa de usurpar essa porção do território, ainda por parte do fazendeiro Fuad Marum, aparece no trecho abaixo:

> Os moradores do Cafundó contam que tinham uma roça de milho na gleba C e que Fuad Marum pediu--lhes que colhessem a safra para que ele comprasse.

> Com a transação feita, Fuad disse-lhes para assinar um recibo, que na verdade era um 'papel' de venda da terra. Os cafundoenses sequer receberam o dinheiro pelo milho.[35]

Por décadas restritos à gleba A, onde se estabeleceu a vila de moradores muito em razão das pressões de grilagem que atuaram no restante do território a partir dos anos de 1960, foi somente após a Concessão de Direito Real de Uso Coletivo Concessão de Uso do restante da área (abrangendo as glebas B, C e D) em, 2012, que os moradores puderam iniciar um processo de reocupação produtiva nessas outras porções do território. Nesse intervalo de décadas em que os cafundoenses se viram restritos a apenas 20 ha (do total de cerca de 220 ha que lhe são de direito), as condições mínimas de acesso à terra para sua autossuficiência econômica e sustento das famílias lhes foram usurpadas.

O trecho abaixo parece dar o tom do impacto dessa restrição espacial na vida das famílias de Cafundó durante aquele período. O fragmento do diálogo aqui reproduzido foi extraído do programa televisivo Globo Rural veiculado em rede nacional em 2020, no momento em que o Sr. Marcos Norberto de Almeida, uma das principais lideranças em Cafundó, era questionado pela repórter sobre as dificuldades do período em que os moradores não tinham terra para plantar:

35 SCHMITT, Alessandra, TURATTI, Maria Cecília M, *Op. cit.*, p. 36.

> Repórter: O Sr. passou alguma dificuldade?
>
> Marcos: É, passemo uma (risos)...passemo fome memo, não foi dificuldade, teve que passá fome memo, muita fome[...][36]

Nesse movimento de retomada do direito de uso do território, com os significativos passivos ambientais presentes na gleba D, e a Área de Proteção Permanente (APP) na gleba B, a retomada da prática agrícola tem se concentrado na gleba C, onde o pasto predominava até então. Desse modo, com seus 35 ha, a gleba C hoje é destinada, na sua quase totalidade, à agricultura praticada na comunidade. Diferentemente do cultivo de corte e queima (ou coivara), que segundo os relatos dos moradores era o principal modo de cultivo praticado no passado para fins de subsistência direta das famílias, hoje a agricultura que se desenvolve na gleba C é voltada ao cultivo orgânico de hortaliças, as quais são destinadas à venda e geração de renda pelas famílias (*Foto 04*).

36 Diálogo extraído do programa Globo Rural veiculado em 22/11/2020.

Foto 04 - Cultivo orgânico de hortaliças na Gleba C

Foto obtida pelos autores em data 27/09/2019.

Gleba A: da resistência material e simbólica em Cafundó

> *Mas depois os fazendeiros chegaram mostrando documento, e foram cercando as terras, o povo resistindo, gente morreu, e terminaram por ficar espremidos num cantinho.*[37]

A gleba A é o espaço das residências e das edificações voltadas à infraestrutura da comunidade e dos equipamentos ali presentes, como galpões, barracões, edificações religiosas, escola, centro comunitário etc. (*Foto 05*). Gostaríamos de iniciar essa seção problematizando alguns aspectos da pesquisa de Tezoto, o primeiro estudo em etnobotânica sobre plantas medicinais em Cafundó.[38] Em sua análise sobre a espacialidade dessas plantas, a autora encontrou que aproximadamente 72% das espécies são oriundas dos quintais (com proporções semelhantes entre nativas e exóticas). As demais

37 Trecho extraído do romance *Torto Arado*, de Itamar Vieira Júnior (2018, p. 228).

38 TEZOTO, Jaqueline, *Op. cit.*

categorias espaciais consideradas pela autora foram os campos (provavelmente manchas de campo cerrado[39] que ocorriam nas glebas B e C), as matas (concentrada na área de APP da gleba B), as beiras de mata, as beiras de rio (ou 'banhados') e as beiras de estrada.

Foto 05 - Via principal na vila de Cafundó (Gleba A), com centro comunitário à esquerda e 'casa do artesanato' à direita

Foto obtida pelos autores durante os trabalhos de campo.

A exemplo de sua presença em outros contextos envolvendo o campesinato no Brasil e no estado de São Paulo, os chamados jardins-quintais, áreas no entorno da casa, são espaços multifuncionais, especialmente mantidos pelas mulheres. Além da manutenção de espécies medicinais como vimos aqui, eles podem desempenhar papel estético e afetivo, com os cultivos de flores por exemplo, na dieta, com a produção de temperos e também de árvores frutíferas, bem como servir de espaços de experimentação de cultivos de

39 Campo cerrado é uma das fisionomias vegetacionais encontradas no domínio do Cerrado brasileiro, em que prevalece o estrato herbáceo sobre o arbóreo.

novas variedades que posteriormente podem ser incorporadas ao portfólio de produtos agrícolas das famílias.

Para além das categorias espaciais acima mencionadas, Tezoto também inicia uma discussão acerca da ocorrência atual das espécies de uso medicinal no território como um todo, em suas diferentes feições ambientais e em suas diferentes glebas. Partindo da informação de que 62% da farmacopeia botânica por ela reportada são de espécies nativas e 38% de espécies exóticas, e retomando o tópico sobre o tempo em que os moradores de Cafundó tiveram seu acesso ao território extremamente reduzido, se restringindo à apenas o contexto da gleba A, a autora argumenta que:

> Foi possível levantar um maior número de espécies nativas na comunidade, pelo fato da Gleba A, uma das áreas percorridas, ter permanecido na posse da comunidade, responsável pela manutenção e conservação dessa área. Nas Glebas B e C, que durante muitos anos ficaram sob o domínio de fazendeiros, foram encontradas espécies nativas, porém em menor número.[40]

Considerando apenas as espécies nativas, neste trecho, a autora se refere ao fato de ter reportado, por meio de entrevistas e caminhadas com seus interlocutores, plantas medicinais em quase sua totalidade com ocorrência na gleba A. Nesse aspecto, o registro de Tezoto nos sugere haver um padrão espacial diferenciado no modo como esse saber local está representado na paisagem, se concentrando sobremaneira na gleba A, onde também se inserem os quintais com suas espécies tanto nativas quanto exóticas.

40 TEZOTO, Jaqueline, *Op. cit.*, p. 64.

Vale lembrar que essa gleba foi o principal espaço de resistência física e simbólica dos cafundoenses por quase meio século em que estiveram nela restritos. Como parte desse mesmo processo, podemos então compreender a gleba A como um *lócus* no qual parte das práticas e saberes tradicionais também foram preservados. De certo modo foi nela que se centrou o processo de socialização dos moradores hoje adultos da comunidade, incluindo aqui sua relação com os elementos da natureza por eles ali mantidos.

A relevância da gleba A, na percepção de seus moradores, em comparação com as outras glebas, parece refletida em um dos exercícios que realizamos em campo, a qual poderíamos aqui chamar de uma cartografia êmica e afetiva.[41] Nele, pedimos que um grupo formado por cerca de 10 moradores, entre homens, mulheres, adultos, jovens e idosos, produzissem um desenho coletivo representando o território da comunidade. Como podemos perceber na imagem abaixo (*Figura 01*), na parte inferior do desenho e parte do quadrante superior esquerdo encontramos a vila (gleba A), com a Capela da Santa Cruz em azul, o centro comunitário em laranja, e outras instalações como escola, salão de reuniões, loja de artesanatos, além de algumas moradias e árvores ali representadas.

41 MAXAKALI, Gilberto *et al. Geografia da Nossa Aldeia*. Brasília: SEE-MG/MEC, 2000.

Figura 01. Desenho coletivo do território de Cafundó produzido em cartolina por seus moradores

Foto obtida pelos autores em 04 de outubro de 2019.

Mas o que mais nos chama atenção é a inversão, em relação à escala geográfica, das proporções conferidas às diferentes glebas. Ainda que tecnicamente apresentando menor área, a gleba A é a que ocupou a maior proporção da imagem. De fato, a área do desenho destinada à gleba A supera a soma das demais glebas. Enquanto relativamente pequena na imagem aérea da Figura 1, ela cresce em proporção e importância na representação mental do território por seus moradores.

O exato oposto ocorre com a gleba D, a maior entre todas as glebas, porém a mais sub-representada no desenho, ocupando um pequeno espaço no canto superior esquerdo do croqui, com a representação de apenas duas árvores de eucalipto. Proporção semelhante é utilizada para representar a gleba C, com apenas três linhas de plantação de hortaliças ao lado do eucalipto acima mencionado. A gleba B aparece representada no quarto superior direito e parte do quarto inferior direito da imagem, com a mata da APP se destacando.

Não estamos aqui desconsiderando que a vila por si só, enquanto núcleo da vida social do grupo, tende a ser valorizada em representações iconográficas como a que estamos aqui discutindo. Apenas gostaríamos de chamar atenção para a possibilidade de que em Cafundó essa valorização da gleba A no imaginário coletivo pode ter sido exacerbada em razão da dinâmica territorial aqui já discutida. A drástica sub-representação das glebas D e C parecem complementar o argumento acima. Por décadas, a atual geração de adultos da comunidade não pôde se apropriar dessas porções do território no seu processo de socialização e sentido de pertencimento – ainda que as lutas políticas e no âmbito judicial nunca deixassem de ser conduzidas por suas lideranças.

Cabe também lembrar que o direito de usufruto das glebas D e C (e também da B) foi reconhecido pelo INCRA somente em 2012. Desde então, os cafundoenses têm podido comercializar por si próprios o eucalipto que ainda domina a paisagem na gleba D. Eles também têm reocupado a gleba C por meio do desenvolvimento de uma agricultura de base orgânica que tem ganhado cada vez mais espaço na vida produtiva das famílias. Como processos ainda recentes de reocupação e uso dessas áreas, é razoável imaginarmos que, no futuro, elas venham a ganhar cada vez mais relevo no âmbito da representação mental do território entre seus moradores - especialmente entre os mais jovens, que parecem particularmente engajados nessas 'novas' práticas de cultivo e gerenciamento da produção em Cafundó. Nesse sentido, pode ser que um novo perfil de tradicionalidade e formas híbridas de conhecimentos estejam sendo gestados nesse momento da história do grupo. Esse é um tema sobre o qual nos debruçamos mais adiante.

O conhecimento dos velhos como potência

> *As chaves do futuro e de utopia estão escondidas, quem sabe, na memória das lutas, nas histórias dos simples, nas lembranças dos velhos.*[42]

Como sinalizamos na introdução deste capítulo, em Cafundó, parece ter atuado de modo sinergético dois processos negativos à manutenção dos conhecimentos tradicionais sobre a biodiversidade e das práticas envolvendo seus usos, quais sejam: (1) a perda da biodiversidade em si, pelas transformações da paisagem natural aqui já discutidas; (2) e a proibição de acesso à totalidade de seu território, impossibilitando a manutenção de parte de suas práticas tradicionais na paisagem.

Com relação à perda da biodiversidade e de algumas feições ambientais, em período relativamente recente, podemos suspeitar que tal processo tem levado a um complexo fenômeno que começa a ser também registrado em outros contextos: no qual, os mais velhos se tornam detentores de um rico repertório de saberes tradicionais sobre ambientes e espécies que, não obstante, deixaram de existir no local, ou estão em vias de desaparecer, como nos sugere a fala de Marcos abaixo:

> Antes achava fácil, a carobinha dava no campo, com o gado e o eucalipto tá restrito, o biriçó também só dá no campo, o caraguatá a gente encontrava perto das minas de água nas

42 BOSI, Ecléa (2013), *Op. cit.*, p. 208.

> matas, tinha muito, hoje cortaram tudo as matas pra fazê pasto, tá tudo muito restrito.[43]

Seja pelo desaparecimento da biodiversidade em uma determinada localidade, ou pela impossibilidade de acessá-la por razões de fundo político ambiental, econômico ou de disputa territorial, a esse processo de distanciamento da natureza alguns autores têm chamado de 'extinção da experiência no mundo natural',[44] ou mesmo de 'desengajamento de práticas tradicionais'.[45] Trazendo um elemento da ecologia política para essa reflexão, não é difícil perceber que os casos de erosão dos conhecimentos tradicionais no Brasil, e no mundo, refletem, além dos bem conhecidos processos de aculturação no campo simbólico, também dinâmicas de restrição do acesso e uso dos recursos naturais por parte das populações tradicionais.

Envoltas por discursos de caráter ora desenvolvimentista (no campo do neoliberalismo), ora ambientalista (de defesa de uma 'natureza' supostamente intocada), esse tipo de racismo ambiental que opera sobre comunidades como Cafundó, para além de corroer importantes patrimônios culturais (incluindo aqui os saberes ecológicos), pode levar ao comprometimento de sua própria existência material, como já pudemos exemplificar com a fala de Marcos apresentada, anteriormente, acerca da insegurança alimentar na comunidade num passado não muito distante.

O que se insinua nesses casos é um desacoplamento entre, de um lado, os saberes tradicionais e, de outro, as con-

43 TEZOTO, Jaqueline, *Op. cit.*, p. 68.

44 ATRAN, Scott.; MEDIN, Douglas. *The Native Mind and the Cultural Construction of Nature*. Cambridge: The MIT Press, 2008.

45 INGOLD, Tim (2000), *Op. cit.*

dições objetivas (materiais, políticas, territoriais etc.) que os fazem relevantes, funcionais e, em última análise, vivos no interior de um dado sistema sociocultural e de práticas. Essa reflexão nos leva a um fenômeno ainda pouco explorado pelas etnociências, o qual diz respeito a domínios de conhecimento que, ainda que mantido por parte dos indivíduos, se tornam inativos, ou 'dormentes' numa dada sociedade, o que parece ser o caso em Cafundó.

Tomando como referência um dos poucos estudos sobre este tópico, reproduzimos abaixo um fragmento de Volpato e Puri, os quais desenvolveram seu estudo com grupos refugiados da etnia Sahrawi (literalmente 'povo do deserto'), que são originalmente um povo nômade e pastoralista da região do Sahara Ocidental. Em razão de guerras e conflitos desde a década de 1970, os Sahrawi se tornaram sedentários em campos de refugiados, abandonando sua vida nômade e perdendo seus rebanhos ao longo das décadas. Os autores então mobilizam o conceito de 'dormência' para problematizar a inativação de repertórios tradicionais das pessoas sobre plantas nativas presentes na dieta dos camelos, um saber anteriormente essencial para a prática do pastoralismo nômade desse povo.

> Deslocamento e sedentarização forçados são potenciais causas do não uso progressivo deste conhecimento e da sua não transmissão para gerações mais novas de refugiados'[...][46]

46 VOLPATO, Gabriele; PURI, Rajindra K. "Dormancy and Revitalization: The fate of ethnobotanical knowledge of camel forage among Sahrawi nomads and refugees of Western Sahara". *Ethnobotany Research & Applications*, nº 12, jun., 2014, p. 183. Tradução livre dos autores a partir do original: 'Forced displacement and sedentarization are hypothesized as causes of progressive non-use of this knowledge and the lack of its transmission to younger generations of refugees.'

> Com a sedentarização forçada em campos de refugiados e a perda generalizada dos rebanhos de camelos, este conhecimento tem se tornado amplamente inativo, ainda que não tenha se perdido em um sentido teórico.[47]

'Refugiados' por décadas em uma porção diminuta (gleba A) de seu território de origem e de direito, em Cafundó, os mais velhos, em especial os irmãos Marcos e Jovenil, parecem ocupar essa posição de guardiões da tradição, da memória e de complexos saberes ecológicos. Diferentemente de outros conhecimentos calcados na oralidade, como o próprio dialeto cupópia, os saberes ecológicos, por se constituírem sob forte dependência da experiência concreta do indivíduo no ambiente natural,[48] possivelmente não puderam ser integralmente adquiridos pelas gerações mais jovens durante o período acima referido de circunscrição da comunidade à gleba A.

Nesse sentido, e na linha do argumento de Volpato e Puri trazido, há pouco, como parte do processo de desacoplamento entre saber e prática (no caso dos saberes inativos ou dormentes), resulta também uma interrupção da cadeia de transmissão desses conhecimentos e práticas entre as gerações. Infelizmente, nesse processo de erosão dos conhecimentos não é incomum que os saberes tradicionais sejam substituídos ou adaptados a repertórios muitas vezes

47 *Ibidem*, p. 184. Tradução livre dos autores a partir do original: 'With forced sedentarization in refugee camps and widespread loss of camel herds, this knowledge has become largely inactive although not lost in a theoretical sense.'

48 INGOLD, Tim. "Building, dwelling, living: how animals and people make themselves at home in the world". In: STRATHERN, Marylin (org.), *Shifting contexts: transformations in anthropological knowledge*. London: Routledge, 1995, p. 57-80.
NAZAREA, Virginia D. "A view from a point: ethnoecology as situated Knowledge". In: *Ethnoecology: Situated knowledge/located lives*, Tucson: The University of Arizona Press. 1999, p. 4-20.

alheios às suas realidades culturais e experiências locais.[49] Mas, outros desfechos menos disruptivos também são possíveis.

Ainda nesse tema, também podemos citar o caso emblemático do povo indígena Maxakali, do Vale do Mucuri, região nordeste de Minas Gerais próximo à divisa com a Bahia. De forma análoga ao que houve em Cafundó, além de todo tipo de violência física e simbólica que recaiu (e ainda recai) sobre os Maxakali há pelo menos três séculos, seu território original foi em quase sua totalidade usurpado e transformado, sendo hoje ocupado principalmente por fazendas de gado. Não obstante a quase ausência concreta de natureza em sua vida cotidiana, dado o grau de degradação de sua área, um rico inventário da fauna, flora, rios e outras feições de seu ambiente original se mantêm vivo na memória desses índios. Em especial nos mitos, nos cantos, em sua arte iconográfica e também na sua medicina tradicional.[50]

Ainda não temos um inventário abrangente sobre as muitas dimensões do conhecimento sobre a natureza que ainda habita a memória dos mais velhos em Cafundó. Mas podemos

---

49 GÓMEZBAGGETHUN, Erik. G., MINGORRÍA, Sara., REYES-GARCÍA, Victoria., CALVET, Laura.; MONTES, Carlos. "Traditional Ecological Knowledge Trends in the Transition to a Market Economy: Empirical Study in the Donana Natural Areas". *Conservation Biology*, nº 3, Vol. 24, 2010, 721-729. REYES-GARCÍA, Victoria., VADEZ, Vincent, HUANCA, Tomás., LEONARD, William R.; McDADE, Thomas. "Economic Development and Local Ecological Knowledge: A Deadlock? Quantitative Research from a Native Amazonian Society". *Human Ecology*, nº 35, 2007, p. 371-377.

50 JAMAL Jr. José Ricardo. *Entre o medo e a saudade: imagens da caça nos cantos de kotkuphi, conforme exegeses de Toninho Maxakali*. Tese (doutorado em Música) - Escola de Música-UFMG, Belo Horizonte, 2017.
MAXAKALI, Gilberto *et al.*, *Op. cit.*
MAXAKALI, Isael *et al. Hitupmã'ax:Curar*. Belo Horizonte: Literaterras UFMG, 2008.

aventar, como vimos na seção anterior, que por décadas a Gleba A e seus quintais parecem ter sido o *lócus* de resiliência de parte do repertório de saberes sobre plantas, em especial aquelas com função medicinal, incluindo aqui os conhecimentos ainda presentes sobre os 'orofim maiembi' ('remédios do mato'). Voltemos então ao registro etnobotânico de Tezoto com alguns de seus achados a esse respeito.[51]

Com sua experiência de campo e entrevistas junto a 11 famílias em Cafundó, Tezoto pôde registrar 78 variedades locais de plantas (ou etnoespécies), pertencentes a 39 famílias botânicas, com função alimentícia, ritual, ornamental, e principalmente medicinal. De fato, o conhecimento local sobre as plantas medicinais correspondeu a cerca de 90% de todas as 78 etnoespécies acima compiladas pela autora. Processadas em forma de chás, compressas, xaropes e garrafadas, essas plantas se aplicam a dezenas de enfermidades citadas por seus moradores, indicando um vasto conhecimento etnomédico local associado a plantas nativas e exóticas presentes no território hoje, ou que já habitaram a área no passado, e hoje permanecem na memória dos velhos.

Nesta seção, pensamos o conhecimento dos mais velhos como uma potência capaz de se reativar e nutrir novos saberes e fazeres em Cafundó, na medida em que a comunidade vem reocupando gradualmente seu território, e retomando algumas de suas práticas que lhe foram negadas até muito recentemente. Nesse movimento, passemos a uma rápida reflexão sobre a presença dos jovens nesse processo, e as perspectivas que parecem despontar para o futuro dos saberes e fazeres na comunidade.

---

51 TEZOTO, Jaqueline, *Op. cit.*

Cultivando tradições e saberes híbridos

Entre comunidades tradicionais que passaram por situações limites de sobrevivência de sua população, associadas ao êxodo rural por parte das gerações mais jovens em busca de perspectivas futuras na cidade, um dos principais desafios entre os mais velhos é envolver os jovens nas tradições e no processo de valorização de sua identidade. Dentro dessa temática, reproduzimos abaixo uma fala de Regina, importante liderança local a qual já nos referimos ao longo deste capítulo. O trecho de seu relato mostra um esforço no sentido de envolver os jovens de Cafundó nas atividades locais. Ele também expressa o esforço da comunidade no sentido de trazer de volta parte de seus jovens que haviam saído do bairro em busca de outras oportunidades na cidade.

> Então, é...hoje, a gente tá nesse processo [...] mas tem um grupo de jovens que inclusive foram pessoas que saiu da comunidade, que foi embora, né, morreu o pai, morreu a mãe e elas acharam por bem ir embora pra cidade, que num acreditaram, acharam que aqui não ia resolver muita coisa, e que voltaram hoje pra comunidade, né, então a gente tá até num processo das visitas, então eu tô colocando esse pessoal pra tá interagindo também com as pessoas que vêm aqui, é... tem um curso, tem uma coisa lá fora, a gente leva, entendeu? E [...] a maior felicidade pra mim foi ouvir quando elas voltaram e dizer "olha, a gente quer ficar aqui, porque lá fora a gente viu que a gente não tem espaço, então se a gente quiser crescer vai ser aqui dentro do quilombo", né, então, devagarzinho tem muito jovem que a gente pretende trazer de volta, né, mas por enquanto a gente conseguiu trazer quatro já, [...], pra participar mesmo do dia a dia, pra plantar, pra sobreviver como os pais sobreviveram, e que saiu e que teve essa experiência, né, que aqui a gente tem uma riqueza aqui

> dentro, a gente só tem que saber lidar com ela, entendeu? Então...e o espaço nosso é aqui.[52]

Outro exemplo desse envolvimento dos jovens no processo de resistência cultural e manutenção de parte das tradições e saberes em Cafundó se expressa na voz de Junior. A fala dessa jovem liderança na comunidade de, aproximadamente, 40 anos de idade, carrega o sentido de uma espécie de dádiva conferida pelos anciões àqueles jovens interessados na manutenção da cultura local. Aqui reside um importante elemento de transmissão de expressões culturais caras à comunidade, como é o caso das rodas de batuque e do dialeto cupópia.

> Quando criança, a gente participava aqui junto com seu Juvenil que é o nosso mestre hoje de rodas de batucada, ele sempre chamava a gente pra tocar um atabaque, pra contar histórias pra gente dos seus antepassados, dos preto que tiveram aqui antes, do que eles faziam, né?!...o que acontecia no fundão daqui da mata aqui, então a gente sempre escutou histórias de batuque, de dança, de demanda entre os quilombos Caxambu, Cafundó, Fazendinha dos Preto, que tinha essa coisa da demanda dos tambores, não é?! E assim a gente notou que essa aproximação que foi nos permitida por eles era incomum, nem Seu Marcos, nem Seu Juvenil, nem Dona Cida [...] entregavam as coisas assim, as histórias, contava os mistérios, então era tudo meio por cima, então eu e minha esposa, a gente percebeu que fomos realmente escolhidos né?! Que eles escolheram a gente pra transmitir o saber deles, e a gente tinha que tá, porque não é uma coisa assim, é... como eu posso dizer? Eles não montavam turmas né?! E a gente entendeu que os nossos Griôs, nossos mestres, eles

52 Trecho extraído de entrevista realizada pelos autores em Cafundó (28/10/2017).

> já estavam vendo lá na frente, eles tavam percebendo que as crianças estavam se afastando. Então como a gente tava sempre ali nas rodas de batuque, sempre fazendo alguma coisa, eles viram na gente uma possibilidade de passar pra frente a história, [...] já não havia mais interesse, né, da criançada aprender e de conhecer, então a gente, graças a Deus,...foi nos passado isso muito, muito...bem cedo, a gente tinha na faixa de nove, dez anos de idade, onde a gente começou a fazer esse trabalho, né?! E pra gente era...hoje a gente vê como um trabalho porque a gente consegue colher frutos hoje, a gente vê uma criança hoje aí, é ...que consegue cupopiá com você, cê entendeu? Então, esse é um fruto muito bacana. E eles percebendo isso, ensinaram pra gente que os batuques, tanto o jongo como a capoeira, o samba, o samba grande, é uma ferramenta na verdade, uma ferramenta onde a gente podia dar manutenção na história do quilombo, que é uma história muito rica, uma história que os Griôs, eles carregam com uma riqueza de detalhes impressionante [...][53]

A despeito de todo o processo de usurpação do território em Cafundó, comprometendo sobremaneira suas práticas de subsistência na paisagem, podemos supor que, os cantos, as danças, os batuques e, especialmente a cupópia, ao serem mantidos, parecem ter assumido um núcleo de resistência e identidade cultural na comunidade. Por outro lado, os conhecimentos ambientais ou etnoecológicos, por dependerem do engajamento cotidiano dos indivíduos em práticas como roça, caça, pesca etc., o que chamamos acima de "experiência no mundo natural", parecem estar passando por um processo de declínio, ou assumindo uma natureza híbrida, a exemplo

53 Trecho extraído de entrevista realizada pelos autores em Cafundó durante os trabalhos de campo.

de outros contextos etnográficos que passaram por experiências históricas semelhantes àquela de Cafundó.[54]

Ao encontro dessa linha de interpretação, no fragmento reproduzido abaixo, Regina expressa a busca por recuperar saberes sobre plantas presentes no território, porém já não mais conhecidas e utilizadas por parte dos moradores, em especial os mais jovens. Ela comenta sobre uma visita de pessoas que se dirigiram ao Cafundó para participar de oficinas de cultivo orgânico. Regina relatava sobre a troca de conhecimentos que muitas vezes se dão nessa interação, quando traz em sua fala um episódio em que um visitante passa a mostrar algumas plantas durante a caminhada que faziam. Plantas essas que ela própria desconhecia sua ocorrência atual no território:

> [...]aí na última visita, os meninos foram fazer uma visita lá embaixo, com um pessoal lá de Campinas, só que veio bastante adulto né, então, geralmente vem só criança mas nesse grupo veio bastante adulto, alguns inclusive que trabalham com agricultura, e alguns que têm conhecimento do orgânico e conhece muitas ervas também, que são pessoas até do interior, tinha uma senhora, a Maina, uma senhora de 70 anos, então assim, foi um *show*, assim, a gente até aprendeu muito, então é uma troca mesmo, então a gente aprende, a gente faz o que sabe e aprende também junto com eles...e aí os meninos tavam falando que na hora que eles desceram com eles lá pra mata, lá pra, no espaço onde [?] produtivo, aí

54 BENZ, Bruce *et al.* "Losing knowledge about plant use in the Sierra de Manantlan Biosphere Reserve, Mexico". *Economic Botany*, nº 2, Vol. 54, 2000, p. 183-191. PRADO, Helbert; Murrieta, Rui Sérgio S. "The Role of Swidden Cultivation in Shaping Ethnozoological Knowledge: Integrating Historical Events and Intergenerational Analyses among Quilombolas from Southeast Brazil". *Journal of Ethnobiology*, nº 3, Vol. 38, 2018, p. 297-313. REYES-GARCÍA, Victoria *et al.* (2007), *Op. cit.*

diz que o rapaz perguntou pra um deles né, "é...que mato é esse aqui?" Né, daí que ele fala "pra nós é braquiária, é mato, é erva daninha" não sei o que, aí diz que o cara apontou assim umas três plantas no meio do mato, assim um mato que pra nós era mato mesmo, e o cara foi falando que que era... então falta muito desse conhecimento, né? E aí é assim, invés de a gente fazer oficina a gente recebeu, entendeu (risos)? Aí tem um senhor que veio e me perguntou né "vocês têm plantação de marcela aqui?", eu falei "não, porque realmente não tem né", aí eu falei "não, já teve no passado", aí eu lembrei porque o Marcos e o irmão dele, seu Juvenil, sempre fala né, que a avó deles, dona Ifigênia, fazia travesseiro, fazia colchão de marcela, tal né, eu falei "não, já teve no passado hoje não tem mais", eu falei "a dona Ifigênia então ela usava muito", então ele falou assim "mas ela fazia remédio?" Eu falei "olha, pra falar verdade, eu não sei", eu falei "só eles que vai poder dizer se ela usava como remédio ou não", eles falou "não, porque a marcela ela é boa também pra fazer remédio pra diarreia, é muito bom pra fazer remédio pra diarreia", ele falou "posso levar uma muda?", aí eu pensei, peraí, como assim, se eu tô falando que não tem (risos), daí eu falei assim "mas a gente não tem", ele falou "não, tem sim, lá na beira do barranco eu vi uma muda". Então, assim, são coisas que a gente desconhece, às vezes, que nem eu falo, antigamente, pelas história que eles conta, eles sobreviviam com as coisas que a mãe, a avó deles trazia da mata, tanto pra alimentação como pra remédio, eu falei acho que essas coisas não saíram daí, a gente que não conhece, entendeu? Então, a gente tem que fazer um trabalho em cima disso daí pra gente recuperar...porque, que nem as PANCs [Plantas Alimentícias Não Convencionais] hoje né, algumas coisas eu conheço, eu falo pra você, hoje a PANC tá na moda, mas antigamente foi o que sustentou a comunidade né, então a gente tem que fazer um [?] pra recuperar essas coisas e começar a se utilizar delas

> também né? E valorizar, porque hoje virou moda e sempre foi uma prática da comunidade.[55]

O trecho acima também pode ser lido com uma síntese da nossa discussão até aqui envolvendo perdas e ressignificações dos conhecimentos entre jovens e adultos. Mas também nos mostra o interesse dos próprios cafundoenses em reativar os saberes de seus guardiões. Não como tentativa de uma volta idílica ao passado, mas numa dinâmica dialógica, e também dialética, em que repertórios 'de fora' são almejados e integrados aos saberes ancestrais.

Outra indicação da emergência de conhecimentos híbridos em Cafundó, combinando saberes tradicionais e aqueles de origem técnica-científica, pode ser observada na interação entre a comunidade e técnicos agrícolas por eles contratados. Esse processo está associado à retomada, nos últimos anos, da Gleba C e sua destinação à produção agrícola, a qual vem sendo ressignificada no bairro. A exemplo de outras comunidades e bairros rurais no interior de São Paulo, como no caso já bem documentado dos quilombos no médio rio Ribeira,[56] o cultivo agrícola tradicional em Cafundó era do tipo de coivara, ou corte e queima, como algumas de nossas entrevistas com os mais velhos puderam atestar.

A coivara tradicional do tipo itinerante é um sistema de cultivo típico das regiões tropicais das Américas, África e Ásia, e

55 Trecho extraído de entrevista realizada pelos autores em Cafundó durante os trabalhos de campo.

56 ADAMS, Cristina *et al.* "Diversifying Incomes and Losing Landscape Complexity in Quilombola Shifting Cultivation Communities of the Atlantic Rainforest (Brazil)". *Human Ecology*, nº 41, 2013, p. 119-137.

que está em declínio no mundo como um todo.[57] Nesse regime, pequenas manchas de mata são derrubadas e queimadas, sendo cultivadas por um período relativamente curto (de cerca de cinco anos para o contexto da Mata Atlântica). Após esse período, essas áreas são abandonadas e entram em "descanso", ou pousio, por um intervalo que pode se estender por 15 a 30 anos em média. No regime itinerante e rotativo, após o pousio a área volta a ser utilizada para o cultivo, e o ciclo da coivara recomeça. Nesse sistema de rotação das culturas no espaço e no tempo, o manejo da paisagem se dá em consonância com as características e ciclos ecológicos de um dado contexto ambiental, como no caso da recuperação das características do solo durante o pousio. Sabe-se também que a prática da coivara implica um conjunto extenso e complexo de conhecimentos, envolvendo solo, relevo, hidrologia, clima, interações ecológicas, etnovariedades etc., como trabalhos clássicos em etnoecologia há muito já atestaram.[58]

Dito isto, cabe mencionar que a atividade agrícola atual em Cafundó tem uma natureza distinta da coivara tradicional outrora praticada no local. Como vimos acima, desde a reocupação da Gleba C, a mesma passou a ser utilizada, num primeiro momento, para o cultivo orgânico de milho, feijão, mandioca, abóbora, inhame, batata-doce e banana, concomitante à produção também or-

57 van Vliet, Nathalie *et al.* "Trends, drivers and impacts of changes in swidden cultivation in tropical forest-agriculture frontiers: A global assessment". *Global Environmental Change*, nº 22, 2012.

58 CONKLIN, Harold C. "An ethnoecological approach to shifting agriculture". *Transactions of the New York Academy of Sciences*, nº 17, 1954, p. 133-142.
POSEY, Darrel A. "Indigenous management of tropical forest ecosystems: the case of the Kayapo indians of the Brazilian Amazon". *Agroforestry Systems*, nº 3, 1985, p. 139-158.

gânica de hortaliças em estufa, conforme mostrado por Gomes.[59] Mas, já em 2014 o mesmo autor notara uma expansão do cultivo de hortaliça também em campo aberto na Gleba C,[60] o que de fato pudemos observar em nossas visitas à comunidade entre os anos de 2016 e 2019 (Figura 5).

Gomes ainda nos mostra que em 2010, 12 famílias de Cafundó conseguiram obter a Declaração de Aptidão da Agricultura Familiar, firmando contrato junto à Companhia Nacional de Abastecimento (CONAB), no âmbito do Programa de Aquisição de Alimentos (PAA), para fornecimento de produtos orgânicos a entidades sociais de Salto de Pirapora e Porto Feliz (SP). Ainda, entre 2008 e 2014, a comunidade também investiu na construção de três estufas para produção de hortaliças, e na aquisição de equipamentos de infraestrutura agrícola, como trator, sistema de irrigação etc., por meio de convênios e programas governamentais e do terceiro setor.

Podemos interpretar essa retomada da agricultura na comunidade da última década como um movimento de adaptação ao novo contexto territorial que emergiu com a oportunidade de reocupar a Gleba C. Um processo permeado por tomadas de decisão, no nível do grupo, sobre estratégias produtivas e de geração de renda para as famílias de Cafundó. Nesse contexto, temos visto a intensificação de uma agricultura orgânica de caráter mais comercial que de consumo próprio, voltada para contratos junto a programas de governo (como o PAA) ou com foco no mercado consumidor da região de Salto de Pirapora, como parece ter ocorrido mais recentemente.

59 GOMES, André Luís, 2015, *op. cit.*

60 GOMES, André Luís, *Op. cit.*, p. 378.

Esse cultivo atual também conta com a participação de técnicos agrícolas, os quais trazem um repertório voltado para uma prática distinta da coivara tradicional que os mais velhos praticam no passado. Ainda que não tenha sido até o momento investigado com profundidade em nossas pesquisas em Cafundó, a título de consideração inicial, podemos suspeitar que nesse momento histórico do quilombo há tanto uma adaptação dos conhecimentos entre os mais velhos, como a aquisição, entre os mais jovens, de saberes e fazeres agrícolas que é distinto daquele originalmente constituído entre as gerações anteriores.

Como apoio a essas reflexões, reproduzimos abaixo um trecho da entrevista dada por Alex Aguiar ao programa televisivo Globo Rural, veiculado em rede nacional em novembro de 2020. Tendo deixado o trabalho na construção civil há cerca de cinco anos, Alex é atualmente agricultor e jovem liderança em Cafundó. À época da reportagem ele estava prestes a ser o primeiro no quilombo a receber o selo de produtor orgânico, o que lhe daria a oportunidade de comercializar com redes de supermercados, para além da venda direta ao consumidor, como os demais agricultores na comunidade já o fazem.

> Repórter: Você tinha alguma noção de agricultura orgânica?
> Alex Aguiar: Na verdade não, foi na curiosidade mesmo, foi quebrando a cabeça na verdade, fiz alguns curso, saí muito, visitar sítios, eu vou, converso com o pessoal, eles fala 'ó Alex, você faz isso isso que isso daqui vai dar certo', e eu chego aqui e aplico e depois eu até mando uma mensagem agradecendo porque realmente era aquilo mesmo.[61]

61 Trecho extraído do programa *Globo Rural* veiculado em 22/11/2020.

De forma complementar, reproduzimos também a fala do técnico agrícola Alan Ribeira, contratado por produtores orgânicos em Cafundó, no início de 2020, conforme a reportagem. Ele sintetiza em sua fala parte do que discutimos até aqui acerca do afastamento forçado das práticas agrícolas a que as gerações mais jovens estiveram submetidas, a retomada do território, e os novos saberes agrícolas de natureza híbrida que parecem emergir em Cafundó.

> Como essa...principalmente a geração mais nova ficou muito tempo longe da terra, então eles têm que aprender novamente, eu diria que é quase aprender do zero...e aí a gente começou a fazer a parte de formação, assistência técnica, trazer algumas tecnologias de produção orgânica-...a gente tava trabalhando com mais ou menos de quatro a cinco famílias no início e hoje a gente já tá chegando em quatorze famílias.[62]

Esse intercâmbio entre saberes locais e outros regimes de conhecimento não é raro, permeando a própria constituição dos chamados saberes tradicionais em sua articulação com sistemas regionais, nacionais e globais de conhecimento na modernidade,[63] resultando em formas de adaptação e reformulação dos saberes ao longo do tempo.[64] Não obstante,

62 Trecho extraído do programa *Globo Rural* veiculado em 22/11/2020.

63 GIDDENS, Anthony. *Modernity and Self-Identity: Self and Society in the Late Modern Age*. Stanford: Stanford University Press, 1991.

64 MURRIETA, Rui Sérgio S; WINKLERPRINS, Antoniette, MGA. "'Eu adoro flores!': gênero, estética e experimentação agrícola em jardins e quintais de mulheres caboclas, Baixo Amazonas, Brasil". In: ADAMS, Cristina; MURRIETA, Rui Sérgio Sereni; NEVES, Walter Alves (orgs.). *Sociedades caboclas amazônicas: modernidade e invisibilidade*. São Paulo: Annablume/Fapesp, 2006, p. 277-294.

na dinâmica histórica de cada comunidade, em particular, é possível identificar momentos chave em que transformações estruturantes nesses conhecimentos estejam em curso. Considerando os conhecimentos ambientais e, em particular, aqueles associados à prática agrícola em Cafundó, podemos supor que, na esteira da reocupação do território liderada pelos mais velhos, os mais jovens estejam constituindo, desde a última década, um novo repertório agrícola e de relação com a terra. Um conjunto de práticas que parece responder às demandas atuais de geração de renda por parte das famílias, em detrimento às roças mais voltadas à subsistência no passado. Um saber que também se conecta aos conhecimentos técnicos necessários à produção em escala comercial, tanto quanto se alinha a uma demanda crescente por produtos de origem orgânica no Brasil, e também no contexto da região metropolitana de Sorocaba, na qual Cafundó se insere.[65] Por fim, é possível supor que os saberes-fazeres híbridos sendo gestados nesse momento em Cafundó façam parte de uma nova tradicionalidade emergente na comunidade, a partir da qual novas representações sociais e identitárias ligadas à terra poderão ser forjadas no futuro.[66]

65 BUQUERA, Rodrigo B; MARQUES, Paulo Eduardo M. "Relações de confiança envolvendo consumidores de alimentos orgânicos: Um estudo de caso em Sorocaba/SP". *Revista de Economia e Sociologia Rural*, Número Especial, Vol. 60, 2022, p. 1-18.

66 BARTH, Fredrik. "Etnicidade e o Conceito de Cultura". *Antropolítica*, nº 19, vol. 2º sem., 2005, p. 15-30.

O'DWYER, Eliane C. *Quilombos: Identidade Étnica e Territorialidade*. Rio de Janeiro: Editora FGV, 2002.

À guisa de uma síntese

A partir de referenciais teóricos da antropologia, história ambiental e etnoecologia, neste capítulo, procuramos problematizar alguns processos e eventos históricos recentes em Cafundó, notadamente mudanças na forma de uso do território e transformações da paisagem. Tomando como base as narrativas das principais lideranças locais, recolhemos fragmentos de relatos obtidos a partir de entrevistas em campo e também de fontes secundárias, como teses, relatórios técnicos, artigos acadêmicos e matérias jornalísticas. Para a análise do material reunido, elaboramos o conceito de memória ambiental, articulando fragmentos de memória dos moradores locais ao histórico de transformações ambientais e uso do território em Cafundó.

Organizamos as narrativas recolhidas para cada uma das glebas que compõem o território atual do quilombo. Vimos que fazendeiros do entorno de Cafundó avançaram suas cercas pelos flancos das Glebas C e B, ainda nos anos de 1960 e 1970, derrubaram mata nativa e mataram nascentes que forneciam água e peixe às famílias locais. Disputas fundiárias se intensificaram nesse período, culminando em mortes de ambos os lados do conflito. A Gleba D, de onde as famílias obtinham produtos florestais, combustível (lenha) para uso doméstico, água, entre outros, também teve seu acesso impedido em 1985. De torre de telefonia a posto de combustível, de mineração a plantação de eucalipto, a paisagem como um todo foi transformada nessa porção do território. Imagens de destruição, de máquinas e floresta sendo picada, queimada e enterrada estão vivas na memória dos cafundoenses. Nesse processo, a vida em Cafundó ficou, por décadas, restrita aos 20 hectares da Gleba A, *lócus* de memória e resistência no quilombo, até que após longas disputas políticas e jurídicas puderam ser novamente utilizadas pelas famílias a partir de 2011.

Nessa dinâmica histórica de perdas, transformações e reocupação recente do território, a memória e os saberes dos mais velhos parecem ter atuado como um núcleo duro da cultura em Cafundó, que se manteve mesmo nos momentos em que a sobrevivência material no quilombo se via ameaçada pela violência, a fome, o êxodo e a falta de perspectivas futuras mínimas. Ainda procuramos desenvolver neste capítulo a ideia dos saberes-fazeres dos mais velhos como potência, que fora comprimida nas últimas décadas, mas que agora encontra novamente condições para desempenhar sua função social - em especial, no trabalho da agricultura que tem sido reavivado no contexto da Gleba C. Num movimento que também é dialético, essa reativação dos saberes dos mais velhos interage e se alimenta de repertórios técnicos e dos interesses dos jovens. Neste processo, parece estar sendo gestado, no atual momento histórico em Cafundó, novos parâmetros de tradicionalidade ligados à terra, à produção e à identidade desse campesinato negro que resiste, vislumbra um futuro digno e se reinventa à luz das demandas e oportunidades.

REFERÊNCIAS

ADAMS, Cristina *et al.* "Diversifying Incomes and Losing Landscape Complexity in Quilombola Shifting Cultivation Communities of the Atlantic Rainforest (Brazil)". *Human Ecology*, nº 41, 2013, p. 119-137.

ALVES, Ângelo GC, SOUTO, Francisco José B, PERONI, Nivaldo. *Etnoecologia em perspectiva: natureza, cultura e conservação.* Recife: NUPEEA, 2010.

ALVES, Ângelo GC; SOUTO, Francisco José B. "Etnoecologia ou etnoecologias? Encarando a diversidade conceitual". In: ALVES, Ângelo GC;

SOUTO, Francisco José B; PERONI, Nivaldo (orgs.). *Etnoecologia em perspectiva: natureza, cultura e conservação*. Recife: NUPEEA, 2010, p. 17-39.

ALVES, Rômulo RN., ALVES, Humberto N. "The faunal drugstore: Animal-based remedies used in traditional medicines in Latin America". *Journal of Ethnobiology and Ethnomedicine*, Vol. 7, Mar., 2011, p. 1-43.

ATRAN, Scott.; MEDIN, Douglas. *The Native Mind and the Cultural Construction of Nature*. Cambridge: The MIT Press, 2008. BOSI, Ecléa. *Memória e Sociedade: Lembranças de Velhos*. São Paulo: Companhia das Letras, 1994.

BARTH, Fredrik. "Etnicidade e o Conceito de Cultura". *Antropolítica*, nº 19, vol. 2º sem., 2005, p. 15-30.

BENZ, Bruce *et al.* "Losing knowledge about plant use in the Sierra de Manantlan Biosphere Reserve, Mexico". *Economic Botany*, nº 2, Vol. 54, 2000, p. 183-191.

BOSI, Ecléa. (2003). *O tempo vivo da memória: ensaios de psicologia social.* 3ª Edição. Cotia: Ateliê Editorial, 2003.

BUQUERA, Rodrigo B; MARQUES, Paulo Eduardo M. "Relações de confiança envolvendo consumidores de alimentos orgânicos: Um estudo de caso em Sorocaba/SP". *Revista de Economia e Sociologia Rural*, Número Especial, Vol. 60, 2022, p. 1-18.

CARRIL, Lourdes de Fátima B. "Quilombo, território e geografia". *Agrária*, Vol. 3, 2006, p. 156-171.

DA SILVA, Lucas B. *A Construção da Identidade e do Território no Quilombo Cafundó*. Monografia (licenciatura e bacharelado em Geografia) - UNESP/INCRA/Pronera, Presidente Prudente, 2011a.

CONKLIN, Harold C. "An ethnoecological approach to shifting agriculture". *Transactions of the New York Academy of Sciences*, nº 17, 1954, p. 133-142.

Da SILVA, Lucas B. "O Quilombo Cafundó e a Disputa Territorial". *Cadernos do LEME*, nº 1, Vol. 1, 2011b, p. 105-116.

DA SILVA, Lucas B. "O processo do reconhecimento territorial e os impactos das políticas públicas no quilombo Cafundó - SP". *Revista GeoNordeste*, Vol. 3, 2014, p. 153-168.

DA SILVA, Lucas B. *A dinâmica da construção da identidade e do território no quilombo Cafundó (Salto de Pirapora - SP)*. Dissertação (mestrado em Geografia) - IPPRI-UNESP, São Paulo 2016.

DE MELO, Maíra Fernanda. T, BARROS, Flávio B. "O mundo segundo os quilombolas do bairro alto (Ilha de Marajó): Cosmovisões acerca da vida e das relações sociedade e natureza". *Aceno*, nº 6, Vol. 3, 2016, p. 120-136.

DE OLIVEIRA, Débora Priscila. *O encontro com a história de uma mulher benzedeira*. Dissertação (mestrado em Educação) - PPG Educação--UFSCAR, Sorocaba, 2018.

GIDDENS, Anthony. *Modernity and Self-Identity: Self and Society in the Late Modern Age*. Stanford: Stanford University Press, 1991.

GODOY, Ricardo. "Long-Term (Secular) "Change of Ethnobotanical Knowledge of Useful Plants: Separating Cohort and Age Effects". *Journal of Anthropological Research*, Vol. 65, 2009, p. 51-67.

GOMES, André Luís. *Uso do território, normas e política: dos compartimentos quilombolas à comunidade Cafundó (Salto de Pirapora-SP)*. Dissertação (mestrado em Geografia) - FFLCH-USP, 2015.

GOMES, Ângela de Castro (Org.). *História Oral e Historiografia*. São Paulo: Letra e Voz, 2020.

GÓMEZ-BAGGETHUN, Erik. G., MINGORRÍA, Sara., REYES-GARCÍA, Victoria., CALVET, Laura.; MONTES, Carlos. "Traditional Ecological Knowledge Trends in the Transition to a Market Economy: Empirical Study in the Donana Natural Areas". *Conservation Biology*, nº 3, Vol. 24, 2010, 721-729.

GUEDES, Aline S. *Sociabilidade e comensalidade de um quilombo remanescente em São Paulo: Cafundó (1999 – 2016)*. Dissertação (mestrado em

Hospitalidade) - Programa de Mestrado em Hospitalidade-Universidade Anhembi Morumbi, São Paulo, 2016.

GUEDES, Aline S, BASTOS, Senia R. "Potencialidade de visitação e reflexão acerca da comida e religiosidade como memória e patrimônio imaterial do remanescente de quilombo Cafundó, em Salto de Pirapora-SP". *Cultur: Revista de Cultura e Turismo*, nº 2, Vol., 2017, p. 155-182.

INGOLD, Tim. "Building, dwelling, living: how animals and people make themselves at home in the world". In: STRATHERN, Marylin (org.), *Shifting contexts: transformations in anthropological knowledge*, London: Routledge, 1995, p. 57-80.

INGOLD, Tim. *The Perception of the Environment: Essays on Livelihood, Dwelling and Skill*. London: Routledge, 2000.

INGOLD, Tim. *Estar Vivo: ensaios sobre movimento, conhecimento e descrição*. Petrópolis: Editora Vozes, 2015.

JAMAL Jr. José Ricardo. *Entre o medo e a saudade: imagens da caça nos cantos de kotkuphi, conforme exegeses de Toninho Maxakali*. Tese (doutorado em Música) - Escola de Música-UFMG, Belo Horizonte, 2017.

JORNAL CRUZEIRO DO SUL, de 15 de setembro de 2019. Disponível em: https://www.jornalcruzeiro.com.br/sorocaba/vl-santana-completa-um--seculo-de-muitas-historias-e-tradicao/. Acesso em: 31 mar.2025.

LÉVI-STRAUSS, Claude. *O pensamento selvagem*. 12ª Edição. Campinas: Papirus, 2012

MEIHY, J. C. S. B.; SEAWRIGHT, L. *Memórias e Narrativas: história oral aplicada*. São Paulo: Editora Contexto, 2020.

MAXAKALI, Gilberto *et al*. *Geografia da Nossa Aldeia*. Brasília: SEE-MG/MEC, 2000.

MAXAKALI, Isael *et al*. *Hitupmãáx:Curar*. Belo Horizonte: Literaterras UFMG, 2008.

MURRIETA, Rui Sérgio S; WINKLERPRINS, Antoniette, MGA. "'Eu adoro flores!': gênero, estética e experimentação agrícola em jardins e quintais de mulheres caboclas, Baixo Amazonas, Brasil". In: ADAMS,

Cristina; MURRIETA, Rui Sérgio Sereni; NEVES, Walter Alves (orgs.). *Sociedades caboclas amazônicas: modernidade e invisibilidade*. São Paulo: Annablume/Fapesp, 2006, p. 277-294.

O'DWYER, Eliane C. *Quilombos: Identidade Étnica e Territorialidade*. Rio de Janeiro: Editora FGV, 2002.

O'DWYER, Eliane. C. "Terras de quilombo no Brasil: direitos territoriais em construção". *Ariús: Revista de Ciências Humanas e Artes*, nº 1/2, Vol. 14, 2008, p. 9-16.

NAZAREA, Virginia D. "A view from a point: ethnoecology as situated Knowledge". In: *Ethnoecology: Situated knowledge/located lives*, Tucson: The University of Arizona Press. 1999, p. 4-20.

PÁDUA, José Augusto. "As bases teóricas da história ambiental". *Estudos Avançados*, nº 68, Vol. 24, 2010, p. 81-101.

PAES, Gabriela SM. *A "Recomendação das Almas" na Comunidade Remanescente de Quilombo de Pedro Cubas*. Dissertação (mestrado em História) - FFLCH-USP, São Paulo, 2007.

PIRES, Valquíria RO, GARCIA, Maria Alice, MARTINES Marcos R, TOPPA Rogério H. "Identificação de Conflito de Uso da Terra em Áreas de Preservação Permanente no Município de Salto de Pirapora, SP". *Ambiência*, Guarapuana, Vol. 12, 2016, p. 953-962, 2016.

POSEY, Darrel A. "Indigenous management of tropical forest ecosystems: the case of the Kayapo indians of the Brazilian Amazon". *Agroforestry Systems*, nº 3, 1985, p. 139-158.

PRADO, Helbert M., MURRIETA, Rui Sérgio S. "A etnoecologia em perspectiva: origens, interfaces e correntes atuais de um campo em ascensão". *Ambiente & Sociedade*, nº 4, Vol. 18, 2015, 139-160.

PRADO, Helbert M; Murrieta, Rui Sérgio S. "The Role of Swidden Cultivation in Shaping Ethnozoological Knowledge: Integrating Historical Events and Intergenerational Analyses among Quilombolas from Southeast Brazil". *Journal of Ethnobiology*, nº 3, Vol. 38, 2018, p. 297-313.

REYES-GARCÍA, Victoria., VADEZ, Vincent, HUANCA, Tomás., LEONARD, William R.; McDADE, Thomas. "Economic Development and Local Ecological Knowledge: A Deadlock? Quantitative Research from a Native Amazonian Society". *Human Ecology*, nº 35, 2007, p. 371-377.

RODRIGUES, Joanny VA. *O conhecimento tradicional no uso de plantas medicinais pela comunidade quilombola do Cafundó, salto de Pirapora-SP*. Monografia (bacharelado em Ciências Biológicas) - CCHB-UFSCAR, Sorocaba, 2019

SCHMITT, Alessandra; TURATTI, Maria Cecília M. *Relatório Técnico Científico Sobre a Comunidade de Quilombo do Cafundó/Salto de Pirapora*. ITESP, São Paulo, 1999.

TEZOTO, Jaqueline. *Levantamento etnobotânico participativo de plantas medicinais no quilombo Cafundó, Salto de Pirapora - SP*. Monografia (bacharelado em Ciências Biológicas) - Departamento de Ciências Biológicas-UFSCAR, Sorocaba, 2014.

TOLEDO, Victor M. "What is Ethnoecology? Origins, Scope, and Implications of a Rising Discipline". *Etnologica*, nº 1, Vol. 1, 2002, p. 5-21.

WORSTER, Donald. "Para fazer história ambiental". *Estudos Históricos*, nº 8, Vol. 4, 1991, p. 198-215.

VAN VLIET, Nathalie *et al.* "Trends, drivers and impacts of changes in swidden cultivation in tropical forest-agriculture frontiers: A global assessment". *Global Environmental Change*, nº 22, 2012.

VOGT, Carlos., FRY, Peter. *Cafundó, a África no Brasil: Linguagem e Sociedade*. Campinas: Editora da UNICAMP/Companhia das Letras, 1996.

VOLPATO, Gabriele; PURI, Rajindra K. "Dormancy and Revitalization: The fate of ethnobotanical knowledge of camel forage among Sahrawi nomads and refugees of Western Sahara". *Ethnobotany Research & Applications*, nº 12, jun., 2014.

ANEXO 1

Memória preta em Sorocaba

Marilda Aparecida Correia[1]

Quando nos referimos à memória, lembramos de que carregamos em determinado tempo histórias que estão guardadas nas nossas mentes e em espaços que vivemos. Momentos e experiências podem ser narrados ou contados pela oralidade dentro do território. São algumas contribuições de pessoas residentes em locais conhecidos, que compartilham suas experiências vividas por seus familiares e conhecidos. À medida que o progresso foi se expandindo em Sorocaba, a cidade modificou os lugares. Questionamentos surgiram sobre como se deu a ocupação do lugar, quais atividades foram utilizadas e qual processo de empregabilidade foram incluídas no progresso da cidade. Como se deram as trajetórias dos negros no trabalho, na religiosidade e na cultura em Sorocaba? Quais são as memórias que carregam consigo dentro do território? Nos responde Bosi: "Há, portanto, uma memória coletiva produzida no interior de uma classe, mas com o poder de difusão, que se alimenta de imagens, sentimentos, ideias e valores que dão identidade àquela classe".[2]

1 Marilda Aparecida Correia é Conselheira da UNISO – Universidade de Sorocaba, da Comissão Mista de Trabalho em Educação étnico Racial, da Secretaria da Educação de Sorocaba, e do FOPEDE – Fórum Permanente de Educação Étnico Racia da Região ABCDMRR. É também idealizadora da "Nossa Voz Afro".

2 BOSI, Ecléa. *Memória e Sociedade. Lembrança de Velhos*. São Paulo: T. A. Queiroz Editor, 1979, p 18.

A memória sobre João de Camargo, que residiu nos meados de 1887, traz uma peculiaridade. Contam que ele era um homem escravo da Fazenda dos Camargo Barros, localizada no que é hoje o Quilombo do Cafundó, na cidade de Salto de Pirapora. Logo após a abolição, João de Camargo veio a residir em Sorocaba na estrada Terra Vermelha. Por ter muita fé e boas amizades, conseguiu construir a Igreja do Bom Jesus do Bonfim, que se tornou conhecida como Capela do Nhô João de Camargo, onde hoje ocorrem as atividades que acontecem em 20 de novembro. Neste dia, realiza-se culto ecumênico, apresentação de coral e danças do maracatu. Ela tornou-se um marco na região para os negros e os simpatizantes que ainda levam objetos para agradecer por curas obtidas, entre outros pedidos. Mas, tão próximo da Capela João de Camargo como é chamada, existia a Chácara do Nhô Quilô (Sr. Achilles Campolim), terras que foram adquiridas em 1917. Achilles Campolim, visionário e empreendedor, trabalhou com a pecuária e conseguiu, com muito anos de trabalho, fundar em sociedade a Cooperativa Colaso - Cooperativa de Laticínios de Sorocaba. A história conta que por não haver quem pudesse dar continuidade a seu trabalho, pois seus herdeiros, após seu falecimento decidiram lotear o espaço, o nome do falecido Nhô Quiló deu nome ao Bairro Campolim. Hoje, com o progresso, ele tornou-se um dos bairros mais caros para o setor imobiliários da cidade de Sorocaba.

Desde o início do século XX, mais espaços negros foram reaparecendo em Sorocaba, como o Clube Recreativo 28 de setembro[3], que fora fundado por funcionários da Estrada

3 "A Sociedade Cultural e Beneficente 28 de Setembro foi fundada aos 28 de Setembro de 1945 por um grupo de 14 ferroviários. A entidade sem fins lucrativos, que surgiu com a intenção de oferecer recreação para a comunidade

de Ferro Sorocabana. Clube este que teve a maior parte dos associados negros frequentando famosos bailes e concursos na década de 1950. Ressalta-se que não se tratavam de moradores apenas da cidade, mas também, vindos de toda a região próxima. Esses acontecimentos nos remetem à importância da identidade que, conforme Hall, "[...] torna-se uma celebração móvel: formada e transformada continuamente em relação às formas pelas quais somos representados ou interpelados nos sistemas culturais que nos rodeiam".[4]

Nesse processo de se criar uma identidade por parte da população negra de Sorocaba, além do Clube 28 de Setembro, surgem novos espaços, como o Clube do Santana e Sarabatana[5], ambos frequentados por jovens na década de 1980. Para se divertir na ruas, eles também criaram os seguintes blocos carnavalescos: Cordão de Ouro da Vila Leão, Escola de Samba do próprio 28 de Setembro, Escola de samba Terceiro Centenário, Escola de Samba Show Brasil, Escola de samba Estrela da Vila, Escola de Samba Planeta Negro, Associação Escola de Samba Furioso da Real e Escola de Samba Unidos do Cativeiro, além dos blocos como o da Kal Manequim e o Bloco do Quilombinho. ONGs surgiram dentro do próprio Clube ICAB (Nucab), Curumim,

negra de Sorocaba, sucedeu a representação local da Frente Negra Brasileira, extinta pela ditadura do presidente Getúlio Vargas. Jornal Cruzeiro do Sul, de 06 de outubro de 2018. Disponível em: https://www.jornalcruzeiro.com.br/presenca/73-anos-da-sociedade-cultural-e-beneficente-28-de-setembro/ Acesso em 31 mar. 2025.

4 HALL, Stuart. *A identidade cultural da pós-modernidade*. Rio de Janeiro: DP&A Editora, 2005.

5 Ver matéria do Jornal Cruzeiro do Sul, de 15 de setembro de 2019. Disponível em: https://www.jornalcruzeiro.com.br/sorocaba/vl-santana-completa-um-seculo-de-muitas-historias-e-tradicao/. Acesso em: 31 mar.2025.

Momunes, Centro Cultural Quilombinho e Ação Periférica. Novos lugares foram surgindo de acordo com a necessidade dos grupos que frequentavam o 28 no centro e se espalharam fazendo outros territórios negros, como os das festas religiosas, tais quais a Irmandade de São Benedito, Santo Antônio e a Casa de Patrimônio Cultural de Candomblé. Mediante essas identidades negras que vão se posicionando na cidade, mesmo assim esse corpo negro ainda se torna invisível. Que lugar é esse que o negro ocupa dentro dos territórios brancos, sabendo-se que hoje muitos deles foram dispersados?

Frente à invisibilidade da memória e ao apagamento dos lugares, destacamos alguns locais que marcam e carregam a história da população negra. São as trajetórias de memórias pretas que devemos revisitar, estudar e fazer (re) aparecer.

Trajetórias das Memórias Pretas em Sorocaba no *Mapa Referências Espaciais da Trajetória das Memórias Africanas e Afrobrasileiras na Cidade de Sorocaba - São Paulo*

REFERÊNCIAS ESPACIAIS DA TRAJETÓRIA DAS MEMÓRIAS AFRICANAS E AFROBRASILEIRAS NA CIDADE DE SOROCABA - SÃO PAULO - BRASIL

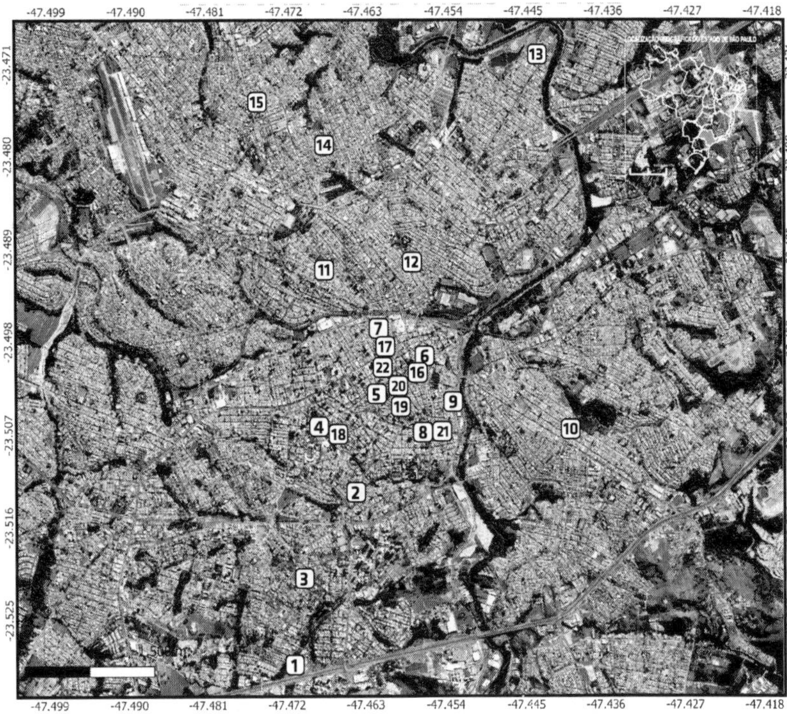

1. CAMPOLIM
2. VERGUEIRO
3. JARDIM AMÉRICA
4. VILA LEÃO
5. PRAÇA FREI BARAÚNA
6. CENTRO - CLUBE RECREATIVO 28 DE SETEMBRO
7. CENTRO - LARGO DO MERCADO
8. CENTRO - PELOURINHO
9. VILA AMÉLIA - RODOVIÁRIA
10. VILA AMÉLIA
11. VILA HORTÊNCIA
12. VILA CARVALHO IGREJA DE SÃO BENEDITO
13. VILA SANTANA ESCOLA DE SAMBA
14. VILA SANTANA CLUBE SANTANA
15. JARDIM MARCO ANTÔNIO
16. VILA FIORE
17. VILA CAROL
18. VILA CARVALHO - ESCOLA DE SAMBA UNIDOS DO CATIVEIRO
19. VILA ASSIS
20. CENTRO - LARGO DE SÃO BENTO
21. JARDIM SÃO MARCOS - MOMUNES
22. CENTRO - ANTIGA CADEIA

CNPq

PROJETO DE PESQUISA: PERDAS E RESSIGNIFICAÇÕES DOS USOS DO TERRITÓRIO NA HISTÓRIA DO NEGRO EM SOROCABA
Coordenação: Profa. Dra. Lourdes Carril
Equipe: Patrícia Hetti, Helbert Medeiros, Joanny Rodrigues, Marilda Côrrea, Sérgio Santos.

Fonte: Relatório Técnico-Científico sobre os Remanescentes da Comunidade de Quilombo «Tenente Antônio de Almeida Leite» Fazenda Pilar \ Pilar do Sul. Instituto de Terras do Estado de São Paulo «José Gomes da Silva». São Paulo, 2007 \ VPGT, C. & FRY, P. Cafundó. A Africa no Brasil \ Mapa de Conflito Envolvendo Injustiça Ambiental e Saúde no Brasil.

Projeto Geografia Afrobrasileira (Projeto GEOAFRO)-CIGA--UnB. Produção Cartográfica: Geog: Mateus Jesus. Editado por Tiago Santi. Brasília - Distrito Federal - Brasil. 2021.

Fonte: ANJOS, R.S.A. Quilombos: Geografia Africana - Cartografia Étnica - Territórios Tradicionais. Mapas Editora & Consultoria, Brasília, 2010 \ Atualização: Projeto GEAFRO, Brasília, 2020.

Quadro de Trajetórias da Memória Afro-brasileira em Sorocaba (cf. Mapa anterior)

Nº	Local
1	Atual bairro do Campolim: e antiga Chácara Campolim Rua Caratas com Ismael R. Oliveira
2	Atual bairro Jardim Vergueiro onde se localiza a Capela do Senhor do Bonfim fundada por João de Camargo Rua Barão de Tatuí, 1083
3	Atual bairro Jardim América onde se localiza a Escola de Samba 3º Centenário Rua João Wagner Wey
4	Atual bairro de Vila Leão onde se localiza o Centro Cultural Quilombinho Rua Caramuru
5	Atual Praça Frei Baraúna onde se realiza a Feira de Arte Beco do Inferno, que segundo uma das versões populares era o lugar de escravizados condenados ao suplício.
6	Centro atual onde se localiza o Clube Recreativo 28 de Setembro
7	Centro atual onde se localiza a Igreja Santo. Antônio Rua Francisco Scarpa
8	Pelourinho Rua Dr. Nogueira Martins
9	Atual Bairro da Vila Amélia, onde se localiza a Imagem da Mãe Preta Av. Juscelino de Oliveira com a Rua Comendador Pereira Inácio – Praça Castro Alves
10	Atual Vila Amélia, onde se localiza o Bloco da Kal Manequim Rua Cel. Cavalheiro/Rua Brigadeiro Tobias
11	Atual Vila Hortência, onde se localiza a Igreja Bom Jesus (Irmandade de São Benedito) Rua Nogueira Padilha/Rua Péricles Pilar
12	Vila Carvalho, onde se localiza a Igreja de São Benedito Rua Prof. Osório Maia

13	Vila Santana, onde se localiza a Escola de Samba Show Brasil Rua Jerônimo Rosa
14	Vila Santana, onde se localiza o Clube Santana Rua Borba Gato
15	Atual bairro do Jd. Marco Antônio, onde se localiza a Escola de Samba Planeta Negro Rua Romeu de Mello/Romão Campos Mendonça
16	Atual Bairro de Vila Fiore Rua Olegário Ribeiro,481
17	17.Vila Carol, onde se localiza o Bloco da Letícia (ano de 1990) Rua Atanázio Soares,2803
18	Vila Carvalho, onde se localiza Escola de Samba unidos do Cativeiro Rua Moacir Nascimento,551

19	Na região da Zona Sul, onde se localiza a Associação Cultural Escola de Samba Furioso da Real
20	Atual Jardim São Marcos Espaço das Mulheres Negras de Sorocaba Rua Orestes Ângelo Coló,62

REFERÊNCIAS

BOSI, Ecléa. *Memória e Sociedade. Lembrança de Velhos.* São Paulo: T. A. Queiroz Editor, 1979.

HALL, Stuart. *A identidade cultural da pós-modernidade.* Rio de Janeiro: DP&A Editora, 2005.

JORNAL CRUZEIIRO DO SUL. 15 de setembro de 2019. Disponível em: <https://www.jornalcruzeiro.com.br/sorocaba/vl-santana-completa-um-seculo-de-muitas-historias-e-tradicao/. Acesso em: 31 mar.2025.

CONSIDERAÇÕES FINAIS

Perdas e Ressignificações dos Usos do Território na História do Negro em Sorocaba-SP foi uma pesquisa motivada pela presença de muitos quilombos na região de Sorocaba. Percorremos os territórios rurais e urbanos, as marcas e os vestígios da população negra da região.

O espaço da população negra na região tem sido discutido ao longo de décadas, desde os estudos de Oracy Nogueira, na década de 1950, de Vogt e Fry nos anos 1970 e 1980; no entanto, nossa pesquisa vislumbrou articular questões territoriais, ambientais e históricas dos vários territórios da população negra.

Assim, buscamos as origens das comunidades negras rurais e urbanas na formação territorial e econômica de Sorocaba, ainda na sua fase de" Boca do Sertão", na construção da história do negro da região, as interações ambientais dos grupos, bem como a lutas que apresentam diferentes configurações ao longo do tempo e, hoje, pela sua reivindicação da regularização territorial, com base no Art. 68, da Constituição Federal de 1988, na memória e ancestralidade.

Há um território negro específico, território que tem uma história e apresenta rupturas e tradições. Na região do interior do estado de São Paulo, podemos verificar especificidades que permitem aprofundar a história, a tradição e os processos de territorialização da população negra.

Em primeiro lugar, devemos salientar as relações de parentesco fortemente estruturadas e permanentes que grupos quilombolas mantêm desde o período da escravidão. A importância do laço de parentesco que permite que a memória da doação de terras seja uma força para reivindicação, luta e ocupação desses territórios.

Podemos demarcar uma história da população negra urbana, livre, liberta ou escravizada na cidade de Sorocaba trabalhando nas fábricas e apontando para uma história da formação da classe operária brasileira a ser estudada. Podemos verificar que os negros também estavam presentes na primeira siderúrgica do Brasil, a Real Fábrica de Ferro Ipanema. Este é mais um dado que indica a ampliação do debate sobre a formação da classe trabalhadora no Brasil que não se inicia com a vinda dos imigrantes.

Nossa pesquisa suscitou perguntas sobre as possíveis relações entre os grupos negros nesse meio rural e urbano e quais processos vivenciaram permitindo a configuração de relações sociais atuais.

A pesquisa buscou identificar e analisar as perdas territoriais na história dos negros em Sorocaba, trazendo já a hipótese de que as ressignificações da memória, da cultura e dos recursos ambientais, são a base dos usos territoriais pelas famílias quilombolas. Os territórios negros do Cafundó (Salto de Pirapora, SP), da Fazendinha Pilar e o bairro Campolim, em Sorocaba-SP, foram selecionados como foco do estudo. Contudo, Campolim, enquanto bairro nobre de Sorocaba, destoava de tal hipótese, uma vez que o Cafundó e a Fazendinha Pilar, tendo se autodeclarados territórios quilombolas, reivindicam a regularização das terras em que vivem ou as que perderam. Já o Campolim remete a Achiles Campolim, um pioneiro na aquisição de propriedade de terras que, sendo um homem negro numa cidade que já apresentava, nos inícios do século XX, feições de segregação socioespacial e racial, ousou tornar-se proprietário, deixando, para além dos símbolos a que aludimos, as terras a seus herdeiros, quando veio a falecer, na década de 1960. O que aparentemente não se coadunava com os pressupostos trazidos em estudos de quilombos, cujo processo de luta pela terra parte de sua origem na escravidão, seja por doação, fugas ou compra, uma certa permanência num determinado local por membros comunitários, os símbolos e as historicidades desvelados por detrás da história de Campolim vieram a reforçar o conceito de território ressignificado, mesmo quando verificamos que o território de Campolim legou para a cidade o nome de seu criador, sem a sua presença.

Pesquisar os impactos da urbanização sobre os territórios quilombolas, então, se tornou parte das investigações por revelar formas de resistência dos negros em Sorocaba, as quais vão desde a reivindicação da titulação fundiária pelas comunidades quilombola Fazendinha Pilar e Cafundó até o uso dos patrimônios históricos afro-brasileiros localizados no centro da cidade. As práticas tradicionais de uso dos recursos ambientais, a memória, os símbolos culturais e o território, se fortaleceram frente às perdas que se concretizaram e as que podem vir a ocorrer. A fundação da Associação dos Remanescentes do Quilombo do Espólio do Tenente Antônio de Almeida Leite da Fazenda Pilar e a criação de um Centro de Memórias pelo quilombo são parte dessa resistência. Aproximadamente 70% de seu território foi urbanizado, afetando seus modos de vida, inclusive os ligados ao relacionamento com a natureza, preservada praticamente apenas em seus quintais. O território cafundoense, também, sofreu subtração, ao longo do século XX, e não fossem permanências culturais e simbólicas fortes, como a língua *cupópia* e sua visibilidade, que foram base para o processo de reconhecimento e uma titulação ainda não concretizada, as perdas seriam ainda maiores.

O fato de os quilombos da região de Sorocaba conviverem mais de 140 anos num mesmo território em crescente transformação mostra que resistências históricas são ressignificadas nas lutas. Contudo, a atual conformação urbana leva a incertezas quanto às garantias de permanência nas terras e coloca em risco o futuro do relacionamento e manejo da natureza, podendo-se questionar se serão mantidas práticas e percepções conservacionistas transmitidas através das gerações visto que a urbanização modificou as formas de ocupação e uso do solo e do universo do trabalho.

No bairro do Campolim, identificamos, também, relações com outras comunidades quilombolas e a constituição da Capela João de Camargo, no início do século XX, pelo líder carismático. Investigando-se a trajetória da Família Caetano, cujos descendentes também vivem nas duas comunidades quilombolas anteriores, há relações de ancestralidade com o nhô João de Camargo. Entre as diversas pesquisas sobre a vida dele se encontra o fato de ser escravizado pelo Sr. Luís de Camargo de Barros, na Fazenda dos Camargo de Barros, localizada no ribeirão de Cocais, próximo aos demais territórios das demais comunidades quilombolas. O bairro Jardim Paulistano, onde se localiza a Capela é, hoje, uma região extremamente valorizada, ocupada por uma classe média alta, notadamente branca, mas, no passado, teria sido um local de refúgio para os negros da região. Os terrenos teriam sido doados por João de Camargo, tornando-se local estratégico para a comunidade negra que ali residia por conta de sua proximidade com o Cafundó. Com a especulação imobiliária e a consequente valorização do local, as famílias negras teriam deixado o bairro e se deslocado para lugares mais afastados da cidade.

Os fenômenos sociais, étnicos e territoriais, que se apresentam em Sorocaba, não são circunscritos apenas à região, eles fazem parte da dinâmica histórica em que diversas comunidades quilombolas brasileiras se constituíram. Em sua grande maioria, demandam a titulação territorial amparada no Art. 68 da Constituição Federal (ADCT), no Decreto 4887/03, no disposto pela Convenção 169 da OIT, e nas demais legislações criadas pelo Estado no sentido de aplicação/garantia dos direitos dos povos étnicos, tribais e populações tradicionais, que vivem no território brasileiro. Nesse sentido, o exercício de método foi pautado pelas necessidades dos próprios sujeitos de estudo e suas configurações históricas, culturais e ambientais. Partir do singular ao universal e desta feita voltar ao singular nos pareceu um caminho metodológico capaz de delinear os caminhos da pesquisa. Isto porque a problemática está no presente, mas se enraíza no passado escravista de mais de 3 séculos em que a utilização de braços africanos se tornou central para o desenvolvimento das economias coloniais, no Brasil e na América Latina.

A despeito dos preços dos africanos escravizados serem muito elevados em relação ao uso de trabalhadores indígenas, todas as áreas do Brasil Colonial acabaram vencendo inúmeras barreiras à sua importação em quantidade crescente. A relação entre a riqueza e o poder econômico de cada região, embora tenha tido peso importante para elevadas aquisições, o empreendimento colonial nem sempre precisou ser vultoso ou voltado ao mercado internacional para integrar a mão de obra cativa africana aos seus interesses. Exemplo é o de que as tentativas de freios à escravização indígena pelos missionários jesuítas não impediram que paulistas continuassem a escravizá-los, mas, paralelamente, a compra de africanos pelo paulista aumentou com o tempo. Por isso, não se pode definir uma evolução linear, entre uma e outra, e sim analisar que elas coexistiram por muito tempo.

No sertão paulista, esse processo se deu com a invasão das matas, acompanhada pela caça e a morte de indígenas, como os Guaianás e, posteriormente, a dos Caiuás, como parte de um sistema voltado à escravização indígena. Estes que se localizavam em extensas áreas de matas, indo do rio Itararé ao rio Taquari. A interiorização e a busca de ouro e metais preciosos foi seguida pelo apresamento indígena, que escravizados realizavam diversos trabalhos, inclusive como carregadores de mercadorias e do transporte de mulas. Mostramos que a apropriação pelos bandeirantes do conhecimento de caminhos e trilhas dos indígenas permitiu o avanço pelas matas a partir de uma *cartografia indígena*, conforme o estudo de Sérgio Buarque de Holanda. Ela teria *se* desenvolvido sob a necessidade de enfrentar as contrariedades do meio, mas não obstante essas velhas trilhas indígenas foram substituídas quando houve introdução em grande escala dos animais de transporte, em São Paulo, particularmente, com as tropas de muares, nas quais, cada vez mais foi retratada a presença de escravos africanos.

O grande afluxo de escravizados ao Brasil construiu o Brasil que conhecemos, sendo que, nas diversas regiões, a história da escravidão mostra que a economia não prescindia dessa força de trabalho. E embora Sorocaba não tenha constituído condições para o desenvolvimento da economia cafeeira, nem por isso pode ser pensada de forma isolada à economia colonial. Elementos de integração econômica regional, como a economia tropeira, propiciaram às elites investirem em outras atividades. No caso do tropeirismo, vimos que não somente favoreceu o transporte, mas beneficiou outros setores, como os da mineração, da pecuária, do açúcar, e até do café, bem como o do comércio de animais (gado vacum, cavalar e muar), nas feiras de Sorocaba, processo que permitiu acumulação de capitais nas mãos dos proprietários de terras e de outros setores econômicos. Outras atividades como as fazendas secas, a produção de alimentos, e a propriedade da terra, também, participaram da produção de riquezas. Capítulos de história da expansão das terras na região trazem expulsão de moradores com o objetivo de obtenção ou ampliação de sesmarias, bem como um sistema de transmissão de bens imobiliários via heranças, compras e doações. Quando a Lei de Terras de 1850 foi promulgada, a propriedade imobiliária transformou-se em renda capitalizada. Embora o mercado de terras já fosse uma prática, a sua mercantilização por meio da compra metamorfoseou a renda antes garantida pelo escravizado. Ou seja, a terra tornou-se cativa.

Essa cartografia socioespacial remete à própria configuração de núcleos e povoados que vão surgindo na passagem das tropas, sobrelevando a montagem do território estudado, de onde Itapetininga surge como uma localidade da expansão da chamada "Boca de Sertão", a partir de Sorocaba. Do ponto de vista da economia escravista, a ocupação do sertão representou frentes de expansão econômica que se traduziram em acumulação do capital regional. É nesse perímetro que sesmarias, mais precisamente o constituído pela Fazenda Boqueirão, resultaram em doações de terras aos quilombolas do Cafundó e Fazenda Pilar, após a morte de senhores e suas esposas.

Assim como nas demais regiões brasileiras, na região de Sorocaba, mesmo após as primeiras legislações contrárias ao tráfico impostas pela Inglaterra, houve resistências ao fim da escravidão. Isto mostra que a sociedade brasileira em formação apostava na continuidade, não apenas mediante às necessidades da economia, mas também pelo que ela constituía também enquanto hábitos, costumes e visões de mundo. Nesse sentido, quando, efetivamente, foi decretado o seu fim, em 1888, não seria possível distinguir daí o aparecimento de uma nova sociedade, liberta da cultura de dominação que se formava. E embora isso seja algo mais ou menos comum de dizer atualmente, ela produziu as condições para as continuidades e suas descontinuidades. Pode-se exemplificar com o silêncio em relação ao duradouro e vultoso fenômeno do quilombo. Tudo concorreu a se pensar que ele ficara no passado assim como a escravidão. Para a pesquisa e análises aqui trazidas e à luz destas considerações finais, compreendemos que os quilombos sempre fizeram parte de nossa sociedade, contudo, a sua invisibilidade, por tão longo tempo, pode ser pensada no interior de nossas relações étnicas e raciais, trazendo a questão que Florestan Fernandes discutiu em *O Negro no Mundos Brancos* sobre o "preconceito de não ter preconceito" e a tendência ao esquecimento em nossa sociedade:

> Portanto, o que fica no centro das preocupações, das apreensões e, mesmo, das obsessões é o `preconceito de não ter preconceito`. Através de processos de mudança psico social e sócio-cultural reais e sob certos aspectos profundos e irreversíveis, subsiste uma larga parte da herança cultural, como se o brasileiro se condenasse, na esfera das relações raciais, a repetir o passado no presente. Esse mecanismo adaptativo só se tornou possível porque as transformações da estrutura da sociedade, apesar da extinção da escravidão e da universalização do trabalho livre, não afetaram de modo intenso, contínuo e extenso o padrão tradicionalista de acomodação racial e a ordem racial que ele presumia. Todavia, o simples fato de que tal mecanismo tenha vigência indica uma realidade histórica tormentosa. Se não existe um esforço sistemático e consciente para ignorar ou deturpar a verdadeira situação racial imperante, há pelo menos uma disposição para `esquecer o passado` e para `deixar que as coisas se resolvam por si mesmas`. Isso equivale, do ponto de vista da condição social do `negro` e do `mulato` a uma condena-

> ção racial com tudo o que ela representa num mundo histórico construído pelo branco e para o branco.[1]

Dessa forma, Cafundó e Fazenda Pilar constituíram resistências e ressignificações do viver territorial, se auto identificando com base nas condições sociais, culturais e econômicas, distintas e integradas a outros domínios da coletividade nacional. A pluralidade dos grupos, não somente é pertinente à sua multidimensionalidade, mas se mostra bastante ampla internamente aos próprios segmentos dos quilombolas localizados na região Sorocaba, aqui estudados.

---

1 FERNANDES, Florestan. *O Negro no Mundo dos Brancos*. São Paulo: Difusão Europeia do Livro, 1972, p. 26.

SOBRE OS AUTORES

Helbert Medeiros Prado. Graduado em Ciências Biológicas pela Universidade Estadual Paulista Júlio de Mesquita Filho, mestrado e doutorado em Ecologia pela Universidade de São Paulo, com um pós-doutoramento na mesma instituição. É Professor efetivo junto ao Instituto de Filosofia e Ciências Humanas, Faculdade de Ciências Sociais e Programa de Pós-Graduação em Antropologia da Universidade Federal do Pará e Professor colaborador junto ao Programa de Pós-Graduação em Sustentabilidade na Gestão Ambiental (UFSCar-Sorocaba). Tem experiência nas áreas de Ecologia Humana, Antropologia Ambiental, Etnoecologia e Ecologia de Fauna. Atua principalmente em estudos ecológicos e etnoecológicos no contexto de populações indígenas, ribeirinhas e quilombolas, na Amazônia e na Mata Atlântica.

Lourdes de Fátima Bezerra Carril. Graduada em Geografia, mestre em História Social e doutora em Geografia Humana pela FFLCH/USP. Professora Adjunta da Universidade Federal de São Carlos (campus Sorocaba). Possui estágio em pós-doutorado na FEUSP - Faculdade de Educação da USP (Fundamentos da Educação). Atualmente, é líder do Grupo de Pesquisa Evamariô: Educação e Identidades Territorializantes (CNPq) e membro do PPGeD – Programa de Pós-Graduação em Educação da UFSCar, campus Sorocaba.

Maria Patrícia Cândido Hetti. Graduada em Filosofia pela Universidade de São Paulo e em História pela Universidade Estadual Paulista Júlio de Mesquita Filho. Mestre em Letras (Letras Clássicas) pela Universidade de São Paulo e doutora em Educação pela FEUSP. Atualmente, é professora aposentada do Instituto Federal de Educação Tecnológica de São Paulo.

Rafael Sanzio Araújo dos Anjos. É graduado em Geografia pela Universidade Federal da Bahia, com Especialização na Universidade Estadual Paulista (Rio Claro), mestrado em Planejamento Urbano pela FAU da UnB e doutorado em Informações Espaciais pelo Depto. de Engenharia de Transportes pela USP. Fez o pós-Doutoramento em Cartografia Étnica no Museu Real da África Central em Tervuren – Bélgica. É Diretor do Centro de Cartografia Aplicada e Informação Geográfica (CIGA), onde é Coordenador dos Projetos Geografia Afrobrasileira: Cartografia, Educação & Ordenamento do Território (Projeto GEOAFRO) e Instrumentação Geográfica, Educação Espacial e Dinâmica Territorial.

Pesquisadora colaboradora

Marilda Côrrea, professora aposentada da Rede Municipal de Educação em Sorocaba. Fundadora do Quilombinho. Membro da Comissão Mista de Trabalho da Educação Étnico-Racial da Secretaria da Educação Municipal de Sorocaba.

Alameda nas redes sociais:
Site: www.alamedaeditorial.com.br
Facebook.com/alamedaeditorial/
Twitter.com/editoraalameda
Instagram.com/editora_alameda/

Esta obra foi impressa em São Paulo no inverno de 2025. No texto foi utilizada a fonte Minion Pro em corpo 10,5 e entrelinha de 15,5 pontos.